"十四五"职业教育国家规划教材

# 市场营销策划
## （第三版）

SHICHANG YINGXIAO CEHUA

主　编　马春和　刘晓钢　马秀文

新形态教材

本书另配：教学资源

中国教育出版传媒集团
高等教育出版社·北京

## 内容提要

本书是"十四五"职业教育国家规划教材。

本书以项目导向、任务驱动来设计编写体例，具有内容适用、体系科学；理论精准、案例恰当；产教结合、学做一体的特点。

本书主要内容包括：走进营销策划、认知营销策划方案、营销策划创意、营业推广策划、节日活动策划、新产品上市策划、市场定位策划、营销组合策划、撰写执行目标市场战略策划方案。

全书共9个项目，每个项目包括学习任务、知识巩固和案例分析三部分；共有18个案例，每个案例由案例文本展示、案例分析与讨论、案例解读与评析组成；共有2个实训项目，每个实训项目提供了"策划任务书""策划背景资料"和"策划考核标准"三份材料供策划实训使用。

为了利教便学，部分学习资源以二维码形式提供在相关内容旁，可扫描获取。此外，本书另配有教学课件等教学资源，供教师教学使用。

本书既可作为高职院校市场营销、电子商务和工商管理等专业教学用书，也可作为社会相关人员培训用书。

### 图书在版编目(CIP)数据

市场营销策划 / 马春和，刘晓钢，马秀文主编. — 3 版. — 北京：高等教育出版社，2022.6(2025.1重印)

ISBN 978-7-04-056776-2

Ⅰ.①市… Ⅱ.①马… ②刘… ③马… Ⅲ.①市场营销-营销策划-高等职业教育-教材 Ⅳ.①F713.50

中国版本图书馆 CIP 数据核字(2021)第 281120 号

| 策划编辑 | 刘悦珍　蒋　芬 | 责任编辑 | 蒋　芬 | 封面设计 | 张文豪 | 责任印制 | 高忠富 |
|---|---|---|---|---|---|---|---|

| 出版发行 | 高等教育出版社 | 网　　址 | http://www.hep.edu.cn |
|---|---|---|---|
| 社　　址 | 北京市西城区德外大街4号 | | http://www.hep.com.cn |
| 邮政编码 | 100120 | 网上订购 | http://www.hepmall.com.cn |
| 印　　刷 | 上海新艺印刷有限公司 | | http://www.hepmall.com |
| 开　　本 | 787mm×1092mm　1/16 | | http://www.hepmall.cn |
| 印　　张 | 15 | 版　　次 | 2022年6月第3版 |
| 字　　数 | 370千字 | | 2014年7月第1版 |
| 购书热线 | 010-58581118 | 印　　次 | 2025年1月第7次印刷 |
| 咨询电话 | 400-810-0598 | 定　　价 | 36.00元 |

本书如有缺页、倒页、脱页等质量问题，请到所购图书销售部门联系调换

版权所有　侵权必究

物　料　号　56776-A0

# 第三版前言 Foreword

本书是"十四五"职业教育国家规划教材,获省优秀教材奖(职业教育类);历届版本是"十二五"职业教育国家规划教材,获省教育厅职业教育教学成果二等奖。

自2014年7月第一版出版以来,本书受到全国有关高职院校师生的好评。为了提高教材质量,适应高职院校发展的需要,我们在第二版的基础上重新修订了框架结构、调整了内容、润色了文稿。本书具有如下特色:

## 一、内容适用、体系科学

本书内容由三部分(共9个项目)和两个附录组成:第一部分营销策划基本理论(包括走进营销策划、认知营销策划方案、营销策划创意);第二部分促销策划(包括营业推广策划、节日活动策划、新产品上市策划);第三部分目标市场战略策划(包括市场定位策划、营销组合策划、撰写执行目标市场战略策划方案)。每个项目的内容都是按照学习任务、知识巩固和案例分析的顺序排列。案例分析部分由案例文本展示、案例分析与讨论、案例解读与评析三个部分组成。附录一为营业推广策划实训项目;附录二为目标市场战略策划实训项目,每一个实训项目都提供了策划任务书、策划背景资料和策划考核标准三份材料供策划实训使用。这样环环相扣、层层深入的内容安排,方便教师带领学生按照学习理论、巩固知识、研究案例、动手实践的路径展开学习,符合学生认识事物、学习知识和掌握本领的客观规律,有利于学生牢固掌握理论知识和加速提升实践技能。

## 二、理论精准、案例恰当

本书中选择的策划理论知识内容少而精,易于高职学生学习和消化理解,满足策划实训项目所需;这些理论知识是从众多市场营销策划理论知识中选取出来的,并且进行了认真核准,做到准确无误。本书共有18个案例,这些案例部分为故事型的,部分为策划方案型的;案例新且适用,贴近学生生活,便于学以致用;案例与策划理论一一对应,恰当适用,指导性和示范性很强。

## 三、产教结合、学做一体

本书的附录中设计了2个策划实训项目,它们都是实体企业或门店的实际策划项目,既是为企业解决营销中实际问题的方案,又便于学生实训操作,体现了教学与生产实践相结合的原则。每个策划实训项目以任务驱动、行动导向、项目载体、工作过程系统化的模式组织内容,教、学、做一体,既能保证教学任务的完成,又有利于教学质量的提高。

## 四、培养能力、提升素质

本书在实际教学过程中可以有两种方式:一种方式是教师带领学生按照教材的编排顺序依次学习策划理论、巩固知识和进行案例分析;另一种方式是从第5周开始教师带领学生进行两个实训项目的策划实践,按照布置任务、提供背景资料、参照考核标准、提供提示与指导的路径开展策划实训,项目学习和实训同时完成。通过9个项目策划理论的学习和18个案例的分析，再加两个策划实训项目操作，学生们可以潜移默化地从中感悟出营销策划的理论精髓，掌握营销策划的实战方法，进而举一反三，学会进行其他类型的营销项目的实际策划。既能够扎实地掌握策划理论知识，形成营销策划的实战能力，还能够不断提高营销策划的专业素质。

### 五、立德树人、融合思政

本书案例素材当中融合思政元素，学生在学习的过程中受到思想政治教育，教师在"案例解读与评析"中再进一步挖掘、演绎、引导与深化，会收到更好的教学效果，从而促进思政教学目标达成，潜移默化、润物无声。

### 六、形态多样、引人入胜

本书知识巩固部分中问题的答案、案例解读与评析中的具体内容，不是在本书文本当中直接给出，而是需要学生通过扫码获取。这样安排的目的是制造一个"缓冲"，给学生独立思考的时间，学生在独立思考的基础上再获取教师的指导，教学效果会更好。同时，以这样的形式编排教材内容，趣味性和吸引力会更强，提高了学生的学习意愿。

本书由马春和、刘晓钢、马秀文主编，具体编写分工为：黑龙江林业职业技术学院马春和修订教材框架结构，编写项目一、附录一和附录二；黑龙江省森工对外经济贸易总公司外贸联络部经理刘晓钢编写项目二至项目五；上海乐扣乐扣贸易有限公司网络营销经理马秀文编写项目六至项目九。本书由刘晓钢总纂定稿。

感谢本书参考文献中所列图书的全部作者，你们的成果为本书提供了参考架构，并起到了重要的借鉴和启发作用；感谢本书载录的所有案例的作者，你们使得本书的内容变得更加丰富多彩；感谢哈尔滨商业大学董丛文教授，您为本书的编写提供了大力支持和有益指导。

尽管我们在本书的编写过程中十分认真和努力，然而书中疏漏之处在所难免，敬请广大读者批评指正。

编 者

2022 年 4 月

# 目录 Contents

**项目一　走进营销策划** ······ 1
　任务一　了解营销策划本质 ······ 1
　任务二　熟悉营销策划原则 ······ 10
　任务三　掌握营销策划程序 ······ 13
　任务四　避免营销策划误区 ······ 17
　知识巩固 ······ 21
　案例分析 ······ 23
　　案例一　三顿半：让精品咖啡走进日常 ······ 23
　　案例二　雅科卡策划"野马"轿车 ······ 27

**项目二　认知营销策划方案** ······ 29
　任务一　了解营销策划方案 ······ 29
　任务二　撰写营销策划方案 ······ 33
　任务三　展示营销策划方案 ······ 36
　知识巩固 ······ 42
　案例分析 ······ 44
　　案例一　A品牌矿泉水整合营销策划方案 ······ 44
　　案例二　喜茶：小茶，大营销 ······ 49

**项目三　营销策划创意** ······ 54
　任务一　了解营销策划创意本质 ······ 54
　任务二　熟悉营销策划创意技法 ······ 59
　任务三　培养开发营销策划创意 ······ 71
　知识巩固 ······ 76
　案例分析 ······ 79
　　案例一　普救寺将爱情进行到底 ······ 79
　　案例二　山客煮酒：体验式营销探路 ······ 83

**项目四　营业推广策划** ······ 86
　任务一　了解营业推广策划本质 ······ 86

任务二　熟悉营业推广策划流程 ······················································· 89
　　任务三　掌握营业推广策划工具 ······················································· 92
　　任务四　撰写营业推广策划方案 ······················································· 99
　知识巩固 ······················································································· 102
　案例分析 ······················································································· 104
　　案例一　××品牌护肤品营业推广策划方案 ········································· 104
　　案例二　构建双赢：Oriole 美甲沙龙的联合促销策划方案 ····················· 106

## 项目五　节日活动策划 ········································································· 110
　任务一　熟悉中国主要节日 ································································ 110
　任务二　了解国外主要节日 ································································ 115
　任务三　掌握节日活动策划要领 ·························································· 117
　任务四　撰写节日活动策划方案 ·························································· 121
　知识巩固 ······················································································· 123
　案例分析 ······················································································· 125
　　案例一　××阿胶五一节促销活动策划方案 ········································· 125
　　案例二　××超市 2021 中秋国庆促销活动方案 ··································· 127

## 项目六　新产品上市策划 ······································································ 131
　任务一　了解新产品上市策划本质 ······················································· 131
　任务二　熟悉新产品上市策划流程 ······················································· 137
　任务三　掌握新产品上市策划要领 ······················································· 140
　任务四　撰写新产品上市策划方案 ······················································· 143
　知识巩固 ······················································································· 145
　案例分析 ······················································································· 147
　　案例一　××红酒新产品上市策划方案 ··············································· 147
　　案例二　马应龙：传统药企如何借力新媒体营销 ·································· 151

## 项目七　市场定位策划 ········································································· 154
　任务一　了解市场定位系统 ································································ 154
　任务二　企业市场定位策划 ································································ 158
　任务三　产品市场定位策划 ································································ 161
　任务四　品牌市场定位策划 ································································ 163
　知识巩固 ······················································································· 165
　案例分析 ······················································································· 166
　　案例一　缘何大起大落：牛大坊的目标市场定位战略 ··························· 166
　　案例二　竹叶青峨眉高山绿茶的品牌定位与传播方案 ··························· 171

## 项目八　营销组合策划 ……… 176
### 任务一　营销战术策划 ……… 176
### 任务二　营销组合策划 ……… 181
### 知识巩固 ……… 186
### 案例分析 ……… 187
案例一　"德州"牌扒鸡：如何振翅高飞？ ……… 187
案例二　桃李春风一杯酒，道尽花冠十年斟 ……… 190

## 项目九　撰写执行目标市场战略策划方案 ……… 198
### 任务一　撰写目标市场战略策划方案 ……… 198
### 任务二　执行目标市场战略策划方案 ……… 207
### 知识巩固 ……… 210
### 案例分析 ……… 212
案例一　××牌刺五加口服液营销策划方案 ……… 212
案例二　餐饮老字号柳泉居：新冠疫情下砥砺前行 ……… 217

## 附录一　营业推广策划实训 ……… 222

## 附录二　目标市场战略策划实训 ……… 225

## 主要参考文献 ……… 228

# 项目一　走进营销策划

**学习目标**

1. 理解营销策划的本质,掌握营销策划的原则,熟悉营销策划的程序,了解营销策划的误区。
2. 能够从案例中感悟营销策划的本质,判断案例所属的营销策划类型,体会案例中所遵循的营销策划原则,体会案例中进行营销策划的程序。

## 任务一　了解营销策划本质

### 一、策划的概念

什么是策划?在中国古代,策划的本意是指计划、打算,策划也与筹划、谋划、计谋等意义相通。在现代社会中,人们对策划概念的界定也有多种,较为流行且有代表性的概念有:

(1)事前行为说。认为策划是指在事前决定做何事,是达成目标的一种手段,是对未来采取的行动做决定的过程。

(2)管理行为说。认为策划与管理同属一体,策划在其过程中能够影响管理者的决策、预算、调整、机构等问题,策划也就是管理。

(3)选择决定说。认为策划是管理者从多种方案中,选择目标、政策、程序及计划的过程。

(4)思维程序说。认为策划是对将来的一种构想,是对此种构想方案予以评价以及达成方案的各种有关活动,是策划者对将来行动的一种理性思维程序和过程。故,策划是一种程序,在本质上是一种运用脑力的理性行为。

基本上所有的策划都是关于未来的事物的,也就是说,策划是针对未来要发生的事情做当前的决策。换言之,策划是找出事物的因果关系,衡度未来可采取的措施,作为目前决策之依据,即策划是事先决定做什么,如何做,何时做,谁来做。策划如同一座桥,它连接着目前之地和到达之处。

综合各种不同的看法,可以认为:策划是人类社会活动中针对某些需要解决的问题而进行的一种谋略、打算的活动,是策划主体为了达到一定的目标,在调查、分析有关材料的基础上,遵循一定的程序,对未来某项工作、某项活动或某个事件事先进行系统的、全面的构思、谋划,制订和选择合理可行的执行方案,并根据目标要求及环境变化对方案进行调整的一种创造性活动。

上述定义包含了以下几个方面的内容:① 策划是为一定目标服务的,没有目标无所谓策划,策划是实现一定目标的手段,是寻求实现目标的途径;② 策划是建立在对有关情况进行调查研究的基础之上的;③ 策划作为一种策略、谋划的过程,包括制订方案、选择方案、调整方案三个连续性的工作;④ 策划是一种连续性、系统性的活动过程。

### 二、策划与计划的关系

策划与计划有着密切的联系:策划是制订计划的重要依据,策划提供了计划制订和实施所应该围绕的中心,还提供了实现目标的最优方案。计划是策划实施的重要保证,是策划和实施之间的桥梁。策划经过决策后要进行细化才能组织实施、控制实施行为,所以计划是策划的细化。

策划与计划又有着明显的区别:策划是决策的依据和前提,强调价值、科学和规律,即首先要创造出有价值的目标和谋划出科学可行的方案,这些目标和方案都应该是最优的,应该在竞争中展现自己的优势并获得决策通过。计划是决策细化和实现决策的保证,强调具体、明确和控制,即重在围绕决策目标和优先顺序对工作进行分解、对资源进行合理安排。

### 三、营销策划的概念

营销策划是指策划人员根据企业现有的资源状况,在充分分析市场营销环境的基础上,激发创意而制定出来的能够实现企业营销目标的活动过程。

营销策划是企业对将要发生的营销行为进行超前规划和设计,以提供一套系统的有关企业营销的未来方案。这套方案是企业实现某一营销目标或开展营销活动的具体行动措施。营销策划以对市场环境的分析和充分获取市场信息为基础,通过综合考虑外部环境的机会与威胁、自身资源条件的优势与劣势、竞争对手的谋略和市场变化的趋势等因素,从而编制出规范化、程序化的行动方案。

### 四、营销策划的内涵

#### (一)营销策划的对象是未来的营销活动

营销策划是针对未来将要开展的营销活动进行的一种超前的谋划活动,它是在对未来营销环境变化作出前瞻性的判断和预测的基础上,对企业将要开展的营销工作所做的规划和安排。

#### (二)营销策划的根本任务是促进商品交换

营销的本质是商品交换,营销策划的根本任务是通过对营销活动的策划,促使企业与客户之间顺利地实现商品交换。通俗地说,营销策划就是为企业出谋划策,促进企业通过满足客户的需要来获取利润进而实现营销目标。

### (三) 营销策划的依据是信息和知识

营销策划的依据既包括策划者的知识储备和信息积累,这是进行有效策划的基本依据;又包括有关策划对象的专门信息,如企业内部条件、客户情况、竞争对手情况等。显然,这些信息是营销策划的重要依据。因此,全面准确地掌握企业营销活动及其影响因素等信息,既是营销策划活动得以开展的先决条件,也是营销策划活动获得成功的关键所在。

### (四) 营销策划的灵魂是营销创意

在营销活动过程中,不断推出新的创意是企业营销活动制胜的关键。策划并无定法,打破常规、出奇制胜是策划活动的魅力所在,也是策划的制胜法宝。实践证明,只有构思独特、有所创新的营销活动,才能产生巨大的市场冲击力与震撼力,才能给企业带来持久的生命力与竞争力。

### (五) 营销策划的成果是营销策划方案

营销策划经过一系列的规划活动,最终要形成一套切实可行的营销活动执行方案,并以书面的形式反映在营销策划方案中,供客户(或决策者)评价与分析,以决定是否采用与执行。

### (六) 营销策划方案成功实施的保证是不断调适

任何策划方案都不会是十分完善的,所以在营销方案实施过程中,要根据营销活动所要实现的目标与外部营销环境变化,进行不断调整和逐步完善,只有这样才能保证营销策划方案顺利地实施并取得预期的效果。

## 五、营销策划的特征

营销策划作为一种创造性的活动,一般具有以下七个方面的主要特征。

### (一) 目的性

任何策划都是服从于一定的目的的。营销策划直接为企业的营销活动服务,因此,其目的性更加明显。营销策划的目的性特征,要求策划人员围绕某一特定的营销活动目标开展策划,提高营销策划的针对性,减少策划中的无序性和不确定性。在营销策划过程中,如果偏离了既定的策划目标,所得出的策划创意和措施就有可能解决不了实质问题,而只会流于形式。如有的企业在营销策划中,过分追求营销形式的热闹和规模的特定要求,偏离了营销策划的目标,结果投入大、成本高、收效甚微,这样的策划注定要失败。因此,营销策划必须始终围绕一定的目标展开,当营销目标发生变化时,策划活动及其策划方案也必须相应地调整。

### (二) 超前性

超前意识是人类特有的思维素质,进行预测、决策和策划都应当有超前意识。营销策划本身就是针对未来一定时期内的营销活动进行的一种事先谋划的活动,要求立足现实面向未来。超前性的营销策划是在把握事物发展趋势的基础上,体现策划者对未来一定时期营销发展态势的科学预见,因而能够有效地指导未来经营活动的开展。著名的日本丰田汽车公司在进军欧美汽车市场之前,就充分预测到了 20 世纪 70 年代石油危机后,随着城市人口密度的增加,小轿车的发展趋势是体积小、重量轻、噪声低、用油省、运转灵、造型美,因而果断策划、设计、改造和生产出新型轿车,以新产品进军欧美市场,结果,日本丰田车风行欧美市场。

营销策划的超前性要求在从事营销策划时,要在大量实际材料的基础上,善于透过现象看到本质,真正认识事物发展规律,准确把握与策划目标有关的营销活动的发展趋势,进行周密的预测和谋划。

### (三)创造性

营销策划是一种知识密集型活动,也是一种创造性思维活动。创造性是营销策划的魅力,也是营销策划的显著特征。创造性思维具有不同于其他思维的特征,主要表现在:① 积极的求异性,不易于从众、轻言、盲从;② 思维的逆向性,善于从不同角度、方向思考;③ 创造性想象力;④ 敏锐的观察力;⑤ 独特的灵感,能够突破某些关键,产生特殊的效果。

营销策划中的创造性思维能够起到特殊的效果。著名的浙江金华火腿是享誉 800 多年的浙江特产,多次在国际上获奖,一度与茅台酒齐名。但是到了 20 世纪 90 年代,这种特别腌制的猪大腿在销售、消费方面遇到了瓶颈。企业为此聘请外脑进行策划,决定一改传统的火腿式样,开发速食、易食、小包装的新型火腿产品,于是投资数百万元的设备,在保持金华火腿传统风味的同时,生产小包装、易食、速食的新产品,销路迅速打开,经销商纷纷订货。后来《人民日报》《中国食品报》还以"金华火腿新飞跃"为题发表了评论,《中国商报》也对此进行了专题报道。

### (四)竞争性

营销策划不同于其他社会活动的策划,是市场活动中企业行为的策划。无论策划的具体目标怎样,最终都是着眼于提高企业在市场中的竞争能力,包括企业产品的市场占有率、市场辐射率、盈利能力。企业的产品策划、价格策划、公关策划、促销策划等都是着眼于提高上述竞争能力,因而营销策划具有一定的排他性、针对性,一般是根据竞争对手的竞争能力、竞争趋势而有意识地策划出与众不同的有利于扬长避短、出奇制胜的竞争招数。因此,要搞好营销策划,就必须把竞争对手的经济实力、内部管理、竞争能力以及竞争动向等方面的情况和信息了解清楚,并与本企业进行客观比较、分析,做到知己知彼,才能保证策划方案具有较强的针对性。同时,在营销策划中要善于运用各种兵战理论与方法。营销策划也就是商战策划,商战如兵战,尤其在现代市场营销竞争中,一个企业不但会遇到国内竞争对手的竞争,还会遇到国际竞争对手的竞争。因此,在营销策划中要有竞争意识、商战意识,努力提高企业的营销竞争能力。

### (五)系统性、整体性

系统论认为,整体的合力大于各个部分的简单相加。进行营销策划必须遵循整体性、系统性原则。在进行营销策划时,应该注意处理好局部与整体、眼前与长远的关系。尤其是在营销组合策划中,要寻求最优的[产品(product)、价格(price)、渠道(place)、促销(promotion)]组合,特别要注意各个营销策略的相互协调与同步配套。如果某一个环节、某一个局部不协调，就有可能使整个策划方案失败。

在现代市场营销活动中，营销策划的整体性、系统性越来越明显，也越来越重要。由于现代生产力的高水平发展，科学技术日新月异，生产、消费的不确定性增强，影响市场营销的因素不断增加，企业营销活动更趋复杂，更要求营销策划者具有整体性观念，处理好局部与局部、局部与整体之间的关系，注意优化总体营销策划方案。

### （六）动态性

营销策划的动态性是指营销的指导思想、营销的方式、方法及措施应该随着外部环境和市场竞争的变化而不断调整，使营销策划方案具有灵活性、应变性和调适性。

马克思主义哲学认为，运动是绝对的。任何事物都处于动态变化的环境之中，市场也是如此。在复杂多变的市场环境下，营销策划如果僵硬、机械，就没有活力，势必会出现失误。因此，营销策划必须随机应变，即根据市场的变化和市场机会的出现，对策划方案进行必要的调整、充实，使变动中的营销策划方案与变化着的市场环境相适应，这样的营销策划方案就更具有可行性。同时，随着市场的变化以及影响市场的各种客观条件及因素的变化，进行市场营销策划的程序、方法、手段也应该因地制宜、因时制宜、因物制宜而有所变化，切不可拘泥于陈旧、不变的模式当中。

### （七）程序性

由非程序性策划向程序性策划转变是现代策划发展的必然趋势。如前资本主义社会的商业经营活动中，商人也注重过经营策划与经营点子，但是绝大多数策划属于经营直观型策划，主要是靠策划者个人的因素，包括策划者的能力、才干、经验、阅历等因素，而没有按照严格的逻辑和一定的程序来进行。因而古代的经营策划多具有随意性，是一种非程序性、不规范的策划。

现代市场经济条件下的营销策划是在科学理论的指导下，运用各种科学方法，依照严格的逻辑程序进行的。不论营销策划的内容、方式怎样，其策划程序和过程大体是一致的，一般要经过以下步骤：市场调查与环境分析→确立营销目标→进行营销创意→撰写初步策划方案→筛选策划方案→调整与修正策划方案。策划有程序、有步骤是保证策划成功的条件，坚持按照程序策划可以避免营销策划的随意性和混乱。

## 六、营销策划的方法

营销策划有一定的方法可以遵循，归纳起来，大体上有程序法、模型法和案例法。

### （一）程序法

程序法是指按照一定的程序进行营销策划，这是进行营销策划以及其他任何策划的重要方法。按照程序法的要求，企业在进行营销策划时一般要经过七个步骤：界定问题、收集和分析信息、确立目标、形成创意、撰写方案、确定方案和控制实施方案。

### （二）模型法

模型法是指利用现有的模型进行策划的一种方法。因为模型本身已经过检验、判断和逻辑分析，并通过实践在某些情况下被认为是成功的，利用模型进行策划更为简便。因此，模型法也是企业营销策划的重要工具。在营销策划中常用的模型有：概念、主题、时空策划模型，金三角策划模型，OK策划模型等。应该指出的是，各种模型都具有不同的适用条件，企业在进行营销策划时，要根据具体情况选择适当的模型。

### （三）案例法

案例法是指根据过去的成功案例吸取其经验进行策划的一种方法。在营销策划过程中，有些情况和决策与过去发生的问题极为相似，甚至可以说是过去问题的复制或再现。在这种情况下，可以利用过去案例的操作方法，就如同法律上的判例一样。同时，案例也可以作为研究新问题的依据。案例法的好处是可以节省决策成本，提高决策效率，增强决策的可靠程度。

## 七、营销策划的类型

依据不同的划分标准，可以将营销策划划分成不同的类型。

### （一）总体营销策划和单项营销策划

按照营销策划的范围划分，营销策划可分为总体营销策划和单项营销策划。

1. 总体营销策划

总体营销策划是指对企业整体营销过程的全面规划。换句话说，就是企业全面构思如何寻找目标市场，如何开发产品，如何定价，如何分销及如何促销，最终使产品以最快的速度、最好的效益实现其所有权转移，从而实现企业的战略目标。总体营销策划又可划分为：

（1）总体产品营销策划。如果企业生产或经营的产品是多元化的，该策划就是针对企业目前生产经营的全部产品进行营销策划。策划的主要内容是分清产品主次，分别制订出不同的营销方案，以便企业产品能实现最佳组合，取得最佳效益。

（2）总体市场营销策划。企业面对的市场是纷繁复杂的，企业在选定其目标市场后，针对该市场进行总体策划，研究以什么样的产品进入市场，如何进入该市场，尽快实现产品的转移。

（3）全业务时期营销策划。企业的成长计划一般分为短期、中期和长期。全业务时期营销策划是指企业在确定成长计划阶段后，分别对每个阶段的营销方案进行整合策划，以期顺利实现企业的长期战略目标。

2. 单项营销策划

单项营销策划是指企业为实施总体营销战略目标而进行的某项具体营销活动的策划。单项营销策划又可划分为：

（1）单项产品营销策划。单项产品营销策划是指在生产多元化的企业里，对单个产品所进行的营销策划，不同产品有不同的营销策划方案。

（2）单项活动营销策划。单项活动营销策划是指企业在某一特定的时期，为达到某一特定的目标而开展的一项有特定内容的营销活动策划。如开业庆典、新产品推广、有奖销售、社区公益活动、广告活动、新闻发布会。

（3）单个区域营销策划。单个区域营销策划是指针对不同的区域市场，分别策划并撰写出不同的营销方案。换句话说，就是企业为了把产品打入某个地理区域市场，而针对该地理区域市场进行的专门营销策划。

(4) 单个时期营销策划。单个时期营销策划是指企业为了实现某一时期的营销目标,来规划该时期的营销行动并撰写出营销行动方案。例如,企业为了争夺某个市场,在时间上往往是有步骤有计划进行的。为了实现总体营销战略目标,每个时间段往往有不同的营销手段和营销目标。如企业总体营销目标为一年占领市场,两年扎根市场,三年称雄市场,那么,这三大步,需要有不同的营销策略相匹配。即使在一年之内,每个季度、每个月都可能需要制订不同的营销方案。

### (二) 营销战略策划和营销策略策划

按照营销策划的内容划分,营销策划可分为营销战略策划和营销策略策划。

1. 营销战略策划

营销战略策划是营销策划中带有方向性、全局性、长期性和综合性的谋划。营销战略策划大体包括:企业创立策划、企业兼并策划、企业目标市场战略策划、企业竞争战略策划、CIS(企业识别系统,corporate identity system)策划等。

2. 营销策略策划

营销策略策划即对营销活动中某一方面、某个具体问题、某些具体活动的策划,这类策划针对性强、可操作性强,策划方案要求具体。营销策略策划大体包括:产品策划、价格策划、分销策划、促销策划、公关策划、广告策划等。其中,每一类策划还可以细分为各种具体的策划,如广告策划还可细分为广告区位策划、广告时间策划、广告媒体策划,而广告媒体策划又可以细分为电视广告策划、报纸广告策划、路牌广告策划、流动广告策划等。

### (三) 企业自主型营销策划和外部参与型营销策划

按照营销策划的主体划分,营销策划可分为企业自主型营销策划和外部参与型营销策划。

1. 企业自主型营销策划

企业自主型营销策划是指由企业内部的营销策划部门(如市场部、广告部、公关部等)承担营销策划职能,开展营销策划工作。企业自主型营销策划的特点是:策划人员比较熟悉企业内部的资源状况和条件,熟悉行业和市场状况,制订的策划方案可操作性强,但方案的创意和理念设计受企业文化、管理体制、企业领导人个性与观念的影响比较大,否定意识差或不敢否定,因而往往缺乏开拓创新精神。

2. 外部参与型营销策划

外部参与型营销策划是指企业委托专门从事营销策划的经济组织(如营销策划公司、营销咨询公司、广告公司或公关公司等)为企业提供营销策划服务及营销策划方案。有的企业也委托高校或科研机构的专家教授参与企业的营销策划。外部参与型营销策划的特点是:显性投入高、隐性投入少,起点较高,视角独特,创意新颖,理念设计的战略指导性强,策略制订的逻辑性系统性强。但由于对行业、企业、市场以及营销实际运作缺乏深入细致的了解,可操作性可能不够强。

### (四) 周期性营销策划和一次性营销策划

按照营销策划的频率划分,营销策划可分为周期性营销策划和一次性营销策划。
(1) 周期性营销策划。每间隔一段固定的时间就进行一次营销策划,如每年一度必须进行的年度营销策划。

(2) 一次性营销策划。在某一时点上为解决某一营销问题而专门进行的一项策划,如企业危机策划。

## 八、营销策划的作用

策划在人类文明历史上起到了十分重要的作用。在政治、经济、军事、外交等许多领域,策划活动盛行不衰。许多优秀策划所留下的一批批著名古代工程、建筑及战役战例等都成为人类文明的精华而代代相传。策划在历史上的巨大作用是十分明显的,它涉及各个领域、各个方面。总之,它是促进社会生产力发展、推动人类文明进步的重要力量。

在现代市场经济条件下,企业的营销策划已经显得越来越重要,其主要作用有以下几个方面。

### (一) 有效提高企业的竞争力

竞争是市场经济的基本原则,也是市场营销活动中最基本、最普遍的一种现象。在商品市场处于买方市场的条件下,随着人们的消费观念、水平、结构的不断变化,企业之间争夺产品市场的竞争越来越激烈。商场就是战场,商战如同兵战,策划的作用也就越来越突出。

战争不仅仅是实力的较量,更是谋略、智慧的较量。《孙子兵法》指出:"夫未战而庙算胜者,得算多也;未战而庙算不胜者,得算少也。多算胜,少算不胜,而况于无算呼!吾以此观之,胜负见矣。"古往今来,凡将帅的谋略与策划周密而正确的,均可能以弱胜强。而实力强大但不善谋划与策划者,则未必能够以强胜弱。凡兵战中的优秀战例都是精心周密策划的结果,兵战中的策划就是使用兵力的艺术,因而对战争胜负能够起到决定性的作用。在市场营销过程中,策划、谋略同样是企业角逐市场、竞争制胜的武器。特别是进入 21 世纪后,无论是国内市场还是国际市场,竞争形势变幻无穷,竞争对手各显其能。要想从众多的竞争对手中脱颖而出,赢得市场,提高市场占有率,就必须借助于策划、谋略。策划是提高企业竞争力的关键,也可以说营销策划本身就是一种无形的竞争力。

### (二) 协调营销目标,避免营销的盲目性

企业为了有效地开展营销活动,必须确立一定时期内的营销总体目标,同时,还必须将营销总体目标分解成一个个小目标,每一个小目标之间,以及每一个小目标与总体目标之间都应当协调一致,具有共同的指向性。营销策划依照总体营销目标进行有目的的计划,有利于使各层次目标协调一致,能够有效地克服和避免企业营销活动的分散性、盲目性。这是因为营销策划是从营销整体利益考虑的一种总览全局的理性思考,能够促使企业的眼前目标与长远目标、局部利益与全局利益有机结合,使工作中的每一个环节、营销中的每一个具体步骤和措施都始终如一地指向企业营销的总体目标。因此,从这个意义上来说,营销策划是避免企业营销活动盲目性的必要条件。不进行营销策划,不搞好营销策划,就极易使企业营销陷入困境。

在营销实践中,常常可以看到缺乏必要的策划而导致营销失败的例子。有的地方盲目上某项目,一个劲儿赶热潮,结果适得其反。有些公司跟风营销只是借机炒作,并无明确的营销目标和后续计划。也有些营销几乎是千人一面,缺乏创意。有的营销忽视了社会影响,对危机和风险的预判不足,甚至引发舆情风波。在冰箱、空调、电视机等家用电器

的生产经营中,由于缺乏调查预测和周密谋划,企业一哄而起,盲目生产,导致其经营失败的实例也很多。这也进一步说明缺乏周密、细致的营销策划,极易出现营销近视症和盲目性。

### (三) 优化企业营销资源的配置

优化资源配置是市场经济的内在要求及主要特征。只有优化资源配置,才能避免资源的浪费,促使资源的利用率提高。企业的资源包括资本、劳动力、技术、原材料、能源、信息等。任何企业的营销资源都是有限的,这就要求企业开展营销活动时高效经济地使用资源,并在营销资源投入既定的情况下,获得尽可能多的营销收益,避免营销资源的高投入低产出。

营销策划的一个显著作用就是在策划中通过对本企业营销资源的分析,按照企业营销策划的目标,对资源进行合理使用。策划活动的一个重要指标就是以尽可能少的资源投入,带来尽可能多的营销产出,以提高企业的经营效益。在制订、筛选营销策划方案时,资源投入及产出效果的比较分析是确定最优策划的依据之一。因此,针对一定的资源状况,精心策划,精打细算,精密安排,就可以有效提高营销资源的利用率,避免浪费。

营销策划可以提高企业资源的使用效率及经营效益,有时还可以产生一种倍增效益(或乘数效应),当出现某种市场机遇时,如果策划活动及时准确,捕捉住了市场机会,及时调整、安排好资源,就能够使经营资源投入带来超常规的收益。这种情况在市场营销策划中是屡见不鲜的。

### (四) 预防、减少企业经营风险和危机,克服经营困难

市场经济下的营销竞争,就如同在大海中航行,"既可载舟,亦可覆舟"。营销竞争中危机与成功并存、风险与胜利同在。市场营销中也会发生各种危机,这些危机主要有:① 因市场环境变化而造成的经营危机。市场环境是一个由政治、经济、法律、文化、科技、自然等诸多因素共同作用的复合系统,其中某一个或几个因素的变化,都会给企业带来某种危机。② 竞争对手竞争策略的变化,可引起市场占有率及市场需求投向的变化,给企业营销带来风险和困难。③ 本企业发生某种突发因素、事故,影响本企业的声誉、形象,给企业带来风险。④ 本企业的协作方或购、销方出现中断协议、合同,或拖欠巨额债务等方面的问题,给企业营销带来困难。⑤ 其他市场因素变动引起的市场危机。

通过营销策划,一方面可以预测或发现企业营销潜在的危机,从而采取超前性措施,预防危机的发生或尽可能减少危机出现时的损失;另一方面,企业在面临危机时不会惊慌失措,束手无策,而是通过精心策划,及时采取应变措施和对策,化险为夷。

### (五) 树立企业形象,积累企业无形资产

在现代市场经济条件下,企业之间的产品竞争,实质上是企业之间的整体竞争。推销产品,首先要推销企业,企业产品要占领市场,企业首先要占领人心。因此,塑造企业独具个性、富有魅力的整体形象,成为市场营销的最新式武器,而企业之间塑造整体形象的竞争又成为当代市场竞争的主流。

营销策划是塑造企业整体形象的基础工程,如果没有成功的策划,企业很难在消费者心目中树立良好的、独特的形象。完整的企业形象系统是理念识别系统、行为识别系统和视觉

识别系统的统一,就是围绕市场需求,使企业的经营思想、企业文化和营销战略、管理手段以及企业标志、商标标识、广告宣传等构成一个统一的整体。

通过精心设计、周密策划,在塑造企业整体形象的同时,也将使企业的知名度、信誉度不断提高,企业的无形资产不断积累,其社会价值不断增加。例如,"联想""海尔""格力""娃哈哈"等,都是通过企业和产品形象的整体策划不断提高声望和知名度的。

**相关链接**

**有效营销策划的一个中心与两个基本点**

以"影响消费者的购买决策"为中心。消费者购买决策的过程,可以用五个"来"概括:看过来—走过来—停下来—买下来—再回来。营销策划的核心目标就是通过对营销活动的战略性规划与策略性安排,在遵循社会市场营销观念的前提下,有效影响消费者的购买决策,营销活动方案的策划形成和落实执行应该围绕这个中心展开。

以"科学策划"为基础。营销策划就要围绕消费者购买决策过程中的五个"来"进行谋划,以实现对本企业产品销售的有效推动。

以"执行到位"为保障。营销活动效果是执行出来的,可以说,三分创意,七分执行。如果执行不到位,效果将会大受影响。

## 任务二 熟悉营销策划原则

策划的原则是策划所依据的法则或标准,是策划的行动纲领。掌握策划的原则,依据策划的原则进行策划,是策划取得成功的保证。

### 一、群体参与原则

随着社会的发展,社会活动日益复杂多变,社会活动规模越来越大,相关事项也越来越多,相应的策划活动所要处理的数据资料也更多、更复杂,而策划活动受到的影响也越来越大。这时,许多策划活动已非个人或仅仅少数人所能胜任。因此,在策划中采取群体策划方式,集中众人智慧,是实现科学策划的重要条件和保证。群体策划要求把有关方面的专家组织起来,针对具体问题开展系统的策划工作。群体策划这种针对目标和问题的群体行为方式,要求策划参与者具有跨学科、跨部门协作的现代意识,并且在思想碰撞中发挥其创造性,在相互激励中集思广益。事实表明,群体策划在实践中往往更具有科学性、合理性、可行性和可操作性,策划方案的实施也能够以更高的效率取得更大的成果。

### 二、整体规划原则

系统论认为:整体大于部分之和,即把整体作为一个系统去考虑,其收益远远大于单独考虑孤立的事物。营销策划要从全局和长远着眼,而不能仅仅局限于局部利益和眼前利益,要让局部为全局服务,让眼前利益为长远利益服务。这好比下棋,"一着不慎,全盘皆输";又好比当今的超市,以低于进货价格赔本销售十几种商品,但能够招揽更多的顾客,获取更大的利润。

我国古代策划活动就非常重视整体规划原则的运用,例如,田忌赛马的故事就能体现整体规划的重要性。战国时期,齐威王常常与王公贵族们赛马,按上、中、下三个等级分组比赛,虽然马力相差不多,但齐将田忌总是因为同等级的马力略差一些而输掉比赛。谋士孙膑看到在总体素质上,田忌的马要略逊于齐王的马,若在同等级的条件下,田忌必输无疑。于是,他就策划了一个避实就虚的整体比赛方案:用下等马与齐王的上等马比赛,用上等马与齐王的中等马比赛,用中等马和齐王的下等马比赛。这样,虽然第一局会输,但后两局却能取胜。田忌采纳了孙膑的办法,果然赢了齐威王。

### 三、出奇制胜原则

出奇制胜原则是指策划人以独特、新颖、奇异的创意实现策划的目的。"出奇制胜"是人们常常引用的一个成语,策划者无不十分推崇这一思想。"奇"在不意,旨在"攻其不备,出其不意"。"意"在达成突然性,这也是策划的出发点和立足点。众人意料之中的计谋,也就不称其为策划。意外,可以说是策划中最精彩也是最危险的领域。成功的策划既在意料之外,又在情理之中。卓越的策划往往是想起来比较困难,做起来相对容易,结局却十分理想。营销策划中运用出奇制胜原则的案例比比皆是,例如,日本厂商利用直升机在天空中向广场上的人们抛洒西铁城手表搞促销,在当时可谓是出奇制胜的经典之作。再如,奥运会等重大体育比赛的火炬传递仪式,以及开幕式上主火炬的点火方式,在策划时都自觉地遵循了出奇制胜的原则,不断推陈出新,给人们带来惊喜。

### 四、讲求时效原则

时效是指时机和效果及两者之间的关系。在企业营销实践中,营销决策的价值将会随着时间的推移与条件的改变而变化。讲求时效原则是指既要抓住策划的时机,又要把握住策划实施的时机,重视整体效果,尤其是处理好时机与效果之间的关系,力争使策划的效果最大化。在高速发展的现代社会,各种情况的变化频繁而迅速,市场竞争更为激烈,时机往往转瞬即逝。时机与效果又具有紧密的联系,失去时机必然会严重影响效果,甚至完全没有效果。因此,在策划过程中,要尽可能缩短从策划到实施的周期,并掌握好策划实施的时机,力图使策划发挥最大的效果。例如,飞鸽自行车厂抓住美国布什总统访华的时机通过李鹏总理向其赠送自行车,借机宣传企业和产品;还有各家厂商在商品销售的旺季打出广告,利用国家或地区定期举办的展览会、运动会展出本企业的产品(或服务),都是对讲求时效原则的成功运用。

### 五、灵活机动原则

灵活机动就是随机应变,是指在策划过程中及时准确地掌握策划的对象、主体及环境变化的信息,以新的调研预测为依据,调整策划目标并修正策划方案,使策划方案因时而变,因势而变,因地而变。实践表明,策划不能一成不变,要灵活机动,随机应变。古人云:时移则势异,势异则情变,情变则法不同,说的就是这个道理。不依据环境变化及时调整,策划只能走向失败。灵活机动原则是完善策划的重要保证。

运用灵活机动原则进行策划的案例不胜枚举,比如中国名茶"茉莉花"远销欧美,在东南亚却不受欢迎。原来"茉莉"与"没利"谐音,当地人很忌讳!他们有讨"口彩"的习俗,即愿意听吉利话,忌讳不吉利的话,同时也忌讳不吉利的商品名称和品牌名称。厂商及时进行了调整,给"茉"字加上两点,改成了"莱"字,"莱莉"与"来利"谐音,销路立即通畅。一个字的改动只是举手之劳,却在激烈的市场竞争中发挥出巨大的效用。

### 六、切实可行原则

切实可行原则是指策划者在客观现实所提供的条件基础上进行谋划,使策划方案得以实施并能够取得科学有效的成果。从大的方面来说,切实可行原则要求策划顺应市场潮流,合乎民意,把握顾客的心理倾向,不可逆其道而行。具体而言,切实可行原则还要求,策划要以策划主体的现实状况为基础,做到据实策划。这里的现实情况包括有利的、不利的因素和正反两方面的情况,然后对其进行客观分析,再进行策划。策划还要考虑法律规定、企业的财力、竞争的形势等现实条件。

策划是一种创造性的活动,但绝非脱离现实的纸上谈兵。策划方案应该是可操作的,具有实践性的。任何策划,如果不立足于市场,对现实工作起作用,这种策划就是毫无意义的,充其量只能算是一种美妙的幻想、一厢情愿的愿望。策划时人的主观思维活动必须符合客观事物的实际情况,相互协调,如果二者发生背离,策划必将失败。为保证策划切实可行,要在策划过程中以及在策划方案形成以后,进行可行性分析。

### 七、慎重筹谋原则

慎重筹谋原则是指策划力求疏而不漏,周全稳妥。凡事都应有周密的计划和准备,决不可鲁莽草率。凡事都需要用策,用策必求制胜;以策制胜,又须慎之又慎。人常说:"开弓没有回头箭""泼去的水难收回"。策划一旦实施,就要动用人、财、物,并带来影响。因此,策划人在策划时,要慎重筹谋,力求万无一失。不遵循慎重筹谋原则而使策划失败的案例很多,例如,某商店在某年五一节前夕推出一项促销策划,宣称凡在五一节期间用末位数号码为51的面值100元的人民币到该店购物,100元顶200元消费,结果前来购物者挤破了柜台,商店不得不宣布促销活动中止。

### 八、利益主导原则

利益是每一个人、每个社会集团乃至阶级、阶层、国家追求的目标,这是人们行为活动的动力。策划也不例外,策划主体在进行某项策划活动时必然追求一定的利益,没有利益的刺激,就不可能有策划的动力。策划所追求的利益既包括自身利益也包括社会利益;既有眼前利益又有长远利益。但相对于眼前利益而言,策划更应注重追求长远利益;相对于自身利益而言更应注重社会利益。

策划起源于社会的进步,并随着社会的发展而不断丰富、深化。策划依赖于社会,并最终作用于社会,因此,进行策划活动要充分认识社会环境,适应社会环境,不能损害社会利益。策划只有有利于社会进步,增进社会利益,才能取得公众的认可,达到预期的目的。策划是企业利益、顾客利益和社会利益的统一。例如,产品策划要适应社会需求;竞争策划不能使用不正当手段;广告策划要真实可靠,不能随意夸大事实……"椰菜娃娃"的成功就在于它极大地满足了人们的精神需要,"希望工程"之所以深入人心,受到社会各界的踊跃支持,关键就在于它具有深远的社会意义。

# 任务三　掌握营销策划程序

营销策划实际上是一个发现问题、提出问题、分析问题和解决问题的运筹谋划过程,是一个包括调查研究、搜集和分析信息、启用智慧进行创造性思维,巧妙构思策划方案,并指导实施策划方案的综合性活动过程。这一过程表明策划活动有着严格的阶段性和程序性并有其自身的规律性。因此,要想使策划科学、行之有效,并能够收到预期的效果,就必须按照策划活动的特定程序去推进,否则就会影响策划质量,甚至导致策划失败。营销策划的程序包括以下八个密切相关的步骤:界定问题、确定策划目的、搜集和分析信息、形成创意、制订策划方案、评估策划方案、实施与控制策划方案、实施效果评估与修正。

## 一、界定问题

策划委托者往往很难从众多的问题当中发现关键性的问题,那么,发现问题、界定问题的重担就责无旁贷地落到了策划人员的肩上。在诸多问题中,选择重要的优先解决,然后逐一解决余下的问题,只有这样,策划目标才能够得以完全实现。

界定问题就是要选准作为策划对象的问题,明确问题的性质和内容,明确策划需要而且能够解决什么问题,以便策划做到有针对性、有的放矢、对症下药。策划要做什么,必须是明白无误的,否则就会导致策划失误。作为策划对象的问题应该是这样的:对策划人来说运用拥有的知识、经验和能力能够解决的问题,而对企业来说是最重要最紧迫的、企业在现有条件下以及主观努力下能够解决的问题。

## 二、确定策划目的

策划目的是策划要实现的目标和要完成的任务,是整个策划的中心,指导着策划信息的搜集、创意的产生以及方案的形成。策划目的的确定,既要受到企业各种资源要素的约束;又要与企业所面临的政治、经济、竞争、市场等外部策划环境相适应;还要考虑策划实施过程中所面临的各种执行要素的影响。综合以上要素可以确定一个可以承受、可以实现,同时又能够为进一步策划预留空间的策划目的。

## 三、搜集和分析信息

确定了策划目的就得根据策划目的搜集相关信息。策划人应该知道,策划的目的是在搜集与分析信息之后提出来的,目的的提出和搜集分析信息这两个环节是交叉反复进行的。对策划有用的信息是策划的基础和依据,没有信息或信息不全、不准确,都会影响营销策划的效果。

搜集到大量的信息之后,策划人可以利用SWOT分析模型对企业所处的外部环境、内部条件及经营现状进行分析,以使企业明确外部市场的机会和威胁以及企业自身的优势和劣势,进而明确企业目前所处的位置。外部环境分析按照先宏观环境、再行业环境、最后是经营环境的逻辑顺序进行。但是从关注的程度和花费的精力来看,则应该遵循重小轻大的原则,即最重要的是经营环境,其次是行业环境,最后是宏观环境。内部环境分析的重点一般应当放在企业的总体战略和企业资源条件等方面,目的在于找到符合企业自身状况的营销策划方案,因为一个营销策划方案的实行需要得到企业内部各方面的支持。因此,切不可脱离企业自身的状况来设计营销策划方案。

在营销策划当中可能用到的分析模型,除了 SWOT 分析模型处还有麦肯锡 7S 模型、价值链分析模型、波士顿 BCG 矩阵、迈克尔·波特五力模型等,它们有各自的适用范围,策划人应该根据策划项目的需要去选择使用。

### 四、形成创意

确定了企业的营销目标,搜集并分析了相关信息后,营销策划人就要运用各种创意技法进行创意构思,对策划对象进行系统设计,并分析创意的可行性。创意是营销策划的一个关键点,也是营销策划的核心部分。能否有好的创意并在整个策划过程中合理运用,关系到营销策划的成败。

### 五、制订策划方案

从确定目标、搜集分析信息到形成创意,实际上策划已经开始了,只不过没有体现在书面方案中而已。随着创意的不断细化,对其可行性的不断评估以及策划的不断深入,一个完整的策划方案就逐渐显现出来了。一般情况下,制订策划方案的流程包括营销目标设定、营销战略策划、营销战术策划、制订实施计划、制订控制实施计划的措施这样五个环节。

#### (一)营销目标设定

清楚而准确地确定市场营销目标,是整个营销策划活动能够实现策划目的、取得良好效果的前提,也是评价策划方案、评估实施结果的依据。营销目标必须科学合理,通过努力可以达到,并依据一定的原则和步骤来确定。确定目标的原则有方向性原则、客观性原则、科学性原则、系统性原则、明细性原则等。确定目标的步骤一般为:目标调查、目标拟定、目标评估、目标论证和目标深化。

#### (二)营销战略策划

确定了营销目标以后,就要根据策划的目的、资源约束条件、企业的市场地位等,围绕营销目标,将创意转化为完善的营销战略。营销战略策划在整个策划流程中居于十分重要的地位,因为营销目标的实现在很大程度上取决于营销战略策划这一环节。就目标市场战略策划来讲,这一策划主要包括市场细分、选择目标市场和市场定位三个步骤。

#### (三)营销战术策划

在营销战略方针的指导下,将其细化便成为营销战术。营销战术策划是指企业根据营销战略策划而制订的一系列更为具体的营销手段,具体内容包括产品策划、价格策划、分销策划、促销策划、品牌策划等。营销战术策划是营销战略策划由宏观层面向微观层面的延伸。企业的营销战术策划可以是全面的,比如企业整体的营销策划;也可以是单项的,比如企业的品牌策划。不管是全面策划还是单项策划,其策划的思路是基本相同的,需要考虑的战术要素也是相似的。

#### (四)制订实施计划

制订了营销战略和战术之后,还要把战术转化为具体、明确的实施计划。实施计划包括建立营销组织机构、安排营销活动程序、编制营销预算和有关技术设备以及人员选择等。

### (五) 制订控制实施计划的措施

策划方案中还要制订实施计划的控制措施,为实施策划方案的人员提供控制依据,以便保证计划顺利实施。

## 六、评估策划方案

企业制订营销策划方案并将其实施,需要花费大量的人力、物力、财力等资源,为了使方案达到一定的可行性标准,要对其进行评估。对营销策划方案进行评估的方法主要有:

### (一) 经验判断

经验判断是指借助评估人已有的经验对已经设计好的方案的可行性进行评估,评估人的经验包括自己直接的经验和借助他人间接的经验。

### (二) 逻辑推理

逻辑推理是指借助逻辑学原理,对需要论证的方案进行正确的推理,以此判断方案的可行性。在逻辑推理中,类比推理是营销策划方案评估中经常使用的方法,即根据其他类型的成功方案来推演目前的方案。不过在采用这种方法时,要清楚所论证的方案和其他成功方案的前提条件,或者说当两种方案的前提条件相似时,这种推理才具有科学性。

### (三) 专家论证

专家论证是指将营销策划方案提交给具有丰富知识和经验的营销专家进行论证,借助营销专家的知识和经验进行判断。这也是市场营销方案论证中经常使用的方法。

### (四) 选点试验

对于一些涉及面广、投入多的营销方案,除了采用上述方法进行论证外,还可以选择有代表性的市场进行选点试验,借此来判断该方案的可行性。

## 七、实施与控制策划方案

### (一) 含义

实施与控制策划方案是指执行营销策划方案过程中的组织、指挥、控制和协调活动,是把营销策划方案转化为具体行动的过程。企业必须根据营销策划方案的要求,分配企业的各种资源,处理好企业内部和外部的各种关系,加强领导,提高执行力,把营销策划方案的内容落到实处。

### (二) 实施与控制策划方案要注意的问题

1. 稳定性与灵活性相结合

一般情况下,营销策划方案要保持相对的稳定性,但当形势发生变化时,适当地调整方案可以更好地发挥方案的作用。

2. 程序性与机遇性相结合

营销策划方案作为企业文件，要严格按程序执行，但这并不意味着把全部机会排斥在外，应该看到，对良好机会的利用是对营销策划方案的最好补充。

3. 交替性与交叉性相结合

交替性是指一个步骤完成又进入下一个步骤；交叉性是指多个步骤交叉进行。在运行阶段上，不是一刀切，这样可以大大提高实施的效率。

4. 全面贯彻与不断反馈调节相结合

策划能否全面贯彻实施，关系到企业的目标能否实现乃至企业的生死存亡，但在实施过程中，还必须及时反馈实施情况，出现问题要及时调整策略和行动。

## 八、实施效果评估与修正

营销策划方案实施以后，需要对其实施效果进行评估与修正，这样做有利于完善营销策划方案，使之处于一个良性的循环状态。所谓实施效果的评估就是将营销策划方案的预期目标与现实中得到的实际结果加以比较，通过比较对营销策划实施的效果进行评价。实施效果的修正是当发现营销策划的实际实施效果不理想时，对造成不利影响的因素加以修正，以使营销策划能够达到策划者所希望的目标。营销策划方案实施效果的评估与修正主要包括项目考核、阶段考核、最终考核和反馈改进等内容。

### （一）项目考核

项目考核是指在每一个项目完成以后对项目完成的情况所进行的评估。当一个项目完成得不理想时，营销策划人员和营销管理者应该首先找出原因，然后提出相应的解决办法，必要时，还要对整个营销策划方案做出调整。

### （二）阶段考核

阶段考核是指当营销策划某个标志性的阶段完成后，对其实施效果进行的评估。一般一个营销策划方案可分为几个标志性的阶段来进行，在某个阶段完成后，就要对这一阶段的营销策划实施情况进行评估，防止营销策划在后期实施过程中出现大的偏差。

### （三）最终考核

最终考核是指对营销策划的实施结果进行分析，以便查看营销策划的期望值与实际结果是否有差异。若发现有差异，就必须找出原因并提出相应的解决办法。营销策划人员要善于总结营销策划方案及其实施过程中的经验教训，以便提高下一次营销策划的质量。

### （四）反馈改进

对于营销策划方案在实施过程中出现的问题，必须加以总结并反馈到下一次的营销策划中，只有这样企业营销策划的水平才会不断得到提高。这一步骤也使得营销策划的流程成为一个闭合的循环通路。

# 任务四　避免营销策划误区

营销策划要按照正确的策略，运用正确的思维来进行，同时还要注意避免陷入营销策划的误区。从我国营销策划的实际来看，常见的营销策划误区有以下几类。

## 一、误区：营销策划是万能的

随着市场竞争的日益激烈，企业在经营与管理中遇到的难题也越来越多，一些管理者就把解决问题的希望完全寄托在某些策划者的策划上，指望营销策划可以解决所有问题。其实营销策划只是企业众多职能之一，它不可能解决企业面临的所有问题，而且营销策划要取得成功只靠营销策划过程自身是不够的，有许多因素影响着营销策划的成功率。这些因素包括公司制度、产权与组织结构、国际化程度、企业文化、企业家境界、公司高层的支持力度等。一个企业要想在激烈的竞争中生存发展，其首要任务是苦练自身内功，企业自身的竞争优势和领导者的综合素质是决定企业成功的关键因素。因此，企业应该首先注重提高自身竞争优势，加强企业的市场应变能力，提高企业的核心竞争能力，不要过分依赖营销策划。

## 二、误区：有实践经验就可以做好策划

有些人在企业营销一线的时间比较长，有丰富的行业营销管理经验，甚至对自己所从事行业的市场营销也有一定的研究，因此就认为自己可以做好策划了。实践证明，有实践经验是做好营销策划的必要条件，但不是充分条件。也就是说，要做好策划，做一个优秀的策划者，一定要有市场营销的实践经验。但反过来，有了实践经验的人，却并非就能够成为优秀的策划者。这是因为，策划者除了需要具有实际工作经验外，还需要有其他的必备条件。

## 三、误区：有专业知识就能够做好策划

有一部分人专修过市场营销的相关课程，或者是科班出身，就有经济理论、营销理论和策划理论的培训经历，就自认为能够做好策划，这也是一个误区。有专业知识也是做好策划的必要条件但不是充分条件。要做好策划、成为一名优秀的策划者，一定要善于把相关的专业知识与企业实际相结合，做到理论指导实践，实践完善理论。

## 四、误区：模仿其他企业的成功案例就一定会成功

模仿实际上是对策划核心的误解。在如今激烈、多变的市场竞争中，企业要获取竞争优势就必须进行一系列的创新，在营销策划方面更是如此。策划的核心是创意，也就是说，每一个策划方案都是一种新思想的表现，是赢得竞争胜利的先决条件。一个企业成功的策划方案并不一定适用于另一个企业和其所处的市场环境。在市场竞争中，市场环境复杂多变，企业要获得竞争优势，就必须对自己的竞争手段进行创新，或者在模仿其他企业方案的基础上进行创新，这样才能战胜对手。

## 五、误区：营销策划方案越复杂越好

做好营销策划需要丰富的理论知识和实践经验，但是这并不等于营销策划方案越复杂

越好。营销策划的目的在于高效率地完成营销任务,而不在于追求营销策划的复杂程度。如果简单地认为简洁的营销策划意味着质量不高,复杂的营销策划则代表高质量,那么就犯了形而上学、舍本逐末的错误。此外,营销策划要根据企业高层决策者的特点来进行。例如,一些企业的高层管理者不喜欢复杂的策划方案,他们更青睐简单有力的形式,这时候复杂的策划方案往往会引起他们的反感,遭到否决。所以,营销策划方案要考虑服务对象的特点,根据对象的特点确定其复杂程度,走出"越复杂越好"的误区。

### 六、误区:营销策划方案不能调整

营销策划方案是在调查和分析过去和现实状况之后,在对未来的不确定性进行预测的基础上形成的。这种预测虽然有一定的依据,但并无法保证未来就会按照方案中所预测的那样进行。市场是瞬息万变的,一些策划者没有考虑到的问题随时可能出现,使实际情况与原来的设想出现偏差,这就需要企业在执行营销策划方案时具有一定的灵活性,针对情况的变化对策划方案做出相应的调整,必要时甚至可以放弃原方案,重新制订符合市场状况的方案。只有时刻关注市场,不断评估策划方案,才能使营销策划达到理想的效果。

### 七、误区:盲目追求轰动效应

不少策划人时刻想着制造轰动效应,以求得媒介的免费宣传与消费者的关注。营销策划对传播部分的要求是有效传播,即将正确的信息传达给潜在的消费群体。所谓"造势"也好,"轰动效应"也好,绝大部分只能帮助企业提高知名度,为了一时的新闻价值,往往不能将正确的产品或项目信息传递给有效的购买人群,最终导致营销策划工作只能停留在追求表面的热闹上。盲目追求轰动效应主要表现在以下三个方面。

#### (一)用知名度代替美誉度

知名度不等于美誉度,知名度是评价名气大小的客观尺度,而美誉度侧重于质的评价。某一品牌的产品要想长期稳定占领市场,不仅要有知名度,还要有美誉度。只有同时创造知名度与美誉度,轰动事件方可转化成轰动效应。但问题是,有些企业管理者与策划人在做策划时,往往过于重视轰动性,想尽一切办法制造和传播知名度,但对如何培育和传播美誉度却不予或未予考虑。

#### (二)将新闻策划当成营销策划

通过一个爆炸性的新闻事件制造轰动效应,本质上属于新闻策划。它通过事件的新奇性和新闻性,引起公众的注意,激发公众的热情,改变公众的认知,从而提高新闻事件的提及率和传播面。但新闻策划效应的产生,仍然有它的前提。再优秀的新闻策划在企业其他营销策划与管理不到位的情况下,也不可能起到改变局面的作用。另外,新闻策划虽然能够扩大知名度,但它对企业产品销售的作用是间接的,并不能取得立竿见影的效果。

#### (三)将营销策划等同于营销策略

有些企业管理者和策划人,一方面不了解、不遵守市场运作规律与营销策略,另一方面在心态上急于求成,幻想走捷径,企图通过几个轰动性营销策划,制造轰动效应,实现跨越式成功与跳跃式发展,而不是扎根品牌,加强市场管理,结果自然是事与愿违。

### 八、误区：追求新奇而缺乏论证

不少营销策划往往把注意力过多地放在创意的新颖奇特上，而忽略了对创意的发展和完善，使得很有创意的构想因为缺乏论证，执行效果大打折扣。实际上，策划创意的论证是营销策划必不可少的一个重要环节，其操作效果层面上的意义甚至要超过策划的创意。新颖奇特的策划创意，固然能够吸引公众的关注，但是更为关键的是要让公众积极响应和参与活动，而这要靠活动细节的策划和活动整体策划的论证。追求新奇而缺乏论证的主要表现有以下几个方面：

(1) 只注重物质层面上的新奇与新鲜，忽视了心理层面上的沟通与理解。如某一酒店，在高考发榜以后，策划了一个"心连心手拉手"落榜同学相聚酒店的活动。本来，这个活动的创意新颖，表现了企业的爱心，在众多酒店发着高考经济之财时，想到了不被社会关心的落榜考生。但由于缺乏细节的完善与论证，忽视了落榜考生的心态，结果活动无人参加。

(2) 对策划执行过程中的问题估计过于简单，缺乏全面的思想准备和组织准备。有的策划为了吸引公众参与设置了许多噱头，如承诺凭报纸广告可以免费获赠产品或礼品，结果参与者人山人海，既增加了费用，又形成了混乱局面，还给活动的参与者留下了不好的印象。有的策划对意外情况缺乏防范，由于现场出现事故导致全盘皆输。有的策划缺乏执行过程中相关环节的细致考虑与论证，结果中途被歪曲或利用，未起到真正的作用。

(3) 只注意活动的表面，忽视了活动过程的衔接。只注意了对参与活动的主体人员的安排，而忽视了对辅助人员的安排。只考虑到前台的场面，而忽视了后台的衔接。只注意了活动当时的策划，忽视了活动善后工作的安排。

(4) 费用预算简单粗糙，结果与预算相差甚远。由于策划没有细化，方案没有论证，所以费用预算也无法细化，无法精确预算。由于很多活动项目的费用是与参与活动的人数成正比的，而公众的参与人数又难以确定，于是费用差距很大，结果往往超支甚至失控。兑现承诺就意味着增加费用，不兑现承诺也是一大笔损失，只不过前者是有形的，后者是无形的。

### 九、误区：策划过多而策略过少

市场营销策略是企业开展营销活动的总体设计。许多营销策划要么简单地套用营销理论，要么机械地套用其他策划案例，而在市场信息、营销策略的分析与运用等方面仍有不足。策划过多而策略过少的误区主要表现在以下几个方面。

#### (一) 促销策划代替营销策划

在市场营销中，促销、营销是有严格区别的。促销以产品为中心，以企业为中心，不管顾客是否需要，是否愿意接受，一味发扬"五千精神"（千方百计、千山万水、千难万险、千辛万苦、千言万语）硬推出去，抽奖、买赠、打折、硬销出去。而真正现代意义的营销，则是指一切以消费者为中心，从满足消费者的各种需要出发，并为之提供全方位、多层次的服务。真正的营销策划不是在出现产品库存积压之后开始的，而是在产品研发、生产之前就开始了，真正的营销可以使促销和推销成为多余。然而，现在还有不少策划仍然停留在促销策划层次上，并且美其名曰"营销策划"，结果自然无法解决根本问题而陷于恶性促销循环之中。

### (二) 主观臆断代替市场调研

没有调查就没有发言权。市场调研是营销策划中非常重要的一环,但在实践中常常得不到应有的重视。有些企业自以为对市场很了解,没有必要花钱花时间去做市场调研。于是,闭门造车搞策划,凭着感觉搞方案。结果,按此流程做出来的策划方案,企业和策划人怎么看怎么舒服,但是真正按照策划方案执行时,却发现并不如想象的那么顺利,结果也与预期目标相差甚远。

### (三) 过分热衷策划自我炒作

一些策划人写的书籍和文章,做的演讲,要么口若悬河,要么故弄玄虚,要么故意吹嘘,号称取得了前所未有的轰动效果。本来,策划人恰当地自我包装一下也无可非议。在事实的基础上修饰提升一下这叫包装,但背离事实,颠倒黑白,将企业的成功完全归功于自己的某项策划、某个点子,就只能叫炒作了。

形成"策划过多而策略过少"现象的原因主要在于:策略研究基础薄弱,缺乏结合行业、企业、品牌、产品、市场特点进行的基础性营销研究;社会缺乏一种研究营销策略的风气;营销策划界还比较浮躁。少数"策划大师"整天抱着自己的案例四处宣讲,给人以"策划=营销"的误解,给人以策划无所不能的误导。其实,营销策划不能代替营销管理。营销管理是营销策划成功的保障,离开了扎实的营销管理,再好的营销策划方案也难以取得成功。

## 十、误区:脱离实际编造概念

产品本身缺乏科技内涵与实际功能,无法为消费者带来具体真切实在的利益,只是肆意编造概念,玩弄概念术语,形成媒体层面上的热闹炒作和市场层面的短期虚假繁荣,但最终还是会因消费者的醒悟以及产品本身的缺陷,而导致产品不得不退出市场。这是我国企业营销策划的又一大误区。这种编造概念和炒作概念的策划运作方式在保健品行业发展初期尤为普遍和严重。从脑黄金到补钙大战再到基因食品,一波接一波的保健品热浪非但没带来多少繁荣,反而使整个行业陷入"短命"怪圈。一位保健品销售商直言,保健品很多都是"炒概念"。20世纪80年代,"蜂王浆""太阳神"口服液的横空出世着实轰动了全国,人们也因此有了保健意识。但逐渐成熟的消费者很快就不再相信有"包医百病"的保健品。在"什么都能补"的概念行不通之后,一些企业又抛出单一功能保健概念这一法宝,从滋阴补阳、驻容养颜、补锌补钙,到增强基因自我修补能力,保健概念层出不穷。

广告轰炸是炒作概念的重要手段。分析保健品行业,会发现这样一种现象:成熟的保健品公司更加注重产品的研发和创新,如美国杜邦公司的投入主要用于开发新产品,广告投入并不大;而一些急功近利的企业则研发投资普遍小,但其市场开发的投入却高得惊人,甚至在启动阶段就拿出产品销售额的40%左右来做广告。这种靠广告炒作概念拉动起来的保健品,难免隐藏着虚假、欺骗和误导消费者的不正当竞争行为,结果自然难以长久。

## 相关链接

### 小策划带来的大麻烦

某啤酒制造商的高档产品"风花啤酒"上市,为了快速推动该产品进入市场,该啤酒厂计划进行大规模的营销活动。于是,他们聘请了一家广告公司策划促销活动。该广告公司的策划方案是:当地《生活晨报》与风花啤酒联合促销,即凭一份报纸,可以领一瓶风花啤酒。广告播出后,反响还不错,很多人拿着报纸纷纷到指定地点兑换啤酒,进展到中途,却看到了许多报摊主挑着报纸去经销商处兑换啤酒,一兑就是上千瓶,这与计划中设想的很多消费者参与有很大的差距。于是,该公司赶紧登报重申,每个人凭身份证只能领一瓶啤酒,本来是想限制有些人从中作弊,结果却发现,如此一限定,兑换啤酒的人相比以前少了很多。市场总监领着报社总编到现场一看,结果让他们大吃一惊! 由于20个兑酒点都明确限定每个人只能兑换一瓶啤酒,因此,报摊老板见无机可乘,干脆报纸涨价,原来零售0.5元每份的报纸,涨到了每份1元。如此一来,去兑酒点兑换啤酒的消费者减少了。因此,在兑现了4 000多件啤酒之后,该啤酒公司停止了这项活动。

## 知 识 巩 固

### 一、判断题(正确的打√,错误的打×)

1. 在中国古代,策划的本意是指计划、打算,策划也与筹划、谋划、计谋等意相通。（    ）
2. 策划是针对未来要发生的事情作当前的决策。（    ）
3. 策划是为一定目标服务的,没有目标无所谓策划,策划是实现一定目标的手段,是寻求实现目标的途径。（    ）
4. 策划是建立在对有关情况进行调查研究的基础之上的。（    ）
5. 策划作为一种策略、谋划的过程,包括制订方案、选择方案、调整方案三个连续性的工作。（    ）
6. 策划是一种连续性、系统性的活动过程。（    ）
7. 营销策划的对象是未来的营销活动。（    ）
8. 营销策划的根本任务是促进商品交换。（    ）
9. 营销策划的依据是信息和知识。（    ）
10. 营销策划的灵魂是创意。（    ）
11. 营销策划的成果是营销策划方案。（    ）
12. 营销策划方案成功实施的保证是不断调适。（    ）

### 二、单项选择题

1. 企业为实施总体营销战略目标而进行的某项具体营销活动的策划是(    )。
   A. 总体营销策划           B. 单项营销策划
   C. 总体产品营销策划       D. 整个时期营销策划
2. 带方向性、全局性、长期性和综合性的谋划是(    )。
   A. 营销战略策划           B. 营销策略策划

C. 自主型营销策划　　　　　　　　D. 外部参与型营销策划

3. 企业内部的营销策划部门(如市场部、广告部、公关部等)承担营销策划职能,开展营销策划工作,这种营销策划是(　　)。

　　A. 周期性营销策划　　　　　　　　B. 一次性营销策划
　　C. 自主型营销策划　　　　　　　　D. 外部参与型营销策划

4. 每间隔一段固定的时间就进行一次营销策划,如每年一度必须进行的年度销售策划,这种策划是(　　)。

　　A. 周期性营销策划　　　　　　　　B. 一次性营销策划
　　C. 自主型营销策划　　　　　　　　D. 外部参与型营销策划

5. 营销策划的程序包括八个具体的步骤,第一个步骤是(　　)。

　　A. 界定问题　　　　　　　　　　　B. 形成创意
　　C. 制订方案　　　　　　　　　　　D. 实施效果评估与修正

### 三、多项选择题

1. 现代社会中人们对策划概念的界定也有多种解释,较为流行的有代表性的定义有(　　)。

　　A. 事前行为说　　B. 管理行为说　　C. 选择决定说　　D. 思维和谐说

2. 营销策划的主要特征包括(　　)。

　　A. 目的性　　　　B. 超前性　　　　C. 创造性　　　　D. 竞争性
　　E. 系统性　　　　F. 整体性　　　　G. 动态性　　　　H. 程序性

3. 营销策划的方法主要包括(　　)。

　　A. 程序法　　　　B. 模型法　　　　C. 案例法　　　　D. 观察法

4. 营销策划的作用主要包括(　　)。

　　A. 有效提高企业的竞争力
　　B. 协调营销目标,避免营销盲目性
　　C. 优化企业营销资源的配置
　　D. 预防、减少企业经营风险和危机,克服经营困难
　　E. 树立企业形象,扩大企业无形资产

5. 营销策划的原则包括(　　)。

　　A. 群体参与原则　　B. 整体规划原则　　C. 出奇制胜原则　　D. 讲求时效原则
　　E. 灵活机动原则　　F. 切实可行原则　　G. 慎重筹谋原则　　H. 利益主导原则

6. 营销策划的程序包括(　　)。

　　A. 界定问题　　　　B. 确定策划目的　　C. 搜集和分析信息　　D. 形成创意
　　E. 制订策划方案　　F. 评估策划方案　　G. 实施与控制策划方案
　　H. 实施效果评估与修正

7. 制订策划方案的流程包括(　　)。

　　A. 营销目标设定　　B. 营销战略策划　　C. 营销战术策划　　D. 制定实施计划
　　E. 制定控制计划的措施

8. 评估营销策划方案的方法包括(　　)。

　　A. 经验判断　　　　B. 逻辑推理　　　　C. 专家论证　　　　D. 选点试验

9. 在实施及控制策划方案的工作中实施人员要注意(　　)。

A. 稳定性与灵活性相结合　　　　　　B. 程序性与机遇性相结合
C. 交替性与交叉性相结合　　　　　　D. 全面贯彻与不断反馈调节相结合

10. 营销策划方案实施效果的评估与修正主要包括(　　　　)。
    A. 项目考核　　　B. 阶段考核　　　C. 最终考核　　　D. 反馈改进

11. 营销策划的误区有(　　　　)。
    A. 营销策划是万能的　　　　　　　B. 有实践经验就可以做好策划
    C. 有专业知识就能够做好策划　　　D. 模仿其他企业的成功案例
    E. 营销策划方案越复杂越好　　　　F. 营销策划方案的刻板执行
    G. 盲目追求轰动效应　　　　　　　H. 追求新奇而缺乏论证
    I. 策划过多而策略过少　　　　　　J. 脱离实际编造概念

12. 盲目追求轰动效应是营销策划的一大误区,其主要表现有(　　　　)。
    A. 用知名度代替美誉度　　　　　　B. 将新闻策划当成了营销策划
    C. 将营销策划等同于营销策略

13. 追求新奇而缺乏论证是营销策划的一大误区,其主要表现有(　　　　)。
    A. 只注意了物质层面上的新奇与新鲜,忽视了心理层面上的沟通与理解
    B. 对策划执行过程中的问题估计过于简单,缺乏全面的思想准备和组织准备
    C. 只注意到活动的表面,忽视了活动之间与活动过程的衔接
    D. 费用预算简单粗糙,结果与预算相差甚远

14. 策划过多而策略过少是营销策划的一大误区,其主要表现有(　　　　)。
    A. 促销策划代替营销策划　　　　　B. 主观臆断代替市场调研
    C. 过分热衷策划自我炒作

# 案 例 分 析

## 案例一　三顿半:让精品咖啡走进日常

☆**案例文本展示**

2018年9月,一个名为"三顿半"的咖啡品牌带着"精品速溶"咖啡走入了天猫,短短几个月就俘获了大量消费者。在同年的"双十二"活动中,三顿半一鸣惊人,拿下了天猫全咖啡品类第二名的成绩。而在2019年的"双十一",三顿半更是超过了占领天猫咖啡王座十年的雀巢咖啡,问鼎咖啡品类第一品牌。短短一年的时间,三顿半就从名不见经传的小众咖啡品牌,蜕变成了消费者热捧的行业新星。

三顿半为何能够吸引消费者?它爆红的秘诀又是什么?让我们一起尝尝这杯咖啡背后的味道。

**一、咖啡中国**

中国咖啡市场的发展经历了几个重要的时间点。1989年,雀巢在中国推出了"1+2"速溶咖啡,被视为咖啡在中国发展的起点。一句"雀巢,味道好极了"的广告语,把速溶咖啡的风潮引入中国。此后,咖啡不再是中国人眼中的"苦酒",转而变成了家家户户追捧的新潮饮品。第二个时间节点出现在2005年左右,随着国内经济快速崛起,星巴克开始大力开拓中国市场。星巴克利用"第三空间"的概念将"咖啡社交"文化引进了白领阶层,使得现磨咖啡伴随着咖啡馆走入了大城市中。

(一) 飞速发展的咖啡市场

众多市场调查数据和新兴咖啡企业的发展状况都在预示着咖啡市场在中国崛起的速度。据第一财经商业数据中心2018年发布的报告显示,中国咖啡年消费年均增长率在15%左右,远高于全球2%的增长水平。同时,Euromonitor提供的数据显示,即使在增长率飞快上涨的状态之下,中国的咖啡消费量和部分咖啡消费大国相比仍旧相差巨大。2018年,美国的人均咖啡消费量是261.2杯,而这个数字在中国是4.7杯,这让许多企业家意识到,培养中国人的咖啡习惯,仍然是一座值得挖掘的金矿。

2017年,中国咖啡市场开始向多元化扩展,连锁咖啡店、便利店咖啡、连锁餐饮店咖啡、外卖咖啡群雄并起,在我国掀起了零售咖啡的浪潮。在这股浪潮之下,众多资本纷纷涌入咖啡市场,将咖啡市场变成了一片竞争红海。就连肯德基、麦当劳等连锁餐饮店,7-11、全家等便利店,甚至是中石化都做起了现磨咖啡生意。

(二) 咖啡市场的空隙

面对咖啡市场激烈的竞争,三顿半咖啡创始人吴骏看到了咖啡市场潜在的商机。一方面,零售咖啡行业的兴起,体现了品质咖啡需求正在向更多场景延伸。现磨咖啡的选豆、烘焙、冲煮、调配过程依赖专业技术,并且耗费时力,这对于常人来讲门槛较高。随着人们逐渐适应并追随带有苦度和果酸的咖啡体验,对高品质咖啡的需求已经不仅存在于咖啡馆中,办公室里、上班路上的咖啡需求正是零售咖啡兴起的原因。另一方面,现磨咖啡还有着大量未触及的场景。零售咖啡受到售卖时间和覆盖区域的限制,无论是三四线城市还是在众多的外出场景中,精品咖啡仍然不能做到大众化。

咖啡习惯的培养依赖于对更多生活场景的覆盖。吴骏看到,市场上还没有一种咖啡形态能将品质与方便结合起来,在很多场合下,人们"想随手喝到一杯咖啡,又想喝的有品质",这种需求一直没有得到解决。

在逐渐旺盛的需求之下,更多的咖啡消费场景有待发掘。于是,精品速溶咖啡"三顿半"出现了,它结合了速溶咖啡的便利,又将其打上了精品的标签,让整个咖啡行业眼前一亮。

## 二、走个性化突围路线

(一) 精准定位

2015年8月,在线下咖啡店沉寂了多年的吴骏选择拥抱互联网电商,在淘宝上创立了咖啡品牌"三顿半"。"一天三顿之外,还要有半顿精神食粮,这就是咖啡生活方式",这是三顿半名字的由来,吴骏希望用便捷性,将精品咖啡覆盖至更多的生活场景,将喝咖啡培养成人们每天的习惯。

三顿半将目标用户定位为年轻的职场人。年轻人经过精品咖啡馆的"驯化",已经能接受咖啡的本味,他们认为无添加的现磨咖啡才是真正好喝的咖啡。其次,年轻的职场人具有巨大的咖啡消费潜力,他们对咖啡的需求更日常,对于高效也更看重。与此同时,年轻人爱社交爱分享的特点也便于品牌形象的快速传播。因此三顿半将产品开发的重心放在"精品+便捷"上。

在"精品速溶"咖啡出现之前,三顿半的特色产品是手冲咖啡"大满贯"套装和滤泡冷萃咖啡。"大满贯"套装由迷你手冲壶、随行杯以及挂耳咖啡组成。手冲壶是专业的咖啡冲煮器具,壶嘴长而狭窄,能强制获得均匀、稳定的水流,最大限度还原现磨咖啡的风味与口感。在三顿半之前,并没有哪个品牌想到将挂耳、设备与器皿组合售卖,而且手冲壶、滤杯等专业器具往往以国际大牌为主,价格昂贵。三顿半将这些工具组成套装,为用户提供了入门工具,目的是让咖啡小白也能迅速进入自制精品咖啡的圈层。冷萃滤泡咖啡的灵感来源于星巴克在2016年推出的冷萃咖啡,吴骏看到了市场对咖啡冷饮的需求,研制了一款经八小时冷藏即可获得的冷萃咖啡。

这两款原创产品都旨在降低精品咖啡的制作门槛,将精品咖啡的消费场景延伸到了办公室和家庭,在上市初期分别引起了小范围的轰动。但手冲咖啡仍然需要繁复的操作,滤泡咖啡则要消耗一个晚上,这让吴骏清楚地意识到,对于无暇制作咖啡的职场人来讲,零售和外卖现磨咖啡无疑更胜一筹。为了让品牌持久地发展,需要将精品咖啡深入到更加细碎的使用场景中,去争目前市场接触不到的领域。

更便捷、更大众化的产品是什么样的呢?随后,三顿半又将目光投向了对速溶咖啡的改造上。经过改良,三顿半最具标志性的产品"超即溶"咖啡横空出世。

(二)定义咖啡新品类

三顿半为超即溶咖啡创设了一个新的咖啡品类"精品速溶",不同于市场上的速溶咖啡和现磨咖啡,精品速溶咖啡集聚了品质优、制作易、玩法多的特点。

### 三、品牌定位驱动营销

在将新产品向市场铺开的过程中,吴骏清楚地意识到三顿半最需要的是在消费者心中树立高品质形象,消除消费者对速溶咖啡的刻板印象,并将其与传统的速溶咖啡区别开。因而在营销推广阶段,三顿半也注重在品质上做文章。

(一)差异化价格

三顿半在定价上采用了差异化策略。一颗三顿半的均价在7元左右,正处于此前咖啡市场的空缺范围。向上看,星巴克等咖啡馆的价格超过30元/杯,瑞幸的券后价格在10~20元/杯,7-11等便利店咖啡的价格在10元/杯左右。往下看,长期占领速溶咖啡市场的雀巢、麦斯威尔一包仅需要1~3元。7元的价格既能将其与传统的速溶咖啡低品质的印象区别开,又能让消费者直观地感受到他们可以用更划算的方式获得精品咖啡。

(二)社交性渠道

三顿半选择了利用电商平台进行销售,这一方面兼顾了易得性与精品咖啡的协调性,另一方面借用电商平台的社交属性与数据能力,三顿半能与消费者进行互动,在粉丝的帮助下持续打磨产品品质。

(三)数据化促销

在促销模式上,三顿半依托天猫大数据制订了订阅式的促销战略,旨在培养用户的咖啡习惯,让用户适应三顿半定义的咖啡生活。

(四)个性化宣传

1. 社交玩出好品质

在"在哪里推广"的问题上,三顿半将目光锁定在内容社区上。在审美红利的加持下,一些内容类社区在产品推广上焕发出了强大的力量。而三顿半亮眼的包装与超即溶的特性不断催生了独特的玩法,使其得以在社交媒体上迅速传播。三顿半依据自身产品特点,选择"小红书"与"下厨房"作为产品推广的主战场。"小红书"是在新消费风潮中崛起的内容社区,其主流用户所追求的轻奢、品质生活与精品咖啡有着较高的契合度。"下厨房"则是垂直美食社区,聚集了大批"高品质吃货",他们对食品的口味与品质本身就具有极高的关注度。

2. KOC"领航"新风尚

"找什么人进行推广"是三顿半从创立之初就开始思考的问题。在各路商家争抢头部流量的今天,三顿半另辟蹊径地选择了KOC(关键意见消费者)进行品牌的推广。

从品牌创立之初,三顿半便开始在下厨房APP里积攒种子用户。作为一个专注于美食的垂直类APP,下厨房聚集了一批美食达人,他们不仅是天然的种子用户和传播者,还有着比普通用户更加挑剔的味蕾,能够在产品口味、风格和发展方向上提出宝贵建议。在每个正式产品上线之前,三顿半都要经历数十次的用户测试与改良,这种长期的互动让消费者感受到品牌的用心,于是渐渐积累起了用户的口碑。从下厨房到上线淘宝、天猫、小红书,三顿半也持续与用户保持沟通,并创设了品牌独有的"领航员计划"。

3. 空罐"返航"助环保

在"超即溶"产品上线后,一些批评的声音指出,三顿半采用的小罐是过度包装,不利于环保。为了平息这种负面声音,三顿半推出了"返航计划",即空罐子回收活动,在80%用户所在的城市设立"返航点",用户在小程序提前预约"返航点"及想要兑换的周边产品,就能在活动当日用准备好的空罐参与兑换活动。

4. 品牌联名巧出新

为了持续给用户带来新鲜感,三顿半不定期推出0号隐藏款与其他精品品牌联名。三顿半将0号作为特别号码保留,用来与来自全球的咖啡师合作,借专业咖啡师之手挑选来自不同产地的咖啡豆,为咖啡爱好者提供新鲜的体验。目前三顿半已经陆续推出了"三顿半×FRITZ""三顿半×田口护""三顿半×治光师"三种合作款咖啡。

**四、结束语**

在线上取得亮眼成绩后,三顿半有意把触角伸到线下。

2019年3月,三顿半在老家长沙尝试开设了第一家线下店,并把它称作咖啡研究室。这个线下店的重点不在于销售,而是在于与客户交流、探索更多线下的可能。

吴骏认为,向线下扩张不能贸然而行,开设线下体验店必须也要打造特色与差异化,不要做那些"同质化、泛泛的东西",否则就无法体现出线下店的价值。未来,三顿半准备持续向线下发力。而如何在线下也打造出好产品,是三顿半希望日后继续探索的方向。

(资料来源:中国管理案例共享中心)

☆**案例分析与讨论**

结合"案例文本展示"中的内容讨论和回答下列问题:

1. 吴骏找到的市场空隙是什么?他是怎样找到的?
2. "三顿半"这个咖啡品牌名称的立意是什么?创意水平如何?
3. "三顿半"瞄准的目标市场是哪一类人群?这类人群有哪些特点?
4. "三顿半"的市场定位标语是哪句话?后来又升级为哪句话?
5. 简述"三顿半"的营销组合策略,即产品策略、价格策略、分销策略、促销策略和宣传策略。
6. "三顿半"尝试在线下开店的举措,你认为是否可行?前景会是怎样的?对此,你有什么好的建议?

☆**案例解读与评析**

1-1 案例解读与评析

## 案例二 雅科卡策划"野马"轿车

☆案例文本展示

1964年,福特汽车公司生产了一种名为"野马"的轿车。新产品一经推出,购买人数就打破了美国的历史记录,顾客拼命抢购,在不到一年的时间里,野马汽车风行整个美国,各地还纷纷成立野马车会,甚至商店出售的墨镜、钥匙扣、帽子、玩具都贴上了野马的标志。更有趣的是,一家面包店的门上竟竖起了这样一块牌子:"本店面包如野马汽车般被一抢而光"。为什么野马汽车如此受人欢迎?这主要归功于美国实业界巨子雅科卡的出色策划。

### 一、策划第一阶段:概念挖掘

雅科卡1962年担任福特汽车公司分部总经理后,便策划生产一种受顾客喜欢的新型汽车。这一念头是在他对市场进行了充分调查之后产生的。信息1:雅科卡在欧洲了解到,福特汽车公司生产的"红雀"太小了,没有行李箱,虽然很省油,但外形不漂亮。如不尽快推出一种新型汽车,公司将被竞争对手击败。信息2:第二次世界大战后,生育率激增,几千万婴儿已长大成人,在20世纪60年代,20—24岁的人口增加了50%以上,16—35岁的年轻人占人口增幅的一半。根据这一调查材料,雅科卡预见今后的10年,整个汽车的销售量将会大幅度增加,而销售对象就是年轻人。信息3:年纪较大的买主已从满足于经济实惠型汽车转向追求新款样式的豪华车。根据这些信息,雅科卡头脑中浮现出一个策划轮廓,福特公司要推出一部适应饥饿市场的新产品,其特点是:款式新、性能好、能载4人、车子不能太重(最多2 500磅)、价钱便宜(卖价不能超过2 500美元)。雅科卡把这一大致轮廓交给策划小组讨论,经过集思广益,一个清晰的策划概念产生了:车型要独树一帜;车身要容易辨认;要容易操纵(便于妇女和新学驾驶的人购买);要有行李箱(便于外出旅行);像跑车(吸引年轻人),而且还要胜过跑车。

### 二、策划第二阶段:主题开发

这种车该取什么名字以吸引顾客呢?雅科卡委托沃尔德·汤姆森广告公司的代理人到底特律公共图书馆查找目录,从A打头的土猪一直查到Z打头的斑马,经过讨论,大家把上千个名字范围缩小到5个,即西部野马、猎豹、小马、野马和美洲豹。广告策划人认为,美国人对第二次世界大战中的野马式战斗机的名字十分熟悉,用"野马"作为新型车的名字妙不可言,能显示出车的性能和速度,有广阔天地任君驰骋的味道,最适合地道的美国人放荡不羁的个性。主题——"野马"确定后,策划人员又专门设计了一个标志安装在车前护栏里,这是一个奔驰的野马模型,它扬起四蹄按顺时针方向奔驰,而不是按美国赛马时马的逆时针跑法。策划者认为野马就是野生的马,不是驯养的马,不会循规蹈矩,总要超越人的正常思维。这正是主题的进一步延伸和扩展。在产品的设计上也体现出主题:集豪华与经济于一体。花得起钱的顾客可以买额外部件及加大功率;没钱买这些也不要紧,因为这款车已比一般经济型车多了圆背座椅、尼龙装饰及地毯等。它的外表更具特色,车身为白色而车轮为红色,后保险杠向上弯曲形成一个活泼的尾部,活脱脱就像一匹野马。

### 三、策划第三阶段:时空运筹

新型车问世之前,福特公司选择了底特律地区52对夫妇,邀请他们到样品陈列馆。这些人的收入属于中等层次,每对夫妇都已经拥有了一部标准型汽车。公司负责人将他们分成若干小组带进汽车样品陈列馆,请他们发表感想。这些夫妇中一部分是白领夫妇,他们收入颇高,对车的样式感兴趣;蓝领夫妇看到样车的豪华装饰,认为开这部车代表地位和权势,有些不敢问津。雅科卡请他们估计一下车价,几乎所有人都估计至少10 000美元,并表示不会购买这种车,因为家中已经有了车。当雅科卡宣布车价在 2 500 美元以下时,大家都惊呆了,之后又欢呼起来,纷纷说道:"我们要买这部车,我们把车停在我们自己的汽车道上,所有的邻居都会以为我们交了好运"。摸透了消费者的心理后,雅科卡把售价定在 2 368 美元,并精心拟定了一系列促销方案。

**四、策划第四阶段:推销说服**

策划成功与否,最终还得是市场见真功,策划人员为野马的广告推销下了一番苦心。

第一步,邀请各大报社的编辑参加从纽约到迪尔伯恩的野马车大赛,同时还邀请了 100 名记者亲临现场采访。表面上看这是一次赛车活动,实际上是一次告知性广告宣传。事后,有数百家报纸杂志报道了野马车大赛的盛况,使野马成为新闻界的热闹话题。

第二步,新型野马车上市的前一天,根据媒体选择计划,让几乎全部有影响的报纸用整版篇幅刊登了野马车广告。根据广告定位的要求,广告画面是一部白色野马车在奔驰,大标题是"真想不到",副标题是"售价 2 368 美元"。上述广告宣传以提高产品的知名度为主,进而为提高市场占有率打下基础。

第三步,从野马车上市开始,让各大电视台每天不断地播放野马车的广告。广告内容是一个渴望成为赛车手或喷气式飞机驾驶员的年轻人正驾驶野马车在奔驰。选择电视媒体做宣传,其目的是扩大广告宣传的覆盖面,提高产品的知名度,使产品家喻户晓。

第四步,选择最显眼的停车场,竖起巨型的广告牌,上面写着"野马栏",以引起消费者的注意。

第五步,竭尽全力在美国各地最繁忙的 15 个飞机场和 200 家假日饭店展览野马车,以实物广告的形式激发人们的购买欲望。

第六步,向全国各地几百万福特汽车车主寄送广告宣传品。此举是为了达到直接促销的目的,同时也表示公司忠诚地为顾客服务的态度和决心。这一系列铺天盖地、排山倒海的广告活动使野马车风行美国。野马车上市的第一天,就有 400 万人涌到福特代理店购买。1 年之内,销量竟达 418 812 辆,创下了福特公司的销售纪录之冠。

(资料来源:孙黎.策划家.)

☆**案例分析与讨论**

结合"案例文本展示"中的内容讨论和回答下列问题:

1. "野马"轿车的概念是什么?它是怎样形成的?
2. "野马"轿车的主题是什么?它是怎样形成的?
3. 策划人是怎样进行时空运筹的?创意如何?
4. 策划人是怎样进行推销说服的?创意如何?
5. 本策划采用的是什么策划方法?说明本方法的适用范围。

☆**案例解读与评析**

1-2 案例解读与评析

# 项目二　认知营销策划方案

**学习目标**

1. 理解营销策划方案的本质,熟悉两种营销策划方案的基本内容和结构形式,掌握营销策划方案的撰写原则和撰写技巧,掌握营销策划方案的展示方法。

2. 能够从一份具体的营销策划方案中梳理出营销策划思路和策划方案的框架结构,能够判断一份营销策划方案的优劣,能够体会营销策划方案中独特的行文风格和措辞方式。

3. 形成理论指导实践、实践完善理论的正确思想观念,养成勤于思考、勤于动手的优良习惯,树立崇高的职业理想和远大的学习目标,培养精益求精的工匠精神。

## 任务一　了解营销策划方案

### 一、营销策划方案的概念

营销策划方案是指由策划者撰写的反映其经过缜密研究之后形成的解决问题的方法、行动安排、执行措施、控制要点等内容的一种书面形式的文案。营销策划方案是策划者辛勤劳动的结晶,是自策划活动开展以来所有创意成果的书面表达,是对所有策划工作的最后归纳。它是策划者编写的"剧本",是对策划者思想与思路的客观反映,是企业未来将要开展的营销活动的行动指南。

### 二、营销策划方案的作用

营销策划方案具有以下三个最基本的作用。

#### (一) 准确和完整地反映营销策划的内容

营销策划方案是营销策划的书面反映形式,因此,策划方案的内容是否能够准确地表达策划者的真实意图,就显得非常重要。从整个策划过程上看,营销策划方案是达到营销策划目的的第一步,是营销策划能否成功的关键。

#### (二) 充分和有效地说服决策者

一份合格的营销策划方案,首先要做到使阅读者相信,并由此而达到进一步的认同。对一个策划者来说,首先追求的是:决策层能够采纳营销策划方案中的意见,并按照营销策划方案中的内容去实施营销策划方案。

### (三) 执行和控制营销策划的依据

营销策划方案被企业决策层审核通过之后,不能"束之高阁",而是要付诸营销实践。因此,营销策划方案的职能也就转化成了企业营销部门执行营销策划和控制营销活动的依据,以及企业营销人员开展营销活动的行动计划与操作规程。

## 三、营销策划方案的内容

无论是哪种营销策划,简单的还是复杂的,尽管问题的范围、性质等会有所不同,但是其内容构成的主要范围是没有太大差别的。营销策划方案主要交代一些基本问题,这些问题一般被称为7W2H。

### (一) 7W2H 营销策划法

7W2H 营销策划法是 5W2H 分析法在营销策划领域的特殊应用形式,最初由国内营销策划人庄一召提出。它更切合营销和营销策划领域的特殊性,是营销和营销策划领域分析问题、解决问题的更为有效的基本方法。

所谓 7W2H,其实就是 who、what、whom、why、which、where、when、how 和 how much,即在进行营销策划时,要从谁营销、营销什么、对谁营销、为什么营销、利用哪些素材营销、在哪儿营销、在何时营销、怎样营销以及营销预算是多少这九个方面入手,这样可以迅速理清思路,找到解决问题的有效方法。

### (二) 7W2H 的基本内容

1. who:谁营销

要明确的是营销主体。包括两个层面,一是下面提到的营销本体的所有者或占有者及其代表,二是营销执行者。

2. what:营销什么

要明确的是营销本体。在这里用营销本体这一概念来指代所要营销的东西,包括物品(goods)、服务(service)、事件(events)、体验(experiences)、人物(persons)、地点(places)、财产权(properties)、组织(organizations)、信息(information)、理念(ideas)和形象(image),或者是上述若干类营销本体的组合形式。

营销对象是一个具有歧义和容易引起混乱的概念,一些人用它指代所要营销的东西(产品或服务),而另一些人用它来指代需要、购买或接受这些东西的人或组织,所以一般不用营销对象来表达 what,而是用营销本体来表达 what。

3. whom:对谁营销

要明确的是营销受体。这里用营销受体这一概念来指代需要、购买或接受被营销的东西的人或组织,也就是常说的目标市场。

4. why:为什么营销

营销的目的是什么?要明确的是营销目的,最大限度地实现企业的社会价值和其产品或服务的市场价值。

5. which：利用哪些素材营销

要明确的是营销素材。营销素材就是营销本体所具有的符合营销受体需要的属物和属性，正是这些属物和属性让营销本体对营销受体产生吸引力。营销素材主要包括人物、机构、事件、物产、文化产品、硬环境资源、软环境资源、产业和资质九大类。营销是一个选择的过程，选择合适的营销素材，即确定哪一个或哪些营销素材是最有价值的，确定好了之后，积极加以利用，这是营销成功的关键。

需要说明的是：营销素材和营销载体之间，营销载体和营销通路之间，有时界限比较模糊，或者说，彼此在一定条件下可以互相转化。

6. where：在哪儿营销

要明确的是营销通路。营销通路由营销点（地点）和营销线（路线）组成，主要探讨在哪儿营销的问题，就是要明确在什么地点营销，以及通过什么样的传播途径营销。就传播途径而言，主要包括如下九类：电视、互联网、电影院、广播、通讯、平面媒体、户内、户外媒体和活动。

7. when：在何时营销

要明确的是营销时机。要在第一时间精准地抓住消费者的眼球，并且根据情况调整自身的营销策略。

8. how：怎样营销

how 的含义比较丰富，在这里主要用它来表达营销载体的选择或建设。营销载体是承载营销素材或营销信息的东西，也可以说是营销素材或营销信息的表达方式，最常见的营销载体是硬广告，即纯粹的广告，此外还有大量的软广告，主要包括电影、电视剧、曲艺、视频小品、文学作品、应用文作品、音乐作品、美术作品、游戏和活动十大类。

9. how much：营销预算是多少

即营销准备花多少钱，要明确的是营销经费在各个市场营销环节、各种市场营销手段之间的预算分配。

7W2H 策划法的提出，旨在实现营销策划的技术化，并通过技术化而达到简单化，从而让策划者或决策者更容易做出好的策划，即创意独特、思路清晰、方案可行、执行容易、效果明显的策划。

## 四、营销策划方案的结构形式

营销策划方案的内容包括 7W2H，但是在撰写具体的营销策划方案时，却不是按照 7W2H 的结构形式来撰写。在长期的营销策划实践中，营销策划方案逐渐形成了相对固定的结构形式，表 2-1 是一份目标市场营销战略策划方案的结构形式，在撰写目标市场营销战略策划方案时，可以按照这个结构形式来撰写。值得注意的是：不同类型的营销策划其策划方案的结构形式会有所不同，表 2-2 是一份促销活动策划方案的结构形式（包括营业推广活动策划方案、节日活动策划方案、新产品上市活动策划方案），在撰写这类策划方案时就可以按照这个结构形式来撰写。再者，即使是同一类型的营销策划，其策划方案的结构形式也会因其策划背景不同而有所不同。

市场营销策划的初学者，在撰写营销策划方案时往往会感到无从下手，解决这个难题的办法是事先熟悉营销策划方案的结构形式，按照策划方案的结构形式去撰写策划方案，事情就变得容易多了。

表 2-1 目标市场营销战略策划方案的结构形式

| 项目 | | 内容 | 作用 |
|---|---|---|---|
| 封面 | | 策划方案名称、客户名称、策划人姓名、提案日期、策划适用时间段、保密级别以及编号 | 策划方案名片 |
| 前言 | | 策划的目的、方法、意义等 | 背景与过程 |
| 目录 | | 策划方案提纲 | 构成框架 |
| 概要 | | 策划方案主要内容的概括 | 方案精髓 |
| 正文 | 标题 | 策划方案的名称 | 画龙点睛 |
| | 界定问题 | 明确策划主题与目标 | 策划任务 |
| | 环境分析 | 重要环境因素分析 | 策划依据 |
| | SWOT 分析 | 优势、劣势、机会与威胁分析 | 提出问题 |
| | 营销目标 | 市场目标、财务目标等 | 明确营销目标 |
| | 市场细分 | 细分变量、细分市场名称、地理范围和人口特征 | 认清当前市场 |
| | 目标市场 | 目标市场名称、地理范围和人口特征 | 选准营销方向 |
| | 市场定位 | 定位说辞、定位理由 | 增强产品吸引力 |
| | 营销组合策略 | 产品策略、价格策略、渠道策略和促销策略 | 具体对策 |
| | 行动方案 | 人员安排、设备安排、时间计划、地点选择 | 执行蓝本 |
| | 财务分析 | 费用预算、效益分析 | 可行性分析 |
| | 控制方案 | 执行控制、风险预测、应急方案 | 保障成功 |
| 结束语 | | 总结、突出和强化策划人意见 | 总结主张 |
| 附录 | | 数据资料、问卷样本以及其他背景资料 | 提高可信度 |

表 2-2 促销活动策划方案的结构形式

| 项目 | | 主要内容 |
|---|---|---|
| 封面 | 策划方案名称 | 策划方案的名称,表明策划的主题 |
| | 委托方名称 | 策划委托方的全称,明确策划服务的对象 |
| | 受托方名称 | 策划组织或个人的名称,明确策划的责任人 |
| | 保密级别 | 保密的级别,一般都是"绝密"级 |
| | 完成日期 | 策划方案开始撰写至完成的起止日期 |
| 概要 | | 对整个策划方案的简要和概括的说明 |
| 目录 | | 标明策划方案中内容的名称和页码 |
| 正文 | 标题 | 策划方案的名称 |
| | 活动背景 | 简述本企业遇到的问题和促销活动的环境状况 |
| | 活动目的 | 简述通过本次促销活动能够实现的营销目标 |
| | 活动对象 | 明确指出参与促销活动的目标顾客类型 |

续表

| 项　　目 | | 主　要　内　容 |
|---|---|---|
| 正文 | 活动主题 | 设计活动主题口号或标语文稿 |
| | 活动方式 | 指出使用的促销工具名称和具体操作方法 |
| | 活动时间和地点 | 列明促销活动的全部场所、日期和时间 |
| | 广告配合方式 | 列举使用的广告媒体类型和使用的具体方法 |
| | 活动前期准备 | 活动前要做的事情安排 |
| | 活动中期操作 | 活动中要做的事情安排 |
| | 活动后期延续 | 活动后要做的事情安排 |
| | 费用预算 | 用表格的形式列示本次策划需要支出的项目和金额,并且计算总的金额 |
| | 意外防范 | 列出可能会发生的意外情况,并设计处理方案 |
| | 效果预测 | 说明策划方案执行后的效果 |
| 结束语 | | 总结、突出和强化策划人意见 |
| 附　录 | | 列出在策划方案正文中不便列出但又与策划有密切关系的内容或文件 |

# 任务二　撰写营销策划方案

要想撰写一份合格的甚至是优秀的营销策划方案,应该掌握撰写营销策划方案的原则和技巧。

## 一、撰写营销策划方案的原则

为了提高营销策划方案的准确性和科学性,在撰写营销策划方案的过程中应该遵循以下主要原则。

### (一) 逻辑思维原则

进行营销策划需要发挥策划人的创造性思维,撰写营销策划方案要遵循逻辑思维的原则。这是因为策划方案是要拿给别人去阅读、审核、批准与执行的,首先要让人感觉思路清晰、观点明确,才能够让阅读者领会策划人的意图和想法,而这种书面表达能力则主要取决于策划人良好的逻辑思维与推理能力。营销策划的目的在于帮助客户企业解决营销活动中存在的问题。因此,营销策划方案就应该按照人们提出问题、分析问题和解决问题的思路来撰写。首先是交代背景、分析现状,然后是发现问题、分析问题和解决问题,随后在此基础上详细阐述具体的营销策略和措施,最后阐述方案实施可能会出现的问题及应对策略。

### (二) 简洁表达原则

简洁表达原则是指营销策划方案要注意突出重点,简明扼要,抓住企业营销中所要解决的核心问题深入分析,然后提出可行的对策方案。营销策划中,有些人错误地认为营销策划方案越是深奥越是分析问题深入,内容越是庞杂丰富越是分析问题全面,用词越是生僻独创越是技艺非凡。其实,营销策划是要解决实际问题的,完全没有必要把简单的问题复杂化,只要能够解决企业营销实践中的实际问题就是策划高手。

### (三) 便于执行原则

策划方案是要用于指导企业营销实践的,其指导性涉及营销活动中的每个阶段、每个环节、每个部门、每个人、每个问题。因此,便于执行非常重要。不能执行的营销策划方案,创意再好也是无任何价值的;不易于操作的营销策划方案也必然要耗费大量的人、财、物,管理复杂,效益低下。一份优秀的营销策划方案,应该便于执行并且投入较少。

### (四) 新颖表述原则

新颖表述原则是指营销策划方案在对问题的描述与表现方面,要尽量使用新颖的手法、简洁的图表、生动的语言,以提高策划方案的吸引力。这是因为策划方案的读者或用户可能来自不同的领域、不同的专业,如果希望他们认真研讨策划方案、准确领会策划人的想法,就不能使用枯涩呆板的表述方法。这是撰写营销策划方案的一个难点,不是轻而易举就能够做到的,需要策划人努力学习、不断积累和刻苦实践才能够做到。

## 二、撰写营销策划方案的技巧

营销策划方案从实质上来说,既是一份营销活动可行性报告,也是一份营销活动工作计划,因此,使用一定的分析技术与表达方法,提高营销策划方案的科学性、严谨性、缜密性和可行性,既是营销策划方案客观反映营销策略的要求,也是营销策划人对客户认真负责的一种体现。运用营销策划方案的撰写技巧,有助于提高策划方案的质量,有助于提高策划方案的可信性和说服力。

### (一) 使用理论证实观点

策划人接受客户企业的委托进行策划,势必要对企业现行的营销战略与策略、成绩与问题进行剖析,为了使自己得出的剖析结论与评价意见、主张的创意与方案更具说服力,就要引用一些权威机构或个人的研究成果或经典理论来证实自己观点的正确性。但是,策划人更需要实事求是地分析问题。引用的理论要与所要证实的观点有内在的关系,要恰如其分,纯粹的理论堆砌或牵强附会的粘贴,不仅不能提高可信性,反而会给人以脱离实际的感觉。

### (二) 适当举例印证观点

有时候理论分析和验证只能说明一些共性问题或一般性问题,并不一定证实策划人的策划方案能够解决客户企业的个性化问题。此时,策划人最好能够列举一些与企业情况、面临环境比较相似企业的类似案例,通过这些企业的成功经验或失败教训进一步印证自己的观点。一般来说,以多举成功的事例而少举失败的事例为宜。

### (三) 利用数字说明问题

影响企业营销环境的因素越来越多,企业的营销问题也越来越复杂,仅靠策划人"眉头一皱,计上心头"的谋划或"拍脑袋式"的创意已经远远不能够解决问题了。这就要借助一些定量分析的方法或手段,甚至要建立一些数理模型来分析问题、解决问题,用数据资料来说明问题。当前,咨询策划界定性策划居多,定量策划明显薄弱。定性策划与定量策划各具优点,策划人最好能够将定性与定量相结合来进行策划,以进一步提高策划方案的科学性。

### (四) 运用图表帮助理解

图表有着强烈的直观效果,能够把一些分析过程或分析结论简明直接地表示出来。因此,策划人在对策划方案的阐述中,最好使用一些图片和表格,把工作的前后流程、各项工作的衔接关系等直观简明地表达出来,使策划方案既容易理解又容易记忆。

### (五) 设计版面高效沟通

良好的版面设计可以使策划方案重点突出、层次分明,达到良好的沟通效果。版面设计包括字体、字号、字距、行距、页边距、页眉、页脚以及插图颜色等内容。如果不认真设计,就会显得零乱、呆板、缺少生气。随着文字处理的电脑化,这些工作是不难完成的,策划人可以设计出几种版面安排,通过比较分析,选择一种最好的设计。

### (六) 认真校对不出差错

"智者千虑,必有一失",营销策划方案完稿后还应该进行认真的核实、反复的校对,以免出现差错。策划方案执笔人校对后,再交给其他人进行校对,一些专业性很强的问题最好请教一些专家进一步核实,保证策划方案准确无误。首先,校对过程中要留意策划方案还有没有留下一些考虑不周全的问题或者研究未果、悬而未决的问题;其次,校对过程中要特别注意那些关键的数据、日期、金额、数量、关键人物信息(如姓名、职务、职称等)有无差错;最后,要校对核实有无错别字、页面格式是否前后一致等细节问题。

### (七) 考虑周全万无一失

这一技巧有两层意思:第一,策划人在撰写营销策划方案的过程中,应该设想种种可能出现的情况和风险,除了主方案之外还应该备有应急方案与措施,及时根据方案执行情况和客观环境变化进行调适。第二,策划人与客户企业决策人考虑问题的角度很难完全一致,这就要求策划人要多准备几套方案供决策人选择。如果只准备一套方案,决策人完全否定以后,策划人就前功尽弃了。

### (八) 突出创意强调效益

一套营销策划方案的核心内容是创意,一套营销策划方案的核心竞争力也在于创意,因此,营销策划方案中第一个应该重点阐述的内容是创意。一套策划方案最有说服力的内容是效益,一套策划方案最能打动决策者的也是效益,因此,策划方案中的第二个应该重点阐述的内容是效益,即该项策划方案的实施投入是多少,回报能够有多少。

### (九) 总案分案相辅相成

对于一些综合性较强的大型营销策划项目而言,不要指望通过一份总体的营销策划方案就能够把所有问题全部解决。正确的做法是:在总体营销策划方案的统领之下,单独制订几个具体项目、各个时段、各个分主题的活动方案。也就是说,在一份策划方案内,既有总体策划方案,又包括若干个具体项目的策划方案或某一具体时段的活动方案。这就要求,在策划方案撰写的过程中,要注意总案与分案之间的前后对应与衔接,处理好总案与分案之间承启与分工的关系。要努力做到让决策者看了思路清晰、主辅分明,让执行者看了分工明确、详略得当、知道怎么做。

**相关链接**

**策划方案是熬出来的**

以下是一位营销策划人写的短文,从中能够体会营销策划以及文案写作的甘苦。

大家知道,做好策划工作,撰写文案是一项最重要的基本功。你的功底如何,最后要实实在在落实到白纸黑字上。古人说一支笔抵过千军万马不无道理!在广告公司和策划公司中,好的文案人员也是最难招聘到的。因为他们必须把头脑中一闪而过的灵感准确地记录下来,把好的创意变成可以实施的方案,把专业的东西用客户(消费者)易懂的语言表述出来,把没有生命的文字变成鲜活的场景来打动客户(消费者),把希望和憧憬变成客户(消费者)可以实现的目标⋯⋯

记得几年前我第一次给客户写一个策划方案,把费了不少心血、鼓捣了几个晚上的"作品"满怀信心地交到客户手里之后,等来的回音却是让人辛酸的一句话:"你这样的方案在我的桌子上有好几份!"辛酸之余,静静地想一想,换个位置,假如自己是客户,别人给我方案,如果不是令人眼前一亮,我为什么要接受它呢?所以,要写出好的文案,真的要有古人那种"语不惊人死不休"的精神!

做好文案工作的确不易,除非你有妙不可言的文字天赋。一般的人,只有一个最笨的办法:不断地看、不断地写、不断地练!

# 任务三 展示营销策划方案

营销策划方案撰写完成之后,策划人员在向委托方递交书面营销策划方案后,有时还要运用口头的方式向委托方充分和完整地展示营销策划方案,使其了解和认同营销策划方案中的内容,从而使营销策划方案得到通过并最终得以执行。营销策划方案展示的技巧主要有如下几点。

## 一、站在两种角度审核策划方案

策划人员应该站在策划委托方的角度和策划人员本身的角度分别审核策划方案,借以优化策划方案。

### (一)站在策划委托方的角度审核策划方案

(1)审核封面名称。站在对方立场想想,这个名称会给人留下什么样的印象,再考虑一下是否符合策划主题,是否有更好的名称,能够更巧妙地展现策划内容,会不会不切合实际等。然后,再查一查封面其他要素是否齐全,自己和对方的姓名是否填写无误。封面是第一印象的开始,所以一定要尽量做到完美。

(2) 审核目录。首先审核目录名称的措辞,看是否恰当。再审核目录的逻辑顺序,看是否合理。最后审核目录的层次,看其是否能够恰当地展示策划方案的内容。

(3) 审核策划流程。策划内容与流程不可相悖,否则别人就很难看懂这种策划安排。

(4) 审核特殊用语。策划人员经常在不知不觉中,使用了平日爱用的专门术语或口头语,所以要仔细审核一次,对这类用语加以明确说明,以便别人能够看懂。

(5) 审核犯忌语句。"言者无心,听者有意",应该避免在无意中使用了不礼貌用语,造成彼此误会和不满,最好回忆一下对方过去的经历和习惯,有无应该避讳的说法。

(6) 审核策划方向有无偏离主题。

(7) 审核计划安排是否系统合理。

(8) 审核费用预算是否合适。一旦策划内容有所更改,那么为了应付新的情况,可能需要更多的资金和人手。

**(二) 站在策划人员本身的角度审核策划方案**

(1) 审核其他的合作人员是否能够适应自己的策划方案(诉求的核对)。一个说服力很强的策划人,必然能够生动地描述策划内容,让其他合作人员也能够清楚地了解。

(2) 审核记述中有无矛盾之处(内容的核对)。即使策划本身并不矛盾,也不能保证策划方案的记述前后一致,应该将内容仔细核查,保证别人能够看懂。

(3) 审核表现出来的语气是否令人满意(表现的核对)。一份策划方案的语气和记号应该有一定的标准,才算是谨慎的策划。

## 二、掌握决策者的理论水平

展示策划方案的时候,不能忘记的一条原则就是要掌握决策者的理论水平。举个例子:某个企业在展示新市场开发策划方案时,说明会上出现了一些数字和难以理解的图形。虽然策划小组的成员都能够理解,但是展示对象一方的主管们无法立刻看懂这些复杂的图表。因此,策划小组需要详细解释方案中的许多问题,结果,策划方案没有被认可和通过。

因此,策划人员要在事前下工夫,尽量采取适合决策者的说明方式,表现形式不要过于复杂,图表和数字也应该尽量简明易懂。某家企业在进行新产品策划时,做了非常巧妙的说明,他们在展示策划方案之前,就准备了出乎意料的手制模型,并在现场放映以彩色描绘的立体图幻灯片。虽然还没有具体内容,但这种从整体形象的视觉表现进入分部说明的方式使得策划方案里所有的图形、文字和表格都非常容易被理解。这种说明,既符合决策者的理解水准,又容易引起共鸣。不光是靠言语说明或讲解,说明方式本身就具有打动对方内心的力量。

## 三、选择适当的展示时机

选择适当的展示时机是很重要的。看准展示时机,一次展示成功,才是最理想的结果。

向委托单位(或个人)展示策划方案的时间,应该尽量避开该单位(或个人)工作繁忙期,避免带来不便引起反感。召开展示会议之前,策划人员应该预先拜访有关人员,建立密切关系、争取支持,在召开展示会议时,要保证拜访过的人员到场。

在策划方案的审议者只是领导者个人的情况下,选择展示的时机也很重要。当领导者忙得不可开交时,那么不论多么杰出的策划方案,都只会使他感到厌烦。相反,如果在领导者心情愉快的时候展示策划方案,那么策划方案获得通过的概率就会更大,即使策划方案有些不足之处,也可能得到宽宏的谅解而获得通过。

总之,策划人员应善于选择合适的展示时机,一锤定音,减少反复。

### 四、削弱反对势力

任何策划在接受审议时都可能会遭到反对。有些反对者的反对并非是对策划方案本身的抵制,而可能是其他原因所致,例如,对情况了解得不够充分等。精明的策划人员善于在审议之前以"建立友谊"的方法,"拉拢"参与审议的决策人员,使他们加入策划工作者的阵营,成为同伙友伴。

这种方法的实质是提示策划人员在做策划的过程中加强与审议人员的沟通。如果能够使他们以某种形式参与部分策划过程,让他们提出一些意见或出一些主意,再将其巧妙地纳入策划方案之中,借此使他们形同加入策划工作者的阵营,成为"友方"。这样一来,这些人就变成策划方案的赞同者了,至少是很难再提出反对意见了。

有时让这些人成为策划成员之一是很难做到的,例如,在对外展示时,审议者有时是对方公司的董事长或者是高级主管,使之正式成为策划成员几乎是不可能的。这时,可以想办法使他们在实质上成为友方。例如,可以这样做:策划人员在立案阶段,可实际拜访担任审议的人,请他们对策划的宗旨做一番说明,并请他们提出建议、希望和意见等。有时在撰写策划方案的过程中,也可以将自己的想法提出来,征求对方的意见,或者在电话中与他们商量。接下来把他们的意见和建议(即使只是一部分),纳入策划方案中,而且尽可能以他们能够认出来的"他的用语"加以处理,并向他们表示谢意。对方会因为自己的意见被采纳而高兴。这样,事前的默契就已经成立了。

### 五、事先排练

#### (一)事先排练的作用

在召开策划方案说明会之前必须事先排练。事先排练的作用表现在以下三个方面。

1. 改善说明会的内容

说话用语、时间分配、说明方式、内容顺序等,可利用排练机会再做一次检查和修正。策划方案说明会就像话剧一样,必须先在舞台上多次排练,直到找不到任何缺点为止。

2. 提高讲解人员的水平

排练可以使讲解人员熟悉策划内容,并试着以自己的话说出来,这样才能够在临场时表现得自然和生动,而不至于拘谨和枯燥。

3. 熟悉设备器材的操作

负责操作设备器材的人员必须先熟练掌握设备器材的用法,并能够与讲解人员配合默契。特别是需要使用某些特别装置时,更需要预先熟练掌握它的用法。

#### (二)事先排练要做的工作

1. 制订说明会计划

如何在预定的时间内将策划内容说明清楚,及当时如何利用各种器材等,都必须在事先作好规划,以免临场出错。

2. 准备说明会材料

策划方案纸制书面文稿、策划方案演示文稿(PPT)、策划方案演讲文稿(配合 PPT 使用的讲稿)等,都应该事先准备好。

3. 确认设备和器材

专业人员要事先把策划方案说明会所需要的设备和器材准备妥当,对设备和器材进行调试,确认没有问题后,通知策划方案讲解人使用。

4. 明确工作分工

如果策划方案展示是由几个人共同完成,就应该在事前分配好工作,如谁负责讲开场白、谁负责讲解和展示策划方案、谁负责服务等,都应该明确下来,然后各自分头准备。

5. 策划方案展示排练

全部工作安排好了之后,就要进行一次正式的排练,根据排练的实际情况修正和优化策划方案的内容以及展示的时间。

需要注意的是,排练时应该以委托方的观点来核对。可以找几位策划小组以外的人员,让他们来观看并提出意见,可能会发现一些策划小组自己没有发现的缺陷。

### 六、展示策划方案应注意的问题

同一件产品,如果由不同的人来推销,销售情况可能是大不相同的。展示策划方案的情况也类似,内容相同的一份策划方案,若交由不同的人来说明,其结果可能大相径庭。一个策划人员"推销"自己策划方案的技巧和能力,是随其经验的积累与训练而增长的。策划人员用自信的言语来说明策划方案,会给人留下良好的印象,而对说明人的良好印象常常被推及对策划的良好印象上。

在策划方案说明会上,策划人员应注意的问题如下。

#### (一) 自信有礼

自信、有礼与自傲、谦卑有本质的区别,关键在于表现适度,说明时也不必过谦,而应该表现出良好的自信,这样才有可能使别人相信自己的策划方案。

#### (二) 牢记策划内容

绝不要照本宣科地念策划方案,应该牢牢记住其内容,再以自己的话说出来,照本宣科式的"宣读"容易使人产生厌倦、乏味的感觉。

#### (三) 突出重点

在展示策划方案时必须能够突出重点,使听众抓住策划的要点。如果说明语调一成不变,冗长无趣,容易使人分散注意力,或只听懂了末节部分,忽略了重点内容,应该使用"重点式"的有效说明方式,才能获得较好的效果。

#### (四) 反复说明重点

为了使策划主要内容给对方留下深刻的印象,可以反复说明重点。

### （五）热情大方

热情来源于自信，策划人员可以通过热情的表达来显示出自己对策划方案的自信，同时给对方以暗示，感染对方，提高在场人士的参与度。

### （六）随机应变双向沟通

策划方案说明会应该是一种双向的沟通活动，要视对方的反应、想法而随时调整。如果只是单向的一个说一个听，那么沟通的程度就粗浅得多，而且可能会因为理解上的差异而产生误解。

## 七、对否定和批评——说服

在展示策划方案的时候，如果能够对否定和批评进行——说服，那么策划方案获得通过的机会就会大得多。在策划方案展示说明会上，最难应付的不是质问而是否定。诸如"这项提案花费太大""时间不允许"等否定的意见，特别是当策划方案讲解人员也对此没有绝对把握的时候，很容易变得束手无策而使策划方案遭到否定。应对的办法是事先深入研究和讨论在审议中可能会出现的否定和批判，并且想好应该如何解释和说服。

有时候在展示策划方案的过程中也会遇到一些故意的非难，即使不是故意的，也是毫无道理的。对此，策划人员也应该有充分的思想准备，预先准备应对之策。例如，有一家商贸公司在审核招待一百五十名顾客到国外旅行以酬谢兼促销的策划方案时，出现一条批评意见："花这么多钱，难道不能有更好的方案吗？"提出这种意见的人实际上本身并没有什么"好的方案"，只是不知道出于什么目的故意非难而已。然而，精明的策划人员早有准备，他们提出与该策划方案总预算完全相同的其他五个不同的构想，并先发制人地询问提意见的人："您所说的'更好的方案'，大概诸如此类吧？我们分析了每一种方案的优点之后，得出这样的比较结果，最后才决定选择国外旅行。"成功驳回了批评意见。

## 八、事先工作与事后追踪

### （一）事先工作

成功的策划都很重视事先的准备工作，美国广告界的策划权威——凯利·霍顿和威廉·亚路特利共同研究总结出的"说明会十五法则"，其中着重强调了事先工作部分。

事先工作对于广告策划之类的策划具有尤为重要的意义，在说明会之前，广告公司大多会组成一个事先工作小组，去收集参与者信息，寻找可以与之接近的线索，先行了解对方的实力，以期掌握机会。事先工作可以分为以下三个部分：

1. 处理好人际关系

任何工作都是由此开始的，否则，根本不知道如何开展事先工作，如何去收集资料。策划人员必须自己寻找渠道或请人介绍，与陌生的公司和人员打交道，建立人际关系网络，这项工作实际上在策划的早期阶段就已经开始了。

2. 寻找关键人物

如果策划与很多单位有关联，就应该在广泛接触的基础上找到最具影响力的单位和个人，设法掌握对策划有决定权的人，如果能够得到这类关键人物的信任，就比较容易成功。

### 3. 多方信息交流

这是事先工作的基础,有了足够的信息,才能够逐步建立关系,这类信息主要是关于"人"的信息,有关人士的能力、性格、职务、喜好等,都可以通过各种方法直接和间接地获得,而信息交流则是这项工作的一条捷径。

### (二) 事后追踪

事先工作做得充分,可以在对方心目中提高我方的优先顺序,然后,在策划说明会中可能会给我方以更多的时间和机会。

与事先工作相对应,事后追踪工作也很重要。事后追踪包括以下两个方面的工作:

#### 1. 说明会后的资料收集

尽快收集与会成员对策划方案说明会的反映和评价等情报,这样,在最后结果还没有发布之前,或许还会有挽回的余地。

#### 2. 视情况采取措施

策划方案说明会结束之后,还可以再次与委托方接触,提出有关原策划方案的追加资料,尽一切可能努力获得对方的信任和好感。

事后工作体现了策划人员不屈不挠的顽强精神,不到最后决不承认失败!而实际上,在最后关头又改变决定的事情不乏其例。因此,在花费了大量时间和精力之后,做好最后的"善后工作"是完全值得的。

## 九、充满信心不怕失败

商界有句名言:"推销由被拒绝开始。"策划也是一样,从某种意义上说,"策划是从被拒绝开始的"。策划方案遭到拒绝,令自信而执着的策划人员感到十分难过。因此,通常的反应是"他们都是傻瓜!""他们根本不明白!"这类对评审者的批评和责难。然而,无论怎样严厉、怎样激烈的批评和责难实际上都无济于事,策划方案依然不可能获得通过。这时,倾尽全力尝试修正、充实、建立关系等,以便再次接受挑战,才是杰出策划人员应该具有的姿态。策划方案大多数都有截止时间,如果错过了这个时间再提交,那么无论多么出众的策划都会失去其价值。

有人说:"策划是在放弃时失败的!"这句话很有道理。一个策划人员彻夜不眠地重写三次策划方案,以便能够赶得上在第二天早晨的主管会议中再次展示说明,这显示了策划人员决不放弃的勇气。这样的策划方案自然能够表现出热诚和魄力,从而打动委托方的心。如果一切努力都未能够奏效,那么策划人员最后只能接受失败的命运。任何策划人员都会有策划失败的体验,但杰出的策划人员却能够在失败中总结经验教训,并且应用于下一次策划之中,这种有意义的反馈活动使策划人员能够不断地提高自己的素质和策划水平,从而最终推出成功的策划方案。

### 相 关 链 接

**实践是最好的学习**

实践是另一种方式的学习,也是积累经验养成良好策划习惯的最佳途径,人们的心理反映形式就是意识,意识是由存在决定的,实践是意识产生的基础,意识来自实践、反映实践,是实践经验的总结和升华。人们只要不脱离实践、勇于实践、不断实践,就能够得出真知灼见,就能够智能发展、心理成熟。有一位伟人说过:"最聪明的战士是最有实践经验的战士。"坚持在实践中磨炼、锻炼,心理就会逐渐成熟。一个不去实践、只会坐而论道的人,心理永远也不可能成熟。

　　实践就是要在生活和工作中不断地去观察、去经历、去感受。经历的越多,感受就会越深,积累的素材经验就会越多。见多识广,就会积累丰富的思想原材料,可供思想创造选择的材料越多,心理就会越成熟。人们常说:"十磨九难出好人",就是说经过磨炼感受体会多而且深,心理就会趋近成熟。"行万里路,读万卷书",不断体验就必然能够走向成熟。要从事策划就必须有意识地不断地把自己推向实践,亲身参与实践,在实践中锻炼自己。

## 知 识 巩 固

**一、判断题(正确的打√,错误的打×)**

1. 营销策划方案是指由策划者撰写的反映其经过缜密研究之后形成的解决问题的方法、行动安排、执行措施、控制要点等内容的一种书面形式的文案。（　　）
2. 营销策划方案是策划者辛勤劳动的结晶,是自策划活动开展以来所有创意成果的书面表达,是对所有策划工作的最后归纳。（　　）
3. 营销策划方案是策划者编写的"剧本",是对策划者思想与思路的客观反映,是企业未来将要开展的营销活动的行动指南。（　　）
4. 市场营销策划方案的基本内容包括7W2H,即who、what、whom、why、which、where、when、how和how much。（　　）
5. 7W2H九个因素可以分成两组,第一组是基础因素,决定营销的科学性和目的性;第二组是方法论因素,决定营销的创造性和效果。（　　）

**二、单项选择题**

1. 目标市场战略策划方案中的封面不包括(　　)。
   A. 策划方案名称　　B. 客户名称　　C. 策划人姓名　　D. 策划的目的
2. 目标市场战略策划方案中的前言不包括(　　)。
   A. 策划的目的　　B. 策划的方法　　C. 策划的意义　　D. 策划方案的编号
3. 目标市场战略策划方案中的正文不包括(　　)。
   A. 营销目标　　B. 市场定位　　C. 营销组合策略　　D. 概要
4. 目标市场战略策划方案中的营销组合策略不包括(　　)。
   A. 产品策略　　B. 价格策略　　C. 渠道策略　　D. 市场细分
5. 目标市场战略策划方案中的控制方案不包括(　　)。
   A. 执行控制　　B. 风险预测　　C. 应急方案　　D. 费用预算

**三、多项选择题**

1. 营销策划方案的基本作用包括(　　)。
   A. 准确和完整地反映营销策划的内容　　B. 充分和有效地说服决策者

C. 执行和控制营销策划的依据
2. 目标市场战略策划方案结构形式包括（　　　）。
   A. 封面　　　　　B. 前言　　　　　C. 目录　　　　　D. 概要
   E. 正文　　　　　F. 结束语　　　　G. 附录
3. 目标市场战略策划方案中的行动方案包括（　　　）。
   A. 人员安排　　　B. 设备安排　　　C. 时间计划　　　D. 地点选择
4. 撰写营销策划方案的原则包括（　　　）。
   A. 逻辑思维原则　B. 简洁表达原则　C. 便于执行原则　D. 新颖表述原则
5. 撰写营销策划方案的技巧包括（　　　）。
   A. 使用理论证实观点　　　　　　　B. 适当举例印证观点
   C. 利用数字说明问题　　　　　　　D. 运用图表帮助理解
   E. 设计版面高效沟通　　　　　　　F. 认真校对不出差错
   G. 考虑周全万无一失　　　　　　　H. 突出创意强调效益
   I. 总案分案相辅相成
6. 展示营销策划方案的技巧主要有（　　　）。
   A. 站在两种角度审核策划方案　　　B. 掌握决策者的理论水平
   C. 选择适当的展示时机　　　　　　D. 削弱反对势力
   E. 事先排练　　　　　　　　　　　F. 以自己的语气展示策划方案
   G. 对否定和批评——说服　　　　　H. 事先的安排与事后的追踪
   I. 充满信心不怕失败
7. 站在策划委托方角度审核策划方案需要审核（　　　）。
   A. 封面名称　　　　　　　　　　　B. 目录
   C. 策划流程　　　　　　　　　　　D. 特殊用语
   E. 犯忌语句　　　　　　　　　　　F. 策划方向有无偏离主题
   G. 计划安排是否系统合理　　　　　H. 费用预算是否合适
8. 站在策划人员本身角度审核策划方案需要审核（　　　）。
   A. 其他的合作人员是否能够适应自己的策划方案（诉求的核对）
   B. 记述中有无矛盾之处（内容的核对）
   C. 表现出来的语气是否令人满意（表现的核对）
   D. 犯忌语句
9. 展示策划方案事先排练重要性的表现有（　　　）。
   A. 改善说明会的内容　　　　　　　B. 提高讲解人员的水平
   C. 熟悉设备器材的操作　　　　　　D. 制订一个排练计划
10. 展示策划方案事先排练需要（　　　）。
    A. 制订一个说明会计划　　　　　　B. 准备说明会材料
    C. 确认设备和器材　　　　　　　　D. 明确工作分工
    E. 策划方案展示排练
11. 在策划方案说明会上，策划人员应该（　　　）。
    A. 自信有礼　　　B. 牢记策划内容　C. 勿忘说明重点　D. 反复说明重点
    E. 热情大方　　　F. 随机应变双向沟通

12. 展示策划方案要做好事先的安排,事先工作包括(　　　　)。
    A. 处理好人际关系　B. 寻找关键人物　C. 多方信息交流　D. 视情况采取措施
13. 展示策划方案要做好事后的追踪,事后工作包括(　　　　)。
    A. 说明会后的资料收集　　　　　B. 视情况采取措施
    C. 寻找关键人物　　　　　　　　D. 多方信息交流

# 案 例 分 析

## 案例一　A品牌矿泉水整合营销策划方案

☆案例文本展示

### 一、市场现状与分析

(一)市场状况

1. 品牌繁多

饮料市场品种和品牌众多,市场推广投入大、利润薄。新品种、新品牌果汁、功能饮料不断涌现,饮料市场不断被切碎细分,瓜分着消费者的钱袋,挤占着饮料水的市场。

2. 饮料市场竞争激烈

饮料水分为纯净水(包括太空水、蒸馏水)和矿泉水两大类。全国有纯净水生产企业1 000多家,矿泉水生产企业1 000多家。在武汉市场,有纯净水29种,矿泉水21种。

3. 纯净水各方面较之矿泉水占上风

从广告宣传、营销水平、品牌号召力到消费者选择偏好,整体上矿泉水不敌纯净水。纯净水的客观优势是成本低廉和消费者现阶段在饮料水选择上的误区。

4. 矿泉水前景良好潜力巨大

在发达国家,饮用矿泉水才是讲健康、有品位的标志。世界知名水饮料品牌都是矿泉水,如法国的"依云"。矿泉水在世界上已有近百年的历史。我国消费者对矿泉水的认识有较快的提高,饮水已不仅仅是为了解渴,同时还追求对身体有益。我国矿泉水质量有大幅度提高,合格率从1992年的34.5%上升到1997年的78.2%,部分品牌矿泉水销量也相当大。

(二)竞争者状况

第一集团军:K品牌、L品牌、W品牌,他们是领先品牌;第二集团军:N品牌、Y品牌,他们是强势品牌;其他40余种水饮料是杂牌军,是弱势品牌。

第一名K品牌市场占有率30.64%;第二名L品牌市场占有率28.56%;第三名W品牌市场占有率15.74%。

特点:品牌知名度高,企业实力强大,广告投入大,其中有的既生产纯净水又生产矿泉水,既靠纯净水低成本赚钱,又靠矿泉水树立形象,谋求长远发展。有的相继在湖北抢滩登陆建立分厂,实施本土化战略,降低成本,强化竞争力。

(三)消费者状况

消费者已经形成了购买饮用水的习惯,经常购买者占48.89%,偶尔购买者占48.15%,只有2.96%的人从来不购买饮用水。购买者年龄结构明显偏向年轻人。消费行为特征:重品牌、重口感,对矿泉水、纯净水的概念模糊,但是已经有一部分消费者认识到,长饮纯净水无益,开始留意选择优质矿泉水。

（四）市场潜量

武汉是四大"火炉"之一，饮料水销量极大。武汉市 750 万人，经常购买饮料水的人夏季日均购买 1 瓶(600 mL,1.20 元)以上，销售额达 3.96 亿元。偶尔购买的人夏季周均购买 1 瓶，销售额达 5 572.88 万元。其他季节暂忽略不计，武汉市饮料水的实际潜量至少为 4.5 亿元，即使再打 5 折也有 2 亿多元的潜量。

（五）A 品牌的市场表现

1. 知名度、美誉度不高。在武汉，A 品牌原来市场占有率仅为 1.70%。消费者中对 A 品牌"不了解"者占 87.41%，"了解"者占 12.59%；品牌知名度为 16.20%。

2. 销量极低。1998 年共生产矿泉水 1 700 吨，各地总销售额不足 400 万元，武汉地区年销售额仅 80 万元左右。

3. 有特点，但表现不突出。其富硒特点区别于其他纯净水、矿泉水，但较少有人知道。

4. 售价较高。在消费者不知道是好水的情况下，价格缺乏竞争力。

5. 铺货工作很不好，购买不方便。

6. 包装设计极差，瓶贴显得陈旧，无档次、无品位。

7. 有品牌生存基础。其在武汉靠人际关系销售了三年，维持住了品牌生存基础。

## 二、企业诊断

A 品牌矿泉水公司成立于 1992 年 10 月，生产地在湖北省恩施州建始县，1995 年产品试销，1997 年 3 月公司设立销售总公司，设计生产能力为年产 2 万吨。A 品牌矿泉水上市已经三年，市场占有率、美誉度、销售总量还处在一个很低的水平上，到底是哪些因素影响了 A 品牌？经过调查研究发现其主要问题是：

1. 经营管理粗放随意。尤其在销售系统上，不适应现代市场竞争环境，没有建立起一套科学的、统一的、权威的销售指挥中心和专业高效的销售队伍。武汉分公司和商贸公司各自为战，互相扯皮。

2. 人员布局失衡。管理人员多，业务人员少；闲着的人多，干事的人少。

3. 营销人才短缺。由于营销专业人才不足，导致只知道埋头生产，却不知怎样打开市场；只知道自己的产品是好东西，以为会人见人爱，不知道人家凭什么非得爱你；只知道在生产设备上勇敢地投入，却不敢在广告宣传上大胆地花钱，等等。

4. 无明确定位。A 品牌矿泉水无市场定位，无产品功能定位，缺乏独特的销售主张(USP)，产品形象模糊。没有给消费者利益点，缺乏吸引力。

5. 无市场调查、无广告宣传。无市场调查就不了解市场与消费者，无广告宣传，消费者怎么敢喝"从来没有听说过的水"。因此，消费者对它无兴趣，经销商也对它没信心。

6. 铺货工作极不到位。商场、超市、旅游景点、街头摊头很少见到 A 品牌的影子。矿泉水这种即买即饮的商品铺货差到这个程度绝不可能卖得好。因为谁也不会为一瓶水跑细了腿。

7. 营销乏术。由于营销人才短缺，造成 A 品牌的营销水平很低，没有市场研究，无战略策划，无长远规划，营销策划不连贯、不系统。广告定位模糊，广告力度不够，手法落后。盲目开拓市场，无重点无主次等。

8. 包装设计极差。瓶贴看上去显得陈旧、无档次、无品位。包装就是产品的脸，脸不干净，极难看，消费者还会有兴趣吗？

9. 外部竞争环境恶劣。饮料水行业是市场竞争最激烈的行业之一，而矿泉水面对的最强劲的竞争对手——纯净水的实力非常强大,他们依靠低成本,依仗大品牌和雄厚的资金支持,在对路的市场策略指导下,占据着饮料水的霸主地位。打开矿泉水市场对任何企业来说都不是一件容易的事。

### 三、战略规划

1. 战略思路:旗帜鲜明地与纯净水划清界限,不打价格战,不与它一块儿走下坡路;大打功能牌,凸显 A 品牌天然富硒产品特色,明晰消费者可获得的超值利益;向全社会倡导绿色健康的生活方式,传播科学正确的消费观念,从而树立 A 品牌健康高品位的品牌形象,并塑造一个对社会真诚负责、为人类造福的企业形象。

2. 战略步骤:树立品牌,做地方老大;强化品牌,做中国矿泉水名牌;延伸品牌,做世界以硒为核心的绿色健康产业龙头。

3. 战略部署:以武汉为大本营,以北京为北方重点市场,率先突破,稳住阵脚后,走向全国。

4. 品牌形象定位:健康、活力与品位!

5. 产品功能定位:富硒,改善视力。

物以稀为贵。A 品牌矿泉水的稀缺资源是其中的矿物质硒,它是我国唯一硒含量达标的天然矿泉水,是国内仅有的硒、锶、低钠重碳酸钙三项矿物质同时达标的优质矿泉水。这是产品定位的重要依据,是实现价值垄断、竞争制胜的立足点。

怎样找到产品特性与消费者需求的吻合点呢?硒有很多功效,抗癌、改善心脑血管疾病、保护视力等,只有保护眼睛、提升视力最符合水的身份和最适应水的消费心理,消费者能够相信并且愿意接受,进行科学探讨发现客观有效可行。

6. 核心产品三层次:第一解渴;第二改善视力;第三提供人体所需的多种微量元素。

7. 消费人群定位:以年轻人为主,以中小学生为突破口。

根据 A 品牌的功能定位——富硒,改善视力,因此消费群体明晰:① 中小学生;② 知识分子、电脑操作者;③ 视力不佳的中老年人及游客。

针对各消费群体的营销,要分步骤有主次,学生群体是重点,要率先突破。

### 四、营销策略

(一)策划理念

1. 品牌理念:出售水,同时出售健康,给消费者好视力。

2. 品牌基础:不仅满足基本生理需求,同时提供其他品牌无法提供的超额价值;并且以上利益能够在方便、愉快的情况下得到满足。

3. 概念支持:以 A 品牌富硒矿泉水生成地的自然地理构造为科学依据,创造 A 品牌富硒矿泉水"连升三级"的概念。第一级:地上循环 16 年,水质干净,富硒并含多种微量元素;第二级:山下深层十公里处涌出半山腰;第三级:超越一般矿泉水,实现多种元素特别是硒、锶、低钠重碳酸钙含量全线达标。

4. 营销理念:以现代最新整合的营销传播理论为基础,结合匹夫策划理念与经验,传统与创新相结合,调动一切可以调动的手段,如广告、公关、事件行销、促销、新闻宣传、CI 等,协调一致地为产品打开市场,树立名牌形象。

(二)营销组合策略

1. 产品策略

(1) 旧瓶换新装:改换瓶贴。水无色无味,富含矿物质又看不到,那么瓶贴就代表着水,它必须要能替水"说话",此术极为重要!但是原来陈旧的形象必须改变,原瓶贴给人以落伍、低档的印象。

设计思想:首先要设计出一个品位很高的Logo,作为VI系统的核心,其他元素与之和谐搭配,彰显品牌,重新组合产品说明,明示产品特点。

(2) 规格组合:仅有600 mL一种规格的产品是不够的。产品规格的个性化、差别化和系列化,是方便顾客、取得竞争优势的重要手段。要增加330 mL和大桶5 L(家用装)两个规格的产品。

2. 价格策略

零售价:600 mL,2.50~3.00元;330 mL,2.00~2.50元。这个价格比L品牌等矿泉水略高,比依云等高档品牌略低,以显示自己的价值。

3. 广告与促销策略

(1) 广告创意策略原则:以理性诉求为主,以感性诉求为辅。

(2) 广告诉求目标:中小学生。

(3) 广告表现策略:借星出名。借星要新、准、巧。

开拓市场最先需要的就是产品知名度,水这种低关注度、高感性的消费品尤其如此。在中国,提高知名度最迅捷的办法就是请名人明星作广告。借星出名,屡试不爽。而新星托新品最相宜,就是说要寻找最新的明星。找新星关键在一个"准"字,要超前还不能走眼,要准确预测"星"的热度和走向,投消费者之所好。

(4) 广告发布原则:以硬广告为主,以软广告为辅;以地区性媒体为主,全国性媒体为辅;硬广告以电视、报纸为主,发布系列专题广告,以其他媒体为辅;软广告以报纸为主,发布系列科普文章。以电视专题片、广播专题、DM、宣传册为辅。

(5) 促销策略原则:正合为主,奇术争雄。用常规方法拓宽产品的市场采纳广度,用出奇制胜的手法,从众多竞争对手中脱颖而出,加大市场采纳深度。

4. 渠道规划

(1) 主推代理制:武汉地区要批发、直销相结合;

优先给旅游景点、学校附近、运动场所、街头大小商店、平价超市和大型商场铺货。

对小摊小店小批发,以张贴招贴画为条件,开始时送其3~5瓶A品牌矿泉水烘托气氛,吸引进货。

(2) 渠道战术:

① 销售A品牌矿泉水赠送摊点冰柜。交押金领取印有A品牌矿泉水Logo和广告语的冰柜,销售A品牌矿泉水达标后冰柜即归摊贩主所有。

② 旅游景点垄断销售。借助关系营销,在重点旅游场所使A品牌矿泉水成为指定饮品。A品牌出资为各景点印制门票,同时在门票上印制A品牌广告,形成一对一的营销效果。

③ 累积分奖励批发商。为批发商确立几个积分界线,每达到一个积分界线就能得到相应的奖励。

④ 建社区直销站,全面覆盖武汉市场。

5. 事件行销

(1) 活动目的:塑造品牌形象,扩大知名度,提高美誉度。

(2) 活动创意原则:创新,双向沟通,参与互动,紧紧把握时代脉搏,制造或引发社会热点,引导消费时尚。

6. 公关及形象活动

(1) 活动目的：培养消费者品牌偏好，清除不良干扰因素。

(2) 活动原则：轻易不做，做则做到圆满。疏通关系，联络感情，借各方力量，直接或间接地为拓展产品市场服务。

7. 广告创意

广告形式：儿歌。

广告诉求对象：中小学生。

广告诉求点：改善视力。

诉求支持点：A品牌矿泉水含硒多。

广告口号：常喝A品牌，视力会更好。

## 五、主题活动

(一) 借"视觉年"重金寻宝

借助"99中国视觉年"进行事件行销。

据卫生部门调查，全国中学在校生中，近视发病率为64%，小学生近视发病率为46%。A品牌矿泉水最显著的功能就是预防近视、提高视力。

活动内容：在武汉市寻找硒含量达标的矿泉水就可参加抽奖活动，第一天奖励500元，20名；第二天奖励300元，35名；第三天奖励100元，100名。

活动目的：迅速提升知名度，强化产品资源的稀缺性印象，提升A品牌的价值。

(此活动空前轰动，每天参加者都超过了千人。当地各大新闻媒体纷纷报道，"好贵的硒矿泉，500元一瓶"成为街头巷尾议论的话题。A品牌矿泉水在很短的时间内达到很高的知名度，并且极大地提高了产品的珍稀感。)

(二) 借"环保"收买人心

活动主题："为了环保，高价收购空瓶"。1个A品牌矿泉水空瓶换2元钱，其他品牌饮用水瓶每个1分钱。

活动目的：提升A品牌矿泉水美誉度，树立致力于人类健康与环保事业的崇高形象。

活动开始后每天人山人海，3天时间共收回A品牌矿泉水空瓶数以万计，A品牌矿泉水的美誉度直线上升。

(三) 借生态解疑

针对一部分消费者对A品牌硒矿泉水水源真实性的担忧，开展生态旅游恩施寻源活动。A品牌矿泉水水源地湖北恩施建始县森林覆盖率达到60%以上，空气清新、风景秀美、民风古朴，生态绝好。

活动内容：在8、9、10三个月份，消费者只要将5个A品牌矿泉水瓶贴寄到A公司即可参加抽奖，每月开奖一次，中大奖者到恩施寻源旅游。

消费者参加踊跃，共收到数万封来信，其中有位年轻人一个人就邮了1 000多封信，连中了3次大奖。旅游归来之后逢人便说，A品牌矿泉水真天然，您尽可开怀畅饮。本次活动取得了预期的效果，不仅消除了消费者的疑虑，而且发挥了很好的促销作用。

(四) 借舆论造势

为自己创造一个有利于矿泉水、有利于富硒矿泉水的竞争环境，引发全社会关注。发表系列科普文章，传播如下观念：喝水要喝矿泉水；A品牌矿泉水是国内硒含量达标的矿泉水；A品牌矿泉水是国内仅有硒、锶、低钠重碳酸钙三项矿物质均达标的优质矿泉水，享用它物超所值;世界饮用水的发展趋势是,矿泉水长盛不衰,而且越来越兴盛普及;要选择优质矿泉水。围绕以上观念,发表一系列科普文章。

这些有理有据的文章在武汉市各大报纸连续刊载18篇次,这些报纸是《长江日报》《武汉晚报》《楚天都市报》《生活时报》《中华周末报》。

科普文章一刊出立即引发了一场社会大辩论。消费者仿佛第一次听到这样令人信服的声音,消除了对矿泉水的疑虑,为A品牌对消费者负责的精神叫好;有关专家也参与进来了,为矿泉水引经据典;生产企业也不甘寂寞,维护着自己的利益。

大辩论高潮迭起,京汉两地各大媒体争相报道,推波助澜。进一步扩大了影响,极大地提升了A品牌的知名度和美誉度。

## 六、效果评估

在北京匹夫营销策划有限公司的指导下,A品牌矿泉水仅用不到半年的时间,在市场竞争最激烈的饮料行业,一举打开了武汉市场,使A品牌成为家喻户晓的知名品牌,知名度达到了90%,美誉度达到了75%,取得了销售额比上年同期增长十多倍的骄人业绩。

A品牌高举纯天然矿泉水大旗,带头倡导绿色健康新概念,在全国掀起了一股喝水要喝矿泉水的消费时尚,树立起了A品牌鲜明的品牌形象,为平淡的矿泉水市场描绘出了灿烂的前景。

(资料来源:马同斌,徐红梅等.现代企业营销策划.)

## ☆案例分析与讨论

结合"案例文本展示"中的内容讨论和回答下列问题:
1. 该策划方案中,策划人从哪几个方面对市场现状进行了分析?
2. 策划人对企业进行诊断,发现了哪些问题?
3. 策划人进行的战略规划包括哪几个方面?
4. 策划人设计的营销策略包括哪几个方面?
5. 策划人设计的主题活动包括哪些?请你再补充一个主题活动。

## ☆案例解读与评析

2-1 案例解读与评析

## 案例二　喜茶:小茶,大营销

## ☆案例文本展示

在中国拥有几千年传统的茶,一直被看作是慢文化的代表。虽然中国是茶文化的发源地,拥有深厚的茶文化基因,不过大众特别是年轻人对于茶饮方面的兴趣和消费始终不是很高。但是近年来,中国茶饮市场产生了一批新式茶饮品牌,它们倡导在中国传统茶文化的基础上加入现代化元素,更加符合现代年轻人的口味。它们将传统意义上的"茶"与奶茶结合,并加入水果等多种元素,使茶的口感不再单调苦涩,为更多人所接受,消费人群自然更加广泛。

喜茶,就是这样的一个新式茶饮品牌。在竞争激烈、产品极易复制和相互替代的茶饮行业,喜茶从最初30平方米的小店到现在平均单店100～200平方米,月营业额高达二三百万元。短短 2 年多,吸引 IDG 资本、龙珠资本先后下注,累计融资超过 5 亿元。截至 2020 年,喜茶已在全球布局了 695 家门店,在朋友圈、微博、抖音等社交平台持续刷屏,亮点不断,喜茶用短短几年时间从一个发端于二三线城市的小茶饮店发展成为现在颇受年轻人追捧和喜爱的茶饮品牌,被打造成茶饮店中的"网红"。喜茶成功的背后有着什么样的秘籍呢?它是如何在竞争激烈、淘汰率高的新式茶饮行业中脱颖而出的呢?

## 一、品牌诞生,精准定位

### (一)品牌初创,克服困难

2012 年,一家茶饮小店在广东江门的小巷里诞生。品牌创始人聂云宸发现很多街边茶饮店的茶饮里没有一点茶的味道,但是这些茶饮小店居然能迎来很多顾客,这让他发现了商机。而茶饮行业对启动资金的要求不高,这正符合聂云宸当时的实力与处境,因此他决定创办自己的茶饮品牌——喜茶。茶饮生意听上去像老一辈的人会做的,它古老传统又复杂,如果不能做出些新意,很难寻求资本的支持。但是聂云宸的特点就在于他切入茶饮生意的方式一点都不古老传统。在创办喜茶之前的很多次创业尝试中,他总结出一点:必须打造品牌自有产品,为此他明确了未来努力的方向,决心在茶饮市场中做出些不一样的产品,于是将独创的芝士奶盖茶推向市场看看效果。但让人意外的是,在开业优惠促销活动结束之后,茶饮店依旧门可罗雀,一天的销售量屈指可数,茶饮店的日常运营陷入困境。

为此,本来以为看到希望的聂云宸再次回到了改良产品的轨道上来。他决定这次以较高的成本选择优质茶叶,在芝士中加入水果元素从而满足大众口味需求。另外,聂云宸还发现之所以传统的茶叶不被多数年轻人所喜爱,是因为茶叶本身有一种苦涩味,他们可能喜欢茶的口感,但不喜欢这种苦涩味道。为了使茶饮产品为大众接受,聂云宸决定采用冷泡技术降低原茶本身的苦涩。聂云宸就这样一直致力于满足大多数消费者的喜好,试图将中国古老传统的茶饮文化融入更多现代和年轻元素,于是用心钻研产品研发制造,终于获得了回报,喜茶重新赢回了顾客。半年之后,门店日营业额开始快速增长,原来门可罗雀的门店外甚至开始排起了队。聂云宸也开始布局在周边城市的门店扩张。

其实,喜茶最初并不叫"喜茶",而叫"皇茶"。但因为商标一直申请不下来,且山寨者不断出现,为了品牌的长远发展,于是聂云宸正式注册了"喜茶"这一商标。说到"喜茶"这个名字的由来时,聂云宸说当初很多人觉得这个名字土气,没有新意,不好听。但"喜茶"中的"喜"寓意还很美好,不太容易被误解,又可以让人产生关于品牌文化的联想,准确地传达了品牌理念:为不分年龄、肤色和特征的大众群体提供高质量的、引人回味的优质茶饮。

### (二)精准定位,扩张直营门店

从目标顾客来看,喜茶的消费群体大多是二三十岁的年轻人。他们追求时尚潮流,对新鲜事物有着极大的好奇心。而在传统茶饮的基础上加入了诸多现代、时尚、新鲜元素的新中式茶饮充分满足了这类群体的生活方式和身份认同。对于这些年轻人而言,他们往往不会将价格作为消费时考虑的首要因素,当能够满足他们的需求之后,他们会自发地通过各种社交途径进行分享,这样就会有越来越多的人了解产品,品牌为更多人知晓,获得更多的青睐,使产品和服务信息更加透明化。

喜茶之所以选择连锁经营的模式,是想在企业管理中注入企业文化,而不是像加盟店的形式一样鱼龙混杂,很难形成文化上的向心力。如果一个企业形成了企业文化与品牌理念的向心力,就会有很大可能获得更高的消费者忠诚度。同时,茶饮这类行业对于品质要求很高,直营模式也有利于集中管理,保证产品品质,避免出现一种产品不同标准的情况。

喜茶的目标市场最初也只局限于广东省江门市,后来辐射到了周边的城市。选择从小城市向外扩张的好处在于这些地方市场小,产品是否真的受大众喜欢可以在第一时间获得最真实最直观的反馈。之后,喜茶开始扩大门店的布局,由华南地区向一线大城市集中布局,这些大城市的人们又跟小城市不同,他们生活节奏快,对于时尚潮流、新事物更加敏感,工资高因而消费水平也比较高。在大城市中,深圳是一个很特殊的城市,有很多创业公司总部设在此地,白领聚集,因此深圳也是喜茶的重点战略区域,仅在深圳就布局了55家门店。就这样,喜茶形成了以一线城市为基础,再向外辐射到周边的新一线城市或部分经济发展活力较强的二线城市的目标市场布局,逐步扩大影响范围。目前,喜茶已经在中国内地、中国香港、新加坡共布局220家门店。

## 二、深耕产品,成长壮大

### (一)永远测试,不断试新

对于产品,喜茶将顾客的评价与反馈看得十分重要,在产品调制上不断测试,最终调制出顾客真正喜欢的味道。喜茶就是不断通过顾客的反馈确定了芝士、奶盖与茶的最佳比例。聂云宸还发现不同顾客群体对于茶饮的口感需求不同,如果每种产品的口感都过于单调,那就不会给人一种"耳目一新"的感觉,喝完之后也不会有记忆或者再次购买的愿望,因此,喜茶在茶饮口感上做了很多努力和尝试。

### (二)产品差异化,打造喜茶特色

喜茶之所以成功,跟它的品类创新是紧密相连的,可以说它首创的"芝士茶"这个品类功不可没。除此之外,喜茶还将水果元素融入茶饮,将水果独有的味道与茶碰撞在一起,根据当季水果种类,适时推出不同种类的鲜茶水果系列饮品,如"芝士莓莓""芝士芒芒""芝士蜜瓜"等,因为年轻人普遍喜欢口感丰富的饮品,所以喜茶在原来芝士茶的基础上又加入了水果味道,形成了丰富的口感层次,广受年轻人喜爱。2018年9月,喜茶推出四款"茶+酒"系列饮品,将象征东方的"茶"与象征西方的"酒"出乎意料地结合在了一起。看似完全不搭的组合产品的销量竟然超出了预期,许多年轻人表示这超出了他们对茶饮固有的印象。喜茶因此收获了不少好评。

此外,喜茶还在包装等细节上充分体现出对顾客的关怀。喜茶设计的茶饮杯口是可以旋转的,可以根据自己的口味控制杯口大小,直到达到自己认为的最好口感。对于一些喜欢芝士味道的顾客,喜茶专门设置了芝士饮用孔,提供了最佳味觉体验的饮用方法,十分温馨周到。同时,对于水果系列的茶饮,喜茶还专门附带了水果叉子,方便顾客。喜茶在产品的整体包装上也体现出一些创新性的尝试。比如根据一些特殊节日设置不同风格的茶杯图案、手提袋子等,这样既满足了顾客的多元饮用需求,又满足了年轻人对于新事物和时尚的追求。

### (三)科学定价,打造好喝的喜茶

一直以来,由于茶叶的成本比较高,所以中国的奶茶店基本上不舍得用真正的好茶叶。但是,对于喜茶来说,茶叶的品质非常关键,需要品质好且稳定的茶叶做原材料。为了确保产品质量和口味,茶叶直接来自喜茶专供的上游茶产地,在种植方式和种植环境改良的基础上保证茶叶的质量和口感。现在,喜茶的茶叶供应商已经在河南、广西、中国台湾、印度等地都有布局。喜茶与茶园供应商签订合作协议,这不仅可以保证喜茶原材料的稳定供应,还可以借助大批量订单的规模效应实现成本的降低,实现茶叶原材料成本低和品质好的"双赢"。

在成本上的优势也体现在定价上,喜茶的产品价格跨度大,从9～30元覆盖了不同的消费人群,主力价位在20~30元,高于普通奶茶,又低于星巴克等主流咖啡的价格。这样的定价策略,可以让消费者感觉到与同样档次的茶饮品牌相比,喜茶具有价格上的优势,而由于喜茶的茶饮质量优良,价格更低的茶饮品牌在品质上又无法跟喜茶相比,这就给喜茶带来了价格和品质上的双重优势,为顾客带来较高的性价比体验。

### 三、加大宣传力度,多途径品牌营销

**(一)玩转新媒体,提升品牌知名度**

喜茶重视利用微博、微信、抖音等流量很大的社交平台进行品牌的宣传与推广,在很大程度上增加了品牌的好感度和粉丝黏性。

**(二)饥饿营销,"等一杯喜茶"**

喜茶生意火爆的排队现象,会让人想到"饥饿营销"。喜茶就是利用大众消费的这点心理来通过多方面控制达到饥饿营销。在取餐方面,喜茶实行了一些内控措施。在平时的销售上,是等到几个订单一起做好后再统一叫顾客前来领取,从而将一定的顾客量留在店内。除此之外,为了维护排队的秩序和公平性,喜茶实行了限购,即一位顾客的一个号码限制买两杯饮品,刺激了消费者的好奇心和消费欲望。为了进一步规范消费环境,后来喜茶又实行了实名登记购买,进一步刺激消费者的消费欲望。

喜茶发现,来消费的年轻顾客,排队等候及拿到茶饮后,都喜欢把自己的心情分享给朋友,如:"竟然排这么长的队啊!""我终于买到了期待已久的喜茶!"……喜茶的做法是顺势而为,借着消费者的自发宣传,维持当下的规模,为此知名度直线攀升。喜茶目前还没有上线美团、饿了么之类的外卖平台,这在一定程度上提高了喜茶产品获取的"难度",给人一种"一杯难求"的感觉。除此之外,喜茶也没有急于扩大全国门店布局,而是有自己逐步进行市场扩张的节奏,让很多城市的顾客充满好奇,吊足消费者的胃口。

**(三)跨界营销,品牌合作**

立足于茶饮行业,喜茶也从未停下多领域品牌合作的脚步,跨界合作、营销已经成了喜茶的一大亮点。不断尝试和不同品牌进行跨界合作,希望每一次活动能够让消费者看到喜茶的不同面,给大家带来新的体验。比如喜茶和W酒店在2017年进行了合作,联手推出了一系列有品牌特色的活动,如购物袋、行李牌、礼盒等。另外,如果有顾客入住了广州W酒店,通过拨打专线就可以获得两杯喜茶。2018年愚人节期间,喜茶跨界联手Emoji表情,在上海开了一家快闪店,举办"HEYTEA一下,愚乐有你"的主题活动,吸引了大量年轻消费者关注。另外,活动还打造了表情各异的满杯emoji杯套、联名的手机壳和会员卡等产品。喜茶CMO肖淑琴表示,跨界合作是喜茶进行品牌建设的非常重要的一方面,在回馈老顾客的同时还可以通过这种方式,通过合作品牌的顾客基础扩大知名度,吸引来更多的新顾客。

### 四、提升顾客体验,提高品牌形象

**(一)提供多方位一流体验,满足消费者需求**

在为大众提供有喜茶特色的优质茶饮的基础上,喜茶还努力打造一种"喝茶"的文化,让喝茶成为一种风格,一种生活方式,在年轻人中推广一种新茶饮文化。除此之外,喜茶还做足了"表面功夫",在门店设计、品牌文化构建等方面做出很多努力,致力于提高顾客体验感。

**(二)打破界限,线上线下一体化发展**

为了减少排队时间,喜茶开始加快在全国范围内门店的布局速度,2018年喜茶新增近百家线下门店,截至2020年,喜茶已在全球共布局695家门店,由南而北,喜茶试图在一线城市加大布局密度以分散客流,并将布局范围由最初的一线、新一线城市扩展到一些二三线

城市,尽可能地解决排队问题,提高用户体验。

在线下门店销售方面,喜茶还探索多元化销售的可能,除了销售茶饮之外,还于2017年推出了旗下烘焙品牌"喜茶热麦",探索"一杯好茶+一口软欧包"的产品组合模式,开启了"喜茶,岂止于茶"的多元化发展思路。喜茶还特别聘请获得过面包烘焙职业大赛冠军的面包师傅作为顾问,团队总共研发了近20款创意软欧包,给顾客提供更多选择。

另外,为了进一步提高顾客的消费体验,同时也让店面资源得到最大化利用,喜茶还在微信平台推出了小程序"喜茶GO",与门店配合接单,为顾客提供了线上购买喜茶的途径,顾客可以通过小程序完成下单、扫码查看制茶进度等。这个小程序也可以帮助喜茶迅速累积会员数,并提高复购率。与外卖服务相比,喜茶小程序的差异化在于除了提供外卖配送服务外,还提供用户的预约到店服务,顾客在下班之前就能通过小程序提前预约饮品,按照等待时间提示到店取餐,省去了到店点单及之后的等候时间,而预约订单也可以帮助门店提前备货。对于门店来说,这可以有效降低门店的排队人数,更能提高门店的接单能力,有利于资源的优化配置,进而优化顾客在门店以及远程的消费体验。在线上线下结合销售的同时,喜茶仍然没有忽视线上平台用户的评价与感受,如果顾客觉得产品有些不尽人意之处,便会在网上给出回复与解释,或者通过电话与客户沟通,在一些情况下还会对用户进行补偿。就这样,喜茶凭借与其他茶饮品牌不同的互联网基因使自己的销售渠道得到扩展,同时也带动了整个茶饮行业在信息和技术层面进行改革,将现代新茶饮行业带入了数字化1.0时代。

(资料来源:中国管理案例共享中心)

## ☆案例分析与讨论

结合"案例文本展示"中的内容讨论和回答下列问题:

1. 喜茶是如何进行产品定位以确定其在消费者心目中的形象和地位的?
2. 基于"4P"营销理论,分析喜茶在产品、价格、促销、渠道四个方面采取了怎样的策略?
3. 结合喜茶的营销手段,谈谈喜茶在其成长与宣传推广阶段是如何运用新媒体营销、饥饿营销、跨界营销手段进行品牌推广的?
4. 喜茶在其发展壮大阶段是如何通过顾客体验管理提升品牌知名度与忠诚度,进行体验营销的?

## ☆案例解读与评析

2-2 案例解读与评析

# 项目三　营销策划创意

> **学习目标**
> 1. 了解营销创意的本质,初步掌握营销创意的技法,了解营销创意的培养与开发途径。
> 2. 能够从案例中找出营销创意成果,体会案例中应用的创意技法,能运用两种以上营销创意技法开展创意活动并写出创意文案。

## 任务一　了解营销策划创意本质

### 一、创意的概念

创意是为了达到某种目的而构思形成的具有新意的办法、点子、构想或方案等的总称。创意到底是什么?将头脑中的暗示、灵感、突发念头等,酝酿成为可能实现的构想,予以整理、琢磨出来便是创意。创意既可以作为名词也可以作为动词。名词性的创意是指人们在经济、社会、文化等活动中产生的各种新思想、新主意等成果。动词性的创意是指人们创造新事物或新思想而利用创造性思维的行为过程。例如,智能手机就是一个绝好的创意产品;共享单车也是一个较好的创意成果;淘宝电商平台也是一个优秀的创意成果。

应该注意的是,单纯的念头,不能算是创意,在诸多的念头中,最后能够转化为创意的,只有很少的一部分,最终进入计划实施阶段的,比例就更低了。

例如,某厂家正在考虑冬季生啤酒促销策划,如何才能够制止冬季的销售额下降而维持一定的销售额呢?围绕这一主题,产生了如下想法:① 可以烫热喝的生啤酒如何? ② 冬天也开啤酒屋连锁店如何? ③ 强调围着火炉喝生啤酒如何? ④ 冬季特价销售如何? ⑤ 举行喝生啤酒比赛如何?

这些想法,都可能是初期的创意雏形,但以企业现状、策划主题的宗旨等来过滤,经过深思熟虑,予以分析,用是否容易实行、是否有效、是否适合冬季等条件来评价,大部分想法被剔除,而保留其中之一。经过这样过滤的想法再进一步清晰明确,便可转化为具有实施可能性的,可纳入策划方案中的创意。

### 二、创意与策划的关系

创意是策划的前期思想创造,是策划的思想前提和运作策划的起点,它为策划创造思想,是策划的基础、支撑和着力点,是策划的灵魂、核心和精髓,它决定着策划的层次和水平。策划离不开创意,策划是对创意的分析、完善、求证和落实,是把创意进一步具体化并变为现实。只有把创意和策划完美地结合,才能形成最佳的策划。

## 三、创意的特征

创意作为创造性思维活动中因爆发的思想火花而形成的灵感或启迪、意念或某种思想萌芽、某种假设、某种构思,具有以下特征。

### (一) 发现性

发现性是指创意是思想中的新发现。这就是说创意不是重复,不是常规,更不是雷同,而是在原有思想基础上的新发现或形成的某种新思想。

### (二) 即兴性

即兴性是指创意的即景性。创意往往是客观环境中某些信息与储存于思维中的信息发生碰撞,"一触即发"而产生的某种新思想,是即兴而生的思想。如人们常说的"触景生情""触类旁通""急中生智""突发奇想"之类都是即兴创意。

### (三) 瞬时性

瞬时性是指创意的产生和消失是瞬间的事情,来去匆匆,即兴而来,乘兴而去。创意的产生往往是自发的、突然出现的,如急光电火,来得十分突然,十分迅速。

### (四) 开拓性

开拓性是指创意的创新性。创意应该是首创的,是第一次出现的、新颖的、破天荒的、有价值的,它必须是"想前人所未想,言前人所未言,发前人所未发"。

### (五) 独创性

独创性是指创意应该是独特的,是与众不同的,具有鲜明的个性特点。一个好的创意应该是超凡脱俗、不同凡响、独具特色、独有新意的。

**相关链接**

**"爱情诙谐故事"系列巧克力**

有一家"罗曼蒂克公司",每年情人节的时候,推出的巧克力都很特别,其中最具创意的是"爱情诙谐故事"系列。一块心形的巧克力里面有一个核心,把核心打开,上面写着一句话,比如有的是"你的存在使我的人生有了意义",或者是爱情存折,上面写着"请允许我热吻一次"。试想,在情人节的晚上,一个男生把这样的巧克力送给他心仪的女孩,会有怎样的效果?

## 四、创意形成的过程

创意是头脑的活动,是心智的发挥,即思维活动的创造。创意表面上看是一种突发的灵感、突然涌现出来的新思想,其实并非完全如此。创意实际上是一系列心理活动的结果,是一个思维活动过程,这一过程包括发想、扩想、深化着想点、形成创意和发展创意五个阶段,如图 3-1 所示。

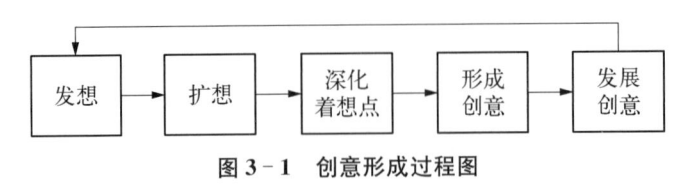

发想 → 扩想 → 深化着想点 → 形成创意 → 发展创意

图 3-1　创意形成过程图

### (一) 发想

发想就是启示、触发、萌生思想,引起思考,起动思维。发想是创意思维的发端、起点,如心动、心想、念头、意念、感觉、感叹、直观、启示、启蒙、醒悟、欲求等。发想是创意思想的萌生期、启蒙期,是思想产生的开始。发想就是"心智的触角到处加以触试",这实际上就是人们通过自己的潜意识信息,与客观事物所发出的信息进行"碰撞"而启动思维,即人们根据自己头脑中已储存的知识、经验、体验、常识、信息等,与外部的客观事物所发出的信息进行交流、融通、组合,并对外部信息加以取舍、加工、处理、综合,由此而开始的思考,这正如"一触即发""触景生情""睹物生思"之类的思考开始。发想只是想的开始,要着手创意还得扩想,发酵、酝酿出一个构思。

### (二) 扩想

扩想是发想的延伸,是扩展思想、思维,递进发散思考,即运用自己的心智,对所接纳的信息加以咀嚼消化、转换、孵化灵感,创造无数意念,形成各种各样的思想,这个阶段是"无意识"行为阶段。

### (三) 深化着想点

这个阶段主要是着想点酝酿,它包括反复思考,抓住各种意念、灵感进行思考,使之明晰化。同时对各种意念、灵感进行整理、评价和筛选、归纳、组合,使之形成条理性和系统性,并选出好的意念,发展为创意。

### (四) 形成创意

这个阶段是对已经明晰了的各种着想点进行辩证思考,进行可行性论证,综合评价选择的过程。即通过由此及彼、由表及里的辩证思考,反复地思辨论证,取其精华,形成创意。对要作为创意的着想点在客观性、科学性、可行性、价值性等方面进行推理、评价、判断思考,经过这一过程所选择的着想点或意念即变成了明晰的创意。

**相关链接**

#### 吉列的发明

一天早晨,金·坎普·吉列正在刮脸,忽然来了灵感,"为什么不做一种预先磨好的、抛光型刀片呢?"他不断完善这种想法,并请一名技师来制作刀片。1985 年,他获得了专利权。11 年后,吉列筹集资金开办了自己的公司,并取得了很大的成功。

### (五)发展创意

创意形成之后,不一定是十分完善和可行的,还需要作进一步的"再想",即修正、扩充、完善、检验创意。这一过程主要是运用各种思维方法对创意进行评估,反复论证,小心求证,看其是否完善,是否切合实际,看哪些方面还需要完善和补充、修正,使创意尽善尽美,切实可行。这就是说,思考成熟,这时候创意才算完成。如分别听一遍何纪光和阎维文演唱的《挑担茶叶上北京》,比较一下就会发现,尽管曲调大体一致,但是歌词有所改变,这就是发展创意的成果。

## 五、创意的原则

虽然创意是自由的思想创造,但是创意也并不是随便的胡乱所为,创意的过程和创意的结果都要遵循以下原则。

### (一)科学性原则

创意首先应该是科学的创意,或者说是科学的思想。这体现为创意的实践性、现实性和时代进步性。创意必须建立在社会实践之上,以社会实践为基础。创意不是胡思乱想,凭空杜撰,也不是描绘海市蜃楼的虚无缥缈的空想,而是要创造出实实在在的方法和举措,更好更有效地改造客观实际。创意是为了更好地解决实际问题,因而它必须具有现实性,也就是说创意必须立足于现实,从现实出发,植根于广阔无垠而又深厚的现实土壤之中,融进现实,反映现实,对现实进行发现和创造、超越和驾驭。当前,我们强调要讲好中国故事,传播中国主流价值观念和社会主义核心价值观,体现时代进步性。

### (二)艺术性原则

创意是一门科学也是一门艺术。创意的内容以及形式都需要艺术点缀,需要体现艺术品位、艺术力量、艺术魅力,创意的新颖、生动、鲜活、通俗、含蓄、幽默、妙趣横生等都是创意的艺术体现。只有具有强烈的艺术生命力和艺术表现力的创意,才可能产生强烈的感染力、刺激力、震撼力和吸引力,令人赞叹,令人称道,才能为创意增加无限的魅力,使创意产生巨大的能量。

### (三)新颖性原则

创意的本质就在于新颖、不落俗套,展示新的意境、新的内容,充满生机和活力,勇于拓展,进取向上,展现知识、智慧的价值和力量,令人耳目一新。

### (四)独特性原则

创意不仅要新颖,而且要独特,创意贵在独特。独特是不雷同、不千人一面、不遵循常规常法、不照搬别人的做法,是标新立异、别出心裁、匠心独具、富有特色。创意必须有独特的思路、独特的意境、独特的手段、独特的表现形式、独特的价值、独特的风貌。创意的独特就是不同凡响、出乎意料、别具一格。

**相关链接**

**耐克鞋的诞生**

一天早晨,比尔·鲍尔曼正在吃着妻子做的威化饼。吃着吃着,他就被触动了,为什么不按照威化饼的花样做成一双较好的跑鞋呢?可以对脚有缓冲作用,与地面有较好的摩擦力……他从餐桌旁站了起来,拿起妻子制作威化饼用的特制铁锅躲进了他的办公室就开始琢磨起来,三天不出房门,制成了第一双鞋样,这就是"耐克"的开始。

### 六、创意的条件

创意是创造性心理活动所形成的意识,创意对象是客观的,无论是从思维创造的角度,还是从创意对象的角度来讲,创意都不是凭空而来的,而是必须具备一定条件的,这些条件至少包括以下几个方面。

#### (一) 培养创意心理

进行创意必须具备正常的创意心理,它包括创造的欲望、信心、激情、勇气、毅力和情绪等。

#### (二) 积累创意知识和经验

文化知识和社会经验是进行创意的主要条件,创意实际上是一定文化意识的展现,是一定社会经验的结晶和转化成果,因而文化知识和社会经验的积累,是进行创意不可缺少的基础性条件。一般说来,文化知识和社会经验积累越多、越丰富,人们的眼光就越广阔、越长远,思维就越敏捷,创意就越丰富。正所谓博大精深,才能厚积薄发,"见多"才能"识广"。

#### (三) 积累信息转换创意

虽然创意是思维的想象,但是它不是凭空的想象、玄妙的空想,而是在特定原型基础上生发的想象,是有感而生,没有特定原型就不可能有创意。所谓特定原型就是客观存在着的千千万万的事物,创意也就是从客观现实原型中去生发、去创造。这就是说创意是通过客观事物所发出信息的有机组合与转换而产生的创想。因而客观事物的信息是创意想象的基础和条件,是进行创意不能缺少的基础性要素。

#### (四) 运用创造性思维

创意是思维的产物,是正确运用创造性思维的结果。因而,创造性思维是进行创意的充分而且必要的条件。

#### (五) 掌握创意技法

创意技法是创意的工具和手段,是打开创意思维之门的钥匙。找到最佳的创意技法,并能够加以娴熟和巧妙地运用,才会放大或无限扩张人的智能,产生出无穷的创意和最佳的创意!可见高效的创意技法是进行创意的必不可少的重要条件。

# 任务二  熟悉营销策划创意技法

创意技法就是运用各种科学的、有效的思考方法,娴熟而巧妙地运用思考过程,使思考过程顺利、高效,使思维富于创意、精于创意。

## 一、设问法

设问法是通过多角度提出问题,从问题中寻找思路,进而做出选择并深入开发创造性设想的一种创意方法。它主要包括奥斯本检核表法、和田十二法。

### (一) 奥斯本检核表法

奥斯本检核表法又称为分项检查法,它是指根据需要达到的目标(或需要设计的对象),从多方面列出一系列有关问题,然后一个一个地加以分析、讨论,确定出最好的设计方案。

1. 奥斯本检核表法的检核项目(表 3-1)

表 3-1  奥斯本检核表法的检核项目

| 检核项目 | 含　　义 |
| --- | --- |
| 1. 能否他用 | 现有的事物有无其他的用途;保持不变能否扩大用途;稍加改变有无其他用途 |
| 2. 能否借用 | 能否引入其他的创造性设想;能否模仿别的东西;能否从其他领域、产品、方案中引入新的元素、材料、造型、原理、工艺、思路 |
| 3. 能否改变 | 现有事物能否做些改变,如:颜色 声音、味道、式样、花色、音响、品种、意义、制造方法;改变后效果如何 |
| 4. 能否扩大 | 现有事物可否扩大适用范围;能否增加使用功能;能否添加零部件;能否延长它的使用寿命,增加长度、厚度、强度、频率、速度、数量、价值 |
| 5. 能否缩小 | 现有事物能否体积变小、长度变短、重量变轻、厚度变薄以及拆分或省略某些部分(简单化);能否浓缩化、省力化、方便化、短路化 |
| 6. 能否替代 | 现有事物能否用其他材料、元件、结构、设备、方法、符号、声音等代替 |
| 7. 能否调整 | 现有事物能否变换排列顺序、位置、时间、速度、计划、型号;内部元件可否交换 |
| 8. 能否颠倒 | 现有事物能否从里外、上下、左右、前后、横竖、主次、正负、因果等相反的角度颠倒过来用 |
| 9. 能否组合 | 能否进行原理组合、材料组合、部件组合、形状组合、功能组合、目的组合等 |

2. 奥斯本检核表法的注意事项

(1) 不遗漏:要联系实际一条一条地进行检核,不要有遗漏。

(2) 多检核:多检核几遍效果会更好,会更准确地选择出所需创新、发明的方面。

(3) 多创想:在检核每项内容时,要尽可能发挥自己的想象力和联想力,产生更多的创造性设想。进行检索思考时,可以将每大类问题作为一种单独的创新方法来运用。

检核方式根据需要,可以一人检核,也可以三至八人共同检核。集体检核可以互相激励,产生头脑风暴,更有希望创新。

**相关链接**

### 爱迪生发明电灯泡

19世纪初,人们开始使用煤气灯(瓦斯灯),但是煤气靠管道供给,一旦漏气或堵塞,非常容易出事,人们对于照明改革的需求十分迫切。事实上,爱迪生给自己布置了一个不可能的任务:除了改良照明之外,还要创造一套供电的系统。

于是他和伙伴们不眠不休地做了1 600多次耐热材料和600多种植物纤维的实验,才制造出了第一个炭丝灯泡,可以一次燃烧45个钟头。后来他在此基础上不断改进技术和改良制造方法,最终确定以钨丝作为灯丝,称为"钨丝灯",并定型使用至今。

3. 奥斯本检核表法的实施步骤

(1) 明确问题。根据创新对象明确需要解决的问题。

(2) 检核讨论。根据需要解决的问题,参照表中列出的问题,运用丰富的想象力,强制性地一个一个地核对讨论,写出新设想。

(3) 筛选评估。对新设想进行筛选,将最有价值和创新性的设想筛选出来,并进一步思考和完善。

4. 奥斯本检核表法的优缺点

奥斯本检核表法是一种具有较强启发创新思维的方法,它使思考问题的角度具体化了,提供了创新活动最基本的思路,可以使创新者尽快集中精力,朝提示的目标方向去构想、去创新。它也有缺点,它是改进型的创意产生方法,必须先选定一个有待改进的对象,然后在此基础上设法加以改进,它不是原创型的,但有时候,也能够产生原创型的创意。比如,把一个产品的原理引入另一个领域,就可能产生原创型的创意。

### (二) 和田十二法

和田十二法是我国学者许立言和张福奎在奥斯本检核表法的基础上,借用其基本原理加以创造而提出来的一种思维方法,是对上海和田路小学培养学生创造力技法经验的总结和概括。这种方法既是对奥斯本检核表法的一种继承,又是一种大胆的创新。

1. 加一加

在这件东西上添加些什么或把这件东西与其他什么东西组合在一起,会有什么结果?把这件东西加长、加宽、加高会怎样?一个美国商人用0.2美元从我国购买了一种工艺草帽,添加一条花布帽带,再加压定型,结果在市场上十分畅销,价格也翻了近百倍。

2. 减一减

将原来的物品减少、减短、减窄、减轻、减薄……设想能变成什么东西。一封信件通常由信纸、信封和邮票三件物品构成,用"减一减"的技法,使三件物品变成一件——明信片。普通眼镜将镜片减薄、减小,再减去镜架,就变成隐形眼镜。

3. 扩一扩

将原有物品放大、扩展,会有什么变化?有一中学生雨天和人合用一把伞,结果两人都淋湿了一个肩膀。他想到了"扩一扩",就设计了一把情侣伞。

### 4. 缩一缩

把原来的物品体积缩小、缩短,变成新的东西。生活中常见的微型相机、掌中宝电脑、折叠沙发、折叠桌椅等都是"缩一缩"的产物。

### 5. 变一变

就是改变原来事物的形状、尺寸、颜色、滋味、浓度、密度、顺序、场合、时间、对象、方式、音响等,产生新的物品。美国牙医发现患龋齿的儿童不爱刷牙的原因是讨厌牙膏中的薄荷味。她运用"变一变"原理进行创意,在牙膏中减少薄荷,加上糖浆和果汁,改变牙膏的口味。这种牙膏还分有橙、苹果、香蕉味等各种香型,并制成橙红、果绿、淡黄等悦目的颜色。上市后,牙膏大受儿童欢迎,孩子们把刷牙当成一种乐事,甚至一天刷两三次。

### 6. 联一联

把某一事物与另一事物联系起来,看看能产生什么新事物。西安太阳食品集团创始人李照森有一次陪同客人进餐,发现人们对一道用锅巴做原料的菜肴很感兴趣,不由得联想到:锅巴能做菜肴,为什么不能加工为小食品呢?此后,不同做法的锅巴相继问世。锅巴食品还在中外十几个国家和地区获得了专利。

### 7. 学一学

学习模仿别的物品的原理、形状、结构、颜色、性能、规格、动作、方法等以求创新。日本一些企业善于学习别人的长处,加快自己的步伐,低投入高产出。当索尼公司首先研制出新产品后,松下公司马上分析这种产品的优缺点,然后再生产出更合适的产品。原来松下有个原则:不当技术先驱者,而做技术追随者。

### 8. 改一改

从现有事物入手,发现事物的不足之处,然后针对不足寻找有效的改进措施,进而创新。例如,注射器改为一次性注射器;电话机由拨盘式改为键盘式;风琴改为电子琴;普通门锁改为 IC 卡门锁。

### 9. 代一代

用其他事物或方法来代替现有的事物。可以从材料、零部件、方法、形状、颜色、声音等方面进行局部替代,如塑料水龙头、塑料桌椅、纸拖鞋。

### 10. 搬一搬

把这件事物、设想、技术搬到别处,会产生新的事物、设想、技术。如激光技术搬到各个领域就产生了激光切削、激光磁盘、激光测量、激光唱盘等。

### 11. 反一反

将某一物体的形态、性质、功能以及正反、里外、前后、左右、上下、横竖等加以颠倒,从而产生新的物体。森林动物园一反普通动物园常态,将把猛兽关在笼子里供游人观赏,改为把游人关在笼式汽车里在森林里游览观赏行动自由的猛兽,受到游人的欢迎。

### 12. 定一定

对新的产品或事物定出新的标准、型号、顺序,或者为改进某种东西以及提高工作效率和防止不良后果做出的一些新规定,从而产生创新。

茅台酒所含的对人体有益的微量元素在 170 种以上,远胜于其他白酒,贮存时间越长,保健功能越突出。茅台酒股份有限公司根据这些实际,采取"定一定"的方法,在每瓶茅台酒出厂前都标上出厂年份,出厂后第二年,茅台酒价格自动上调 10%,以后逐年以此类推。这一做法称为"价格年份制",在中国白酒市场上是首创。

## 二、列举法

列举法是一种借助于对某一具体事物的特定方面（例如特点和缺点等），从逻辑上进行分析并将其本质内容全面地一一地罗列出来，找到发明创意主题的创造技法。

### （一）特性列举法

特性列举法是通过对发明对象的特性进行分析，并一一列举出来，然后探讨其能否进一步改革，找出实现改革的办法，也称为分开分析思考法。特性列举法的步骤如下：

第一步，选择目标较明确的创意课题，宜小不宜大；再列举创意对象的特征——名词特征、形容词特征和动词特征。

第二步，从各个特性出发，提问或自问，启发广泛联想，产生各种设想，再经过评价分析，优选经济效益高、美观实用的方案。在运用该法时，对创意对象的特性分析得越详细越好，并尽量从多角度提出问题和解决问题。有一种鸣笛水壶，就是按照这一思路创意成功的！蒸汽口设在壶口，水烧开后自动鸣笛；盖上无孔，提壶时不烫手；水壶外壳是倒过来冲压成型，焊上壶底，外形美观，还可以节省能源。

第三步，从各个特性出发，通过提问，诱发可供革新的创造性设想。这时，可以采用智力激励法，以便产生众多的设想，然后再通过检核、评价，挑选出经济效益高、行之有效的设想。

**相关链接**

**水杯特性的列举**

（1）名词特性（整体、部分、材料、制法）。

整体：杯子。

部分：杯体、杯盖、杯耳、杯底。

材料：搪瓷、金属、玻璃、塑料、纸。

制法：冲压、模压、焊接。

（2）形容词特性（轻、重、大、小、方、圆、高、矮）。

（3）动词特性（装水、量水、保温、保健、测温）。

### （二）希望点列举法

古往今来，许多发明创造往往寓于希望之中，从人们的需要和愿望出发提出构想，从而促使产生发明创造，这是一种有效的创造创意技法，叫作希望点列举法。例如，有了电影后，希望在家能够看到电影，就产生了黑白电视机，后来产生了彩色电视机，又产生了液晶电视机……许多发明创造是不断满足人们的希望，并促使不断更新换代的过程。希望点列举法的切入点是"如果能够这样该有多好"。

### （三）缺点列举法

缺点列举法是一种通过发散思维，发现和挖掘事物的缺点，并把它的缺点一个一个地列举出来，然后再通过分析，找出其主要缺点，据此提出克服缺点的方法或方案的创造性思维。

运用缺点列举法,第一步先找出事物的缺点,第二步分析缺点产生的原因,第三步针对缺点产生的原因,有的放矢地提出解决方法。运用缺点列举法时可以采用扩散思维的方法,例如,以钢笔为主题,列出它的缺点和不足之处,如易漏水、不能写出几种颜色、出水不流畅、灌墨水不方便等。然后挑出主要的缺点,逐个研究并考虑切合实际的改革方案。

## 三、联想法

联想法是依据人的心理联想而创新的一种创意方法。许多新的创意都来自人们的联想,联想可以在特定的对象中进行,也可以在特定的空间中进行,还可以进行无限的自由联想,而且这些联想都可以产生出新的创造性设想,可能获得成功的创意成果。

### (一) 接近联想

联想在时间和空间上比较接近的事物从而产生创意,设计出新的发明项目,这就叫作接近联想。例如,利用风向标设计风力发电装置。

### (二) 对比联想

对比联想是由一种事物想到性质或特点与之相反的其他事物的心理过程。例如,由苦想到了甜,由黑暗想到了光明,由沙漠想到了森林。

1. 从性质属性对立角度进行对比联想

例如,日本的中田藤三郎关于圆珠笔的改进就是从属性对立的角度进行思考才获得成功的。1945年圆珠笔问世,写了20万字后漏油,改进后制成的笔,书写20万字后,恰好油被使用完,这样就可以把圆珠笔扔掉,这里就用到了对比联想。

2. 从优缺点角度进行对比联想

在从事发明设计时,既要看到优点或长处,又要想到缺点或短处,反之亦然。例如,铜的氯脆现象会使铜器件产生缝隙。铜发生氯脆的机理是:铜在500℃左右处于还原性气氛中时铜中的氧化物被氯脆。这无疑是一个缺点,人们想方设法去克服它。可是有人却偏偏把它看成是优点加以利用,这就是制造铜粉技术的发明。

3. 从结构颠倒角度对比联想

从空间考虑前后、左右、上下、大小的结构,颠倒着进行联想。例如,中国的数学家史丰收就曾成功运用此种对比联想:一般人进行数学运算都是从右至左、从小到大进行运算,史丰收运用对比联想,反其道而行之,从左至右、从大到小来进行运算,结果速度大大加快。

4. 从物质状态变化角度进行对比联想

当看到事物从一种状态变为另一种状态时,联想与之相反的变化。例如,18世纪,拉瓦把金刚石煅烧成 $CO_2$ 的实验,证明了金刚石的成分是碳。1799年,摩尔沃成功地把金刚石转化为石墨。金刚石能够转化为石墨,用对比联想法来考虑,那么反过来石墨能不能转化为金刚石呢?后来科学家终于用石墨制成了金刚石。

### (三) 相似联想

相似联想是对相似事物的联想,相似联想也可以运用到创意发明过程中来。例如,由春天想到繁荣,由劳动模范想到战斗英雄。

### (四) 自由联想

自由联想是在人们的心理活动中,一种不受任何限制的联想。这种联想成功的概率比较低,大都能够产生许多出奇的设想,但难以得到成功,可有时也往往会收到意想不到的创造效果。

**相关链接**

**发现微生物**

1675年的一天,天上下着细雨,列文虎克在显微镜下观察了很长一段时间,眼睛累得酸痛,便走到屋檐下休息。他看着那淅淅沥沥地下个不停的细雨,思考着刚才观察的结果,突然想起一个问题:在这清洁透明的雨水里,会不会有什么东西呢?于是,他拿起滴管取来一些雨水,放在显微镜下观察。没想到,竟然有许许多多的"小动物"在显微镜下流动。他高兴极了,但他并不轻信刚才看到的结果,又在露天下接了几次雨水,却没有发现"小动物"。过了几天后,他再接点雨水观察,又发现了"小动物"。于是,他又广泛地观察,发现"小动物"地上有,空气里也有,到处都有,只是不同地方"小动物"的形状不同,活动方式不同而已。列文虎克发现的这些"小动物"就是微生物。这一发现,打开了自然界的一扇窗户,揭示了生命的新篇章。列文虎克正是通过自由联想而获得这一发现的。

### (五) 强制联想

强制联想是与自由联想相对而言的,是对事物有限制的联想。这种限制包括同义、反义、部分和整体等规则。一般的创意活动都鼓励自由联想,这样可以引起联想的连锁反应,容易产生大量的创意。但是,具体要解决某一个问题,有目的地去开发某种产品,也可以采用强制联想,让人们集中全部精力,在一定的控制范围内去进行联想,也能够有新的创意。在新产品的开发创意中这样的例子较多,例如,悬挂式多功能组合书柜就是采用书柜与壁挂的强制联想设计成功的。

## 四、类比法

类比法是指对未知或不确定的对象与已知的对象进行归类比较,进而对未知或不确定的对象提出预测。这是一种由一类事物所具有的某种属性,推测与其类似的事物也应该具有这种属性的推理方法。

### (一) 直接类比法

从自然界或已有的技术成果中,寻找与创意对象类似的现象或事物,从中获得启示,进而设计出新的产品项目,这就叫作直接类比法。例如,石头刃和石刀、石斧;鱼骨和针;茅草边的齿和锯;鸟和飞机;照片和电影。

### (二) 间接类比法

间接类比法就是用非同一类产品类比,激发创新。在现实生活中,有些创造缺乏可以比较的同类对象,这就可以运用间接类比法。采用间接类比法可以扩大类比范围,如许多非同一性、非同类的行业,也可由此得到启发、开拓新的创造力。例如,空气中存在的负离子,可以使人延年益寿、消除疲劳,还可辅助治疗哮喘、支气管炎、高血压、心血管病等,但负离子只有在高山、森林、海滩湖畔较多。后来通过间接类比法,科学家利用水冲击法产生负离子,后吸取冲击原理,又成功创造了电子冲击法,发明了现在市场上销售的空气负离子发生器。

### (三) 幻想类比法

通过幻想类比进行一步步的分析,从中找出合理的部分,从而设计出新的产品项目,这就叫作幻想类比法。例如,1834 年,英国发明家巴贝治绘制出通用数字计算机图样。1942 年,美国的阿塔纳索夫教授和他的学生贝利,运用幻想类比法发明设计出世界上第一台电脑。

### (四) 因果类比法

两个事物的各个属性之间可能存在着同一因果关系,因此,可以根据一个事物的因果关系,推出另一事物的因果关系,这种类比法就是因果类比法。例如,日本一个叫铃木的人运用因果类比法,联想到在水泥中加入一种发泡剂,使水泥变得既轻又具有隔热和隔音的性能,结果发明了一种气泡混凝土。

### (五) 仿生类比法

模仿生物的结构和功能等,创造新的产品项目,这就叫作仿生类比法。例如,人走路与步行机,人体与机器人,人眼与人造眼,手臂与新式掘土机等,后者都是模仿前者而创造出来的。

## 五、移植法

移植法是将某个学科、领域中的原理、技术和方法等,应用或渗透到其他学科或领域之中,为解决某一问题提供启迪和帮助的创新思维方法。

### (一) 基本原理

移植法的原理是各种理论和技术之间的互相转移。一般是把已经成熟的成果转移、应用到新的领域,用来解决新的问题,因此,它是现有成果在新情境下的延伸、拓展和再创造。

### (二) 基本方法

1. 原理移植

原理移植是指把某一学科中的科学原理应用于解决其他学科中的问题。例如:电子语音合成技术最初用在贺年卡上,后来就把它用到了倒车提示器上,又有人把它用到了玩具上,出现会哭、会笑、会说话、会唱歌、会奏乐的玩具。

2. 技术移植

技术移植是指把某一领域中的技术运用于解决其他领域中的问题。

> **相关链接**
>
> **去污技术的移植**
>
> 去污技术已经应用于许多领域,那么,利用这种技术能否把一张复印上图文的纸张变成一张白纸呢?日本理光公司根据这一设想发明了一种"反复印机",已经复印过的纸张通过它以后,上面的图文消失了,重新还原成一张白纸。这样一来,一张白纸可以重复使用多次,不仅创造了财富,节约了资源,而且使人们树立起新的价值观:节俭固然重要,创新更为可贵。

3. 方法移植

方法移植是指把某一学科、领域中的方法应用于解决其他学科或领域中的问题。例如:香港中旅集团有限公司总经理马志民赴欧洲考察,参观了融入荷兰全国景点的"小人国",回来后就把荷兰的"小人国"的微缩处理方法移植到深圳,融华夏的自然风光、人文景观于一炉,集千种风物、万般锦绣于一园,建成了具有中国特色和现代意味的创意园区——"锦绣中华",开业以来游人如织,十分红火。

4. 结构移植

结构移植是指将某种事物的结构形式或结构特征,部分地或整体地运用于另外的某种产品的设计与制造。例如:缝衣服的线移植到手术中,出现了专用的手术线;用在衣服鞋帽上的拉链移植到手术中,完全取代用线缝合的传统技术,"手术拉链"比针线缝合速度要快10倍,且不需要拆线,大大减轻了病人的痛苦。

5. 功能移植

功能移植是指通过设法使某一事物的某种功能也为另一事物所具有而解决某个问题。

6. 材料移植

材料移植是指将材料转用到新的载体上以产生新的成果。例如:用纸造房屋,经济耐用;用塑料和玻璃纤维取代钢来制造坦克的外壳,不但减轻了坦克的重量,而且具有避开雷达的隐形功能。

### (三) 运用要点

在运用移植法时,一般有以下两种思路:

1. 成果推广型移植

成果推广型移植就是把现有科技成果向其他领域铺展延伸的移植,其关键是在搞清楚现有成果的原理、功能及使用范围的基础上,利用发散思维寻找新载体。

2. 解决问题型移植

解决问题型移植是指从研究的问题出发,通过发散思维,找到现有成果,通过移植使问题得到解决。

## 六、组合法

将已知的事物珠联璧合,使组合而成的新事物在性能和功能等方面发生变化,以产生新的使用价值的方法叫作组合法。组合后的事物不是简单的叠加,而是发生了质的变化。

组合法是非常重要的创意技法,有人甚至认为所谓创新就是将人们不能组合在一起的东西组合到一起。日本创造学家菊池诚博士说过："我认为搞发明有两条路,第一条就是全新的发现,第二条就是把已知原理的事物进行组合。"

### (一) 主体附加法

主体附加法就是事先选择一个主体,然后在主体的基础上进行添加,使之功能更强大,或更符合预期的愿望。操作步骤如下:

第一步,确定一个主体。

第二步,分析主体还存在哪些不足之处或提出希望点。

第三步,在不改变主体或略微改变主体的前提下,对主体进行创新使之发挥新的作用。

带有温度计的奶瓶、带有计算器的钱包、定时插座等创意成果,都是这种方法的应用结果。

### (二) 异类组合法

异类组合法就是将两类(或多类)不同的物品进行组合,以获得新的设计的方法。物品与物品之间可以组合,物品的一部分也可以与另一物品的一部分进行组合,例如带有字典的笔、雨伞电动车、会发光的篮球等。

### (三) 同类组合法

有时一辆车要配两个司机,一个开车累了,可以换另一个,这种安排就是同类组合的思想。生活中有时把两个或多个相同的东西组合到一块,能够弥补单一物品功能的不足,并且数量的增加能够带来功效的改变,从而获得创新的设计,这就是同类组合法。比如双排订书机、双缸发动机、双头液化气灶、双层文具盒等。

### (四) 强制组合法

强制组合法是指发明者把任意选择的两个或两个以上的事物组合起来,从而获得创意的方法。

1. 操作步骤

(1) 把所有能够想到的物品都列举出来。

(2) 强制组合,任意选择其中两项组合起来。

(3) 筛选方案,经过分析,找出具有可行性的方案。

2. 运用强制组合法的规则

(1) 尽量远的原则:列举的物品在属性、功能、结构等方面要尽量远。

(2) 延迟评判原则:不要急于对组合的物品进行评价,这会影响思路的流畅性。

强制组合法尽量考虑两个看似没有联系的事物之间的联系,积极动脑,发挥想象力,长期坚持可有效锻炼创新意识和联想能力。

## 七、头脑风暴法

头脑风暴法(Brain Storming,BS法)又称智力激励法或自由思考法(畅谈法、畅谈会、集思法)。头脑风暴法又可分为直接头脑风暴法(通常简称为头脑风暴法)和质疑头脑风暴法(也称反头脑风暴法)。前者是专家群体决策尽可能激发创造性,产生尽可能多的设想的方法,后者则是对前者提出的设想、方案逐一质疑,分析其现实可行性的方法。

采用头脑风暴法组织群体决策时,要集中有关专家召开专题会议,主持者以明确的方式向所有参与者阐明问题,说明会议的规则,尽力创造融洽轻松的会议气氛。主持者一般不发表意见,以免影响会议的自由气氛,主要由专家们自由提出尽可能多的方案。

**(一)头脑风暴法的激发机理**

头脑风暴何以能够激发创新思维?根据 A. F. 奥斯本本人及其他研究者的看法,主要有以下几点:

1. 联想反应

联想是产生新观念的基本过程。在集体讨论问题的过程中,每提出一个新的观念,都能引发他人的联想,相继产生一连串的新观念,产生连锁反应,形成新观念堆,为创造性地解决问题提供了更多的可能性。

2. 热情感染

在不受任何限制的情况下,集体讨论问题能激发人的热情。人人自由发言、相互影响、相互感染,能够形成新的观念,突破固有观念的束缚,最大限度地发挥创造性的思维能力。

3. 竞争意识

在有竞争意识的情况下,人人争先恐后,竞相发言,不断地开动思维机器,力求有独到见解、新奇观念。心理学原理告诉我们,人类有争强好胜心理,在有竞争意识的情况下,人的心理活动效率可增加50%或更多。

4. 个人欲望

在集体讨论解决问题的过程中,个人的欲望自由,不受任何干扰和控制,是非常重要的。头脑风暴法有一条原则,不得批评仓促的发言,甚至不许有任何怀疑的表情、动作、神色。这就能够使得每个人畅所欲言,提出大量的新观念。

**(二)头脑风暴法的要求**

1. 组织形式

参加人数一般为5~10人(课堂教学也可以班级为单位),最好由不同专业或不同岗位者组成;会议时间控制在1小时左右;设主持人1名,主持人只主持会议,对设想不作评论;设记录员1~2人,要求认真将与会者的每一设想不论好坏都完整地记录下来。

2. 会议类型

(1)设想开发型会议:这是为获取大量的设想、为课题寻找多种解题思路而召开的会议,因此,要求参与者要善于想象,语言表达能力要强。

(2)设想论证型会议:这是为将众多的设想归纳转换成实用型方案召开的会议,要求与会者善于归纳、善于分析判断。

3. 会前准备工作

(1)会议要明确主题。会议主题要提前通报给与会人员,让与会者会前有一定准备时间。

(2)选好主持人。主持人要熟悉并掌握该技法的要点和操作要素,摸清主题现状和发展趋势;参与者要有一定的理论基础,懂得该会议提倡的原则和方法。会前可进行模拟训练,即对缺乏创新锻炼者进行打破常规思考、转变思维角度的训练活动,以减少思维惯性,从单调紧张的工作环境中解放出来,以饱满的热情投入激励设想活动。

4. 会议原则

为了使与会者畅所欲言,互相启发和激励,达到较高效率,必须严格遵守下列原则。

(1) 禁止批评和评论,也不要自谦。

(2) 目标集中,追求设想数量,越多越好。

(3) 鼓励巧妙地利用和改善他人的设想。

(4) 与会人员一律平等,各种设想全部记录下来。

(5) 主张独立思考,不允许私下交谈,以免干扰别人的思维。

(6) 提倡自由发言,畅所欲言,任意思考。会议提倡自由奔放、随便思考、任意想象、尽量发挥,主意越新、越怪越好,因为它能启发人推导出好的观念。

(7) 不强调个人的成绩,应以小组的整体利益为重,注意和理解别人的贡献,人人创造民主环境,不以多数人的意见阻碍个人新的观点的产生,激发个人追求更多更好的主意。

5. 会议实施步骤

(1) 会前准备:参与人、主持人和课题任务三落实,必要时可进行模拟训练。

(2) 设想开发:由主持人公布会议主题并介绍与主题相关的参考情况;突破思维惯性,大胆进行联想;主持人控制好时间,力争在有限的时间内获得尽可能多的创造性设想。

(3) 设想的分类与整理:一般分为实用型和幻想型两类。前者是指目前技术工艺可以实现的设想,后者指目前的技术工艺还不能完成的设想。

(4) 完善实用型设想:对实用型设想,再用头脑风暴法去进行论证和二次开发,进一步扩大设想的实现范围。

(5) 幻想型设想再开发:对幻想型设想,再用头脑风暴法进行开发,通过进一步开发,就有可能将创意的萌芽转化为成熟的实用型设想。这是头脑风暴法的一个关键步骤,也是该方法质量高低的明显标志。

6. 主持人技巧

(1) 主持人应该懂得各种创造性思维和创意技法,会前要向与会者重申会议应该严守的原则和纪律,善于激发成员思考,使场面轻松活跃而又不违反头脑风暴的规则。

(2) 可轮流发言,每轮每人简明扼要地说清楚一个创意设想,避免形成辩论会和发言不均的情况。

(3) 要以赏识激励的词句语气和微笑点头的行为语言,鼓励与会者多出设想,如说:"对,就是这样!""太棒了!""好主意!这一点对开阔思路很有好处!"等。

(4) 禁止使用下面的话语:"这点别人已说过了!""实际情况会怎样呢?""请解释一下你的意思。""就这一点有用。""我不赞赏那种观点。"等。

(5) 经常强调设想的数量,比如平均3分钟内要发表10个设想。

(6) 遇到人人皆才穷计短、出现暂时停滞时,可采取一些措施,如休息几分钟,自选休息方法、散步、唱歌、喝水等,再进行几轮脑力激荡。或发给每人一张与问题无关的图画,要求讲出从图画中所获得的灵感。

(7) 根据课题和实际情况需要,引导大家掀起一次又一次头脑风暴的"激波"。如课题是某产品的进一步开发,可以以改进产品配方的思考作为第一激波,以降低成本的思考作为第二激波,以扩大销售的思考作为第三激波等。又如,讨论某一问题的解决方案时,可先引导大家掀起"设想开发"的激波,及时抓住"拐点",适时引导进入"设想论证"的激波。

(8) 要掌握好时间,会议持续1小时左右,形成的设想应该不少于100种。但是最好的设想往往是会议要结束时提出来的,因此,预定结束的时间到了可以根据情况再延长 5 分钟,这是人们容易提出好的设想的时候。在 1 分钟时间里再没有新主意、新观点出现时,头脑风暴会议可宣布结束或告一段落。

**相关链接**

### 苹 果 广 告

1990 年美国新片《骗子》上市,为宣传新片,广告商在 1 200 万个苹果上贴上了影片的微型广告画片,供应各超市。一时间,众人皆知这部影片。美国电视广告费一般是每 30 秒 45 万美元左右,而水果广告价格低廉,每 1 000 个苹果贴上广告画片后仅花费 6.5 美元,而且同样做到了家喻户晓。

## 八、635 创意法

### (一) 635 创意法的概念与内容

635 创意法又称为默写式智力激励法、默写式头脑风暴法,是德国人鲁尔巴赫根据德意志民族习惯于沉思的性格以及由于数人争着发言易使点子遗漏的缺点,对头脑风暴法进行改造而创立的。635 创意法与头脑风暴法原则上相同,其不同点是把设想记在画有表格的纸上。头脑风暴法虽然规定严禁评判、自由奔放地提出设想,但有的人对于当众说出见解犹豫不决,有的人不善于口述,有的人见别人已发表与自己的设想相同的意见就不发言了,而 635 创意法可弥补这些缺点。具体做法如下:

每次会议有 6 人参加,围坐成一圈,要求每人 5 分钟内在各自面前的表格上写出 3 个设想,然后由左向右传递给相邻的人。每个人接到表格后,在第二个 5 分钟内再写出 3 个设想,然后再由左向右传递出去。如此传递 6 次,半个小时即可进行完毕,可产生出 108 个设想。

### (二) 635 创意法的具体程序

(1) 与会的 6 个人围绕环形会议桌坐好,每人面前放有一张表格,如表 3-2 所示。

表 3-2 635 创意法表

| 创意主题 | | | |
|---|---|---|---|
| 轮　次 | 创意 1 | 创意 2 | 创意 3 |
| 第 1 轮 | | | |
| 第 2 轮 | | | |
| 第 3 轮 | | | |
| 第 4 轮 | | | |
| 第 5 轮 | | | |
| 第 6 轮 | | | |
| 作业编号 | | 实施日期 | |

(2) 主持人公布会议主题后,要求与会者对主题进行重新表述。

(3) 重新表述结束后,开始计时,要求在第一个5分钟内,每人在自己面前的表格的第一行内写出3个设想,每一个设想写在一个小格内,设想的表述尽量简明。

(4) 第一个5分钟结束后,每人把自己面前的表格按逆时针顺序传递给右侧的与会者,在紧接的第二个5分钟内,每人在下一行内再写出自己的3个设想;新提出的3个设想,最好是受表格上已有的设想所激发的,且又不同于表格上的或自己已提出的设想。

(5) 按上述方法进行至第六个5分钟,共用时30分钟,每张表格上写满了18个设想,6张表格共108个设想。

(6) 整理分类归纳这108个设想,找出可行的解决方案。

635创意法的优点是能够弥补与会者因地位、性格的差别而造成的压抑;缺点是因为只是自己看和自己想,激励不够充分。

### (三) 635创意法的注意事项

(1) 不能说话,思维活动可自由奔放。
(2) 由6个人同时进行作业,可产生更高密度的设想。
(3) 可以参考他人写在传送到自己面前的表格上的设想,也可改进或加以利用。
(4) 不因参加者地位上的差异以及懦弱的性格而影响意见的提出。
(5) 表格的尺寸相当于A4纸张,上面要标示清楚"轮次"和"创意序号",表格尽可能大些,以便写清创意内容和方便修改。

635创意法为人们的创意活动提供了一个程序性的方法,在具体运用这种方法的时候,还要在每一轮的具体创意当中应用其他的创意技法,如奥斯本检核表法、和田十二法、列举法、移植法、组合法等,才能够更好地完成创意任务。

# 任务三　培养开发营销策划创意

创意活动是一种高智能的脑力活动,这就对创意者的素质与能力提出了较高的要求。要想达到创意活动的要求,策划人员就必须采取一定的措施来有意识地培养和提高自己的创意能力和水平。

## 一、营销策划创意的培养

要想在需要的时候,头脑中能够形成一个好的创意,就必须在平时注意培养创意思维。创意思维的培养,一般要从以下五个方面着手。

### (一) 培养创意意识

人的创意意识分为习惯性创意意识和强制性创意意识。习惯性创意意识是指不需要主体意识主动的、特别的干预就能够有效地支配人的创意活动的意识。这种创意意识一旦形成,就具有稳定、持续的特点,因此要从小培养。强制性创意意识是指必须由主体意识的强制性干预而形成的创意意识,它受到创意主体目的性支配,当创意活动的目的达到后,这种创意意识多归于消散。

1. 习惯性创意意识的培养

习惯性创意意识的培养要从小抓起,注意开发右脑和从品格上加以磨炼。

(1) 要开发右脑。对于人的大脑,一般认为,左脑主司逻辑思维,表现为语言、运算功能;右脑则主司形象思维,表现为形象识别、艺术鉴赏等。开发右脑,是开发人的创造性思维的核心,方法就是多做一些与形象思维有关的活动,即多用右脑。

(2) 磨炼创意性品格。创意性品格是一种稳定的心理品质,它一经形成,就可以激发创意意识的持续延伸。创意性品格包括以下三个方面:① 尊重知识、崇尚科学、仰慕创意的品质。从小培养尊重知识的品质,认识知识的价值,并进而崇敬知识的创造者,笃信"知识就是力量",并鼓舞自己终生为之奋斗。对心中的偶像由仰慕而模仿,由模仿而产生强烈的创意欲望。② 勤于思考、善于钻研、敢于质疑的习惯。这是富于创造的成功奥秘。必须摒弃惰性思维,从小培养勤于思考的习惯。③ 勇于探索、刻意求新、独树一帜的创新精神。这是对人的精神品质的磨砺,坚定而不彷徨,勇往直前而不虎头蛇尾,致力于探究根由、锐意创新,直到取得成功。

2. 强制性创意意识的培养

强制性创意意识的培养途径有外部强制和自身强制之分。外部强制是指一切由外部因素激发的创意意识,如上级布置的指令性课题、领导委派的开发任务等。对于具有一定的敬业精神和责任感的人来说,外部强制也可以使个人在一定时期保持旺盛的创意意识。自身强制是由自我需要的目的性而引发的创意意识。自我需要的目的性既有经济利益的需要,如为获取奖金、转让费等而强制自己去创意;也有个人显示心理的需要,如要借此显示自己的才能,或认为发明创造是一种享受,可以满足心理上的成就感和成功欲,故强制自己去创意;更高境界的则是宏伟的抱负和崇高的理想的需要,从而激发创意意识。如果说习惯性创意意识是一种自我行为,是自然流露,那么强制性创意则是一种自觉行为,是人们理智地驱使自己按照一定目标创意的行为。

## (二) 善于观察、体验和深入生活

现实生活是创意的最终来源。因此,创意者要想使自己的思维素质与水平得到提高,首先就必须从日常生活中的点滴做起,善于观察、体验和深入生活。

生活是丰富多彩的,通过对现实生活的仔细观察和深刻体验,不仅能使创意者的观察能力与感悟能力得到提高,而且也能使创意者的思想得到不断丰富与完善,使其想象力得到发展,同时,也有利于创意者摆脱线性单一的思考问题的模式与习惯,学习和掌握多角度认识问题、分析问题的技巧与方法。

要深入观察和体验生活,创意者可以通过"五看法"来实现,即一看卖场,二看广告,三看标识,四看包装,五看标签。在对这些进行了细致的观察和分析之后,创意者才能较为全面、有效地了解市场信息和把握市场走势,在此基础上构思出来的创意方案也才能更加贴近消费者的实际需求,满足消费者的欲望。

## (三) 培养广泛的兴趣

培养广泛的兴趣,对于创意者思维素质与能力的提高也是有很大帮助的。这主要体现在如下几个方面:首先,广泛的兴趣能使创意者获得更多的社会实践与生活体验。在这些体验与实践的过程中,创意者的思想会变得更加成熟,考虑问题也会更加全面。其次,兴趣对于创造性思维的形成与拓展也有着重要影响。因为有了兴趣,人们才会对问题进行关注,才会进行思考、探索与发现,而这正是人类创造性思维形成与发生的过程。最后,兴趣的培养,也有利于提高创意人员的审美能力与欣赏水平。审美能力是人类思维能力的重要组成部分,也是创意过程中创意者不可或缺的能力之一,正是有了它,才产生了大量既具创造性又具独特性的创意方案。

### (四) 知识的储备与积累

知识的储备与积累对于创意人员理性思维的形成与发展极为重要。在策划创意过程中,逻辑判断与推理是创意人员最常用到的思维方法。如果没有一定的理论知识做基础,那么对于一些较为复杂的问题,想要做出合乎理性与逻辑的判断是不可能的。因此,在日常生活中,创意人员就要注意加强对知识的广泛涉猎和积累,不仅要学习与策划、创意相关的知识,而且还要对其他领域的知识有所了解。只有在平时做好了知识的储备和积累,在创意过程中,创意者才能做到游刃有余、举重若轻。

营销策划人员要储备和积累的知识一般有这样一些:营销学、管理学、经济学、社会学、心理学和美学。其中营销学是核心知识;其次是管理学、经济学知识;除此以外,策划人员还要具有一定的社会学、心理学和美学知识。只有具备了这样的知识结构,在策划过程中,才能够更加顺利地进行策划与创意活动。

### (五) 品格磨炼

意志力与品格的磨炼,对于创意人员思维能力与素质的发展也是有着重要影响的。面对问题时,创意人员只有勤于思考、善于钻研、敏于质疑,他们的创造性思维才能够不断得到开发和完善。而在面对困难和挫折时,创意人员只有知难而进、勇于探索、不畏挫折与失败,他们的思维才能不断得到磨炼,才能变得更加成熟。因此,创意人员在对自己的创意思维进行培养的过程中,必须加强个人在意志力与品格方面的磨炼。

## 二、营销策划创意的开发途径

看到一些好的或是新鲜的创意时,往往认为创意人得到了巨大的灵感,其实不然,赖声川在其专著《赖声川的创意学》中就提到,创意是可以"练"的,但需要用智慧打开整个创意,冲破屏障,用新的视角看世界。开发创意的途径有以下两条。

### (一) 训练发散性思维

在创意过程中,思维定式可以说是一种严重的障碍,它不仅将思维桎梏在固有的框框之中,也是扼杀创造性思维的最大"元凶"。因此,必须想办法克服它。而突破思维定式的有效途径之一就是进行发散性思维训练。

发散性思维,顾名思义,是与收敛性思维相对的,即人们的思维方向是辐射性的,而不是沿着一个确定的方向发展。思维的流畅性、变通性与创新性是发散性思维的三个主要特点。

一般地,发散性思维的主要训练方法有以下四种:

1. 非逻辑性思维训练

非逻辑性思维训练的主要内容就是训练创意人员在不用概念、判断、推理等理性思维形式的情况下来认识客观世界的能力。由于非逻辑性思维是事物非纯属的立体思维,因此,加强创意人员运用非逻辑性思维来进行认识与判断的能力,将有助于创意过程中创意者直觉力作用的发挥和对灵感的有效把握。

2. 放纵模糊性思维训练

模糊与清晰既是对立的,也是相互统一的。创意的过程其实就是一个思维由模糊到清晰的过程。模糊性思维训练就是要通过对模糊性思维的放纵,引发各种带有歧义或矛盾的观念出现,以此来激发人们的各种想象,从而使人们的思维实现突破与创新。

3. 变通性思维训练

任何事物之间都存在着一定的联系,创意人员在进行创意的过程中要能够根据事物之间的联系,进行有效的变通,这样才能使创意成功的把握更大。变通性思维训练,其目的就是要通过对创意者变通思维的启发,来提高其多角度、立体式思考问题和解决问题的能力。

4. 求异性思维训练

对于突破思维定式来说,求异性思维训练的效果也是非常明显的。俗话说"条条大路通罗马",任何问题的求解过程和方法都不是唯一的,而是有许多种的。求异性思维训练的目的就是要通过对创意者求异思维的开发,来使其摆脱线性思考习惯的束缚。同时,这种训练对于提高创意者的想象能力和创造能力也有很大的帮助。

(二) 拓展想象力

想象力对于创意活动来说是极其重要的,没有想象力的发挥,就不可能有精彩的创意产生。在进行创意思维开发的过程中,加强对创意者想象能力的拓展也是必不可少的一项。通常,拓展想象力的途径主要有以下几种:

1. 排除想象的阻力

想象的阻力既可能是来自外部环境条件的限制,也可能是由创意者自我思维障碍或态度所造成的。因此,要想提高想象力,首先就必须采取一定措施,克服这些阻碍想象力发挥的因素。

2. 扩大想象的空间

想象空间的扩展对于想象力的提高与拓展来说是很重要的。虽然想象空间看似没有边界,但是就不同的人来说,因为其知识水平、经验阅历的具备程度各不相同,所以这就使每个人想象空间的大小也是有差别的。想象空间越大,想象力就越容易得到充分发挥;反之,则越困难。因此,要想提高想象能力,创意人员就必须不断学习、不断实践,以扩大自身的想象空间。

3. 充实想象的源泉

想象其实并不是"凭空的捏造",而是来源于对各种知识的灵活运用与创新性设想。因此,要想获得丰富的想象力,创意者就需要多在想象的源头上下功夫,即要不断地深入生活,多实践、多积累、多思考。

**相关链接**

**叶茂中广告策划"九字真经"**

博:多方面体验生活,观察人性;广泛收集用于发想创意的素材。广告是一门杂学,如果不能积累各种各样的知识、经验和感受,又怎能随心所欲地选取发想的素材呢？只有多看、多听、多问、多想、多写、多运动才能够从环境中源源不断地吸取养分，保持旺盛的创作激情、丰富的感触能力和好奇心。

反：反世俗习惯、反常规思维。一般人习惯于语言思维和具象思维，我们要多练习图像思维和抽象思维。

透：透彻了解商品（性能、特点、定位、使用感觉等）、目标消费群体（心理、特征、习惯等）及一切相关资讯（企业背景、文化、市场调查报告、竞争产品资讯、创意策略要求，甚至风俗民情等），对商品及资讯的了解一定要联系到消费者的需求上。我们如果不把各方面的资料了解透彻，又怎能言之有物、打动人心呢？

准：抓准概念，瞄准点子。广告中的大创意是创作概念，小创意则是创作点子。发想的第一步就是抓概念，再以概念来激发点子。一个成功的创作概念正是产品卖点的强力表现，一个精彩的点子必须能够表现创作概念，而且让人过目不忘。如果概念脱离了卖点，或点子脱离了概念，即使再吸引人，也不能够帮助销售，定会导致消费者记住了广告，却模糊了产品。

广：广阔的发散性思维，收放自如。先在水平方向上广泛发想，找准几个点后，再做垂直发想。也可以先找准一个点，把它做深，再从这个点里跳出来，以另一种思维方式搜索下一个攻击目标。不能局限于一个点，否则极容易钻牛角尖，束缚了思维，走入误区。

新：新奇制胜，追求独创性。新奇并非单指表现手法上的与众不同，更重要的是策划路线和所要突出的产品卖点的与众不同。不管怎么新、怎么奇，都不能脱离产品本身，否则广告人就不是销售员，而成了演员，不是想增加销量，而是想表现自我。独创性完全可以通过"旧元素新组合"的形式体现，站在前人的思想上发展创新，只要有自己的思想和见解，就会有新意。如果能够从现有资源中得到启发，产生新观念、新思想、新做法，都是可喜的。

行：发想时，一定要考虑到创意的可操作性。创意必须具有可行性，能够在实际中操作。想得到，做不出来等于白搭。广告长度、制作工艺、环境因素、预算限制等都要考虑在内。

精：高标准、严要求，克服惰性、精益求精。虽然不可否认灵光一现在创意发想中的作用，但是不得不说，好文案往往是"磨"出来的。一个好的创意并非与生俱来就是完美的，你得不断地去完善它、丰富它、修改它。如果低标准地要求自己，不肯花时间、费精力地去磨，即使可能成为好创意的点子也会在漫不经心的态度中黯然失色。

谦：谦虚才能取人所长，补己之短。无论是喜欢团队合作，还是善于单打独斗，都要谦虚地听取他人的意见。广告是给千千万万的人看的，多听听别人的意见，就如同听取你的广告受众的意见，从这些五花八门的看法、意见中提炼精髓，不断丰富、完善自己的创意。当然，也不能盲目吸纳、照单全收，否则吃多了、吃杂了会胀气。

## 知 识 巩 固

**一、判断题（正确的打√，错误的打×）**

1. 创意是为达到某种目的而构思形成的具有新意的办法、点子、语言或构图等的总称。（　　）
2. 将头脑中的暗示、灵感、突发念头等，酝酿成可能实现的构想，予以整理、琢磨出来便是创意。（　　）
3. 创意是策划的前期思想创造，是策划的思想前提和运作策划的起点，它为策划创造思想，是策划的基础、支撑和着力点，是策划的灵魂、核心和精髓，它决定着策划的层次和水平。（　　）
4. 策划离不开创意，策划是对创意的分析、完善、求证和落实，是把创意进一步具体化和变为现实。（　　）
5. 创意技法就是运用各种科学的、有效的思考方法，娴熟而巧妙地运作思考过程，使思考过程顺利、高效，使思维富于创意、精于创意。（　　）
6. 在运用移植创新技法时，一般有以下两种思路：一是成果推广型移植；二是解决问题型移植。（　　）
7. 运用强制组合法的规则有两个：一个是尽量远的原则；另一个是延迟评判原则。（　　）
8. 头脑风暴法的会议类型有两种：一种是设想开发型；另一种是设想论证型。（　　）
9. 人的创意意识分为习惯性创意意识和强制性创意意识。（　　）
10. 强制性创意意识的培养途径有外部强制和自身强制之分。（　　）
11. 开发创意的途径有以下两条：一是训练发散性思维；二是拓展想象力。（　　）

**二、单项选择题**

1. 引导创意主体在创意过程中对照9个方面的问题进行思考，以便启迪思路、开拓思维想象的空间、促进人们产生新设想新方案的创意方法叫作（　　）。
   A. 奥斯本检核表法　　B. 和田十二法　　C. 列举法　　D. 组合法
2. 将已知的事物珠联璧合，使新组合的事物在性能和功能等方面发生变化，以产生新的使用价值的方法叫作（　　）。
   A. 奥斯本检核表法　　B. 和田十二法　　C. 列举法　　D. 组合法
3. 借助于对一具体事物的特定方面（如特点、缺点），从逻辑上进行分析，并将其本质内容全面地罗列出来，再针对列出的项目一一提出改进的创意方法叫作（　　）。
   A. 奥斯本检核表法　　B. 和田十二法　　C. 列举法　　D. 组合法
4. 将某个学科、领域中的原理、技术、方法等，应用或渗透到其他学科、领域中，为解决某一问题提供启迪、帮助的创新思维方法叫作（　　）。
   A. 奥斯本检核表法　　B. 和田十二法　　C. 列举法　　D. 移植法
5. 将两样（或多样）不同的物品进行组合，以获得新的设计的方法叫作（　　）。
   A. 主体附加法　　B. 异类组合法　　C. 同类组合法　　D. 强制组合法
6. 635创意技法当中一般要求（　　）参加。
   A. 6人　　B. 3人　　C. 5人　　D. 4人
7. 635创意技法当中要进行（　　）创意操作。

A. 6轮　　　　　　B. 3轮　　　　　　C. 5轮　　　　　　D. 4轮
8. 635创意技法当中每一轮创意操作要求在(　　)内完成。
   A. 6分钟　　　　　B. 3分钟　　　　　C. 5分钟　　　　　D. 4分钟
9. 635创意技法当中每一轮创意操作要求每个人写出(　　)创意。
   A. 6个　　　　　　B. 3个　　　　　　C. 5个　　　　　　D. 4个
10. 运用635创意法进行创意总共能够得到(　　)创意成果。
    A. 18个　　　　　B. 60个　　　　　C. 90个　　　　　D. 108个

三、多项选择题
1. 创意的特征包括(　　　　)。
   A. 发现性　　　　B. 即兴性　　　　C. 瞬时性　　　　D. 开拓性
   E. 独创性
2. 创意的形成过程包括(　　　　)。
   A. 发想　　　　　B. 扩想　　　　　C. 深化着想点　　D. 形成创意
   E. 发展创意
3. 创意的原则包括(　　　　)。
   A. 科学性原则　　B. 艺术性原则　　C. 独特性原则　　D. 新颖性原则
4. 创意的条件包括(　　　　)。
   A. 培养创意心理　　　　　　　　　B. 积累创意知识和经验
   C. 积累信息转换创意　　　　　　　D. 运用创造性思维
   E. 掌握创意技法
5. 创意技法中的奥斯本检核表法包括(　　　　)。
   A. 能否他用　　　B. 能否借用　　　C. 能否改变　　　D. 能否扩大
   E. 能否缩小　　　F. 能否替代　　　G. 能否调整　　　H. 能否颠倒
   I. 能否组合
6. 运用奥斯本检核表法进行创新活动的实施步骤有(　　　　)。
   A. 根据创新对象明确需要解决的问题
   B. 根据需要解决的问题,参照表中列出的问题,运用丰富想象力,强制性地一个个核对讨论,写出新设想
   C. 对新设想进行筛选,将最有价值和创新性的设想筛选出来
7. 创意技法中的奥斯本检核表法的实施过程的注意事项有(　　　　)。
   A. 不遗漏　　　　B. 多检核　　　　C. 多创想
8. 创意技法中的和田十二法包括(　　　　)。
   A. 加一加　　　　B. 减一减　　　　C. 扩一扩　　　　D. 缩一缩
   E. 变一变　　　　F. 联一联　　　　G. 学一学　　　　H. 改一改
   I. 代一代　　　　J. 搬一搬　　　　K. 反一反　　　　L. 定一定
9. 创意技法中的列举法包括(　　　　)。
   A. 特性列举法　　B. 希望点列举法　C. 优点列举法　　D. 缺点列举法
10. 创意技法中的联想法包括(　　　　)。
    A. 接近联想　　　B. 对比联想　　　C. 相似联想　　　D. 自由联想
    E. 强制联想

11. 创意技法中的类比法包括(　　　　)。
    A. 直接类比法　　B. 间接类比法　　C. 幻想类比法　　D. 因果类比法
    E. 仿生类比法
12. 创意技法中的移植法有(　　　　)。
    A. 原理移植　　B. 技术移植　　C. 方法移植　　D. 结构移植
    E. 功能移植　　F. 材料移植
13. 创意技法中的组合法包括(　　　　)。
    A. 主体附加法　　B. 异类组合法　　C. 同类组合法　　D. 强制组合法
14. 创意技法中的组合法中的主体附加法的操作步骤包括(　　　　)。
    A. 确定一个主体
    B. 分析主体还存在哪些不足之处或提出希望点
    C. 在不改变主体或略微改变主体的前提下,对主体进行创新使之发挥新的作用
15. 创意技法中的强制组合法的操作步骤包括(　　　　)。
    A. 把所有能够想到的物品都列举出来
    B. 强制组合,任意选择其中两项组合起来
    C. 筛选方案,经过分析,找出具有可行性的方案
16. 头脑风暴法的激发机理有(　　　　)。
    A. 联想反应　　B. 热情感染　　C. 竞争意识　　D. 个人欲望
17. 头脑风暴法的会议原则有(　　　　)。
    A. 禁止批评和评论,也不要自谦
    B. 目标集中,追求设想数量,越多越好
    C. 鼓励巧妙地利用和改善他人的设想
    D. 与会人员一律平等,各种设想全部记录下来
    E. 主张独立思考,不允许私下交谈,以免干扰别人的思维
    F. 提倡自由发言,畅所欲言,任意思考
    G. 不强调个人的成绩,应以小组的整体利益为重,注意和理解别人的贡献,人人创造民主环境,不以多数人的意见阻碍个人新的观点的产生,激发个人追求更多更好的主意
18. 头脑风暴法会议实施步骤有(　　　　)。
    A. 会前准备　　　　　　　　　　B. 设想开发
    C. 设想的分类与整理　　　　　　D. 完善实用型设想
    E. 幻想型设想再开发
19. 创意的培养一般从(　　　　)着手。
    A. 培养创意意识　　　　　　　　B. 善于观察、体验和深入生活
    C. 培养广泛的兴趣　　　　　　　D. 知识的储备与积累
    E. 品格磨炼
20. 要深入观察和体验生活,创意者可以通过"五看法"来实现,"五看法"包括(　　　　)。
    A. 看卖场　　B. 看广告　　C. 看标识　　D. 看包装
    E. 看标签　　F. 看人员
21. 营销策划人员要储备和积累有(　　　　)等学科知识。
    A. 营销学　　B. 管理学　　C. 经济学　　D. 社会学

E. 心理学　　　　　　F. 美学
22. 一般地,发散性思维的主要训练方法有(　　　　)。
   A. 非逻辑性思维训练　　　　　　B. 放纵模糊性思维训练
   C. 变通性思维训练　　　　　　　D. 求异性思维训练
23. 拓展想象力的途径主要有(　　　　)。
   A. 排除想象的阻力　B. 扩大想象的空间　C. 充实想象的源泉

# 案 例 分 析

## 案例一　普救寺将爱情进行到底

☆案例文本展示

以寺庙为主要旅游吸引物的景区中,有的以庞大华丽的建筑群而享誉大江南北,比如河北承德的外八庙;有的以独特的建筑而闻名长城内外,比如山西浑源县的悬空寺,该寺建立在北岳恒山金龙峡谷西侧绝壁的山腰上,上靠危岩,下临深谷,造型独特,是极为罕见的建筑;有的以传承某种文化而闻名中外,比如因独步天下的少林功夫而名扬四海的河南嵩山少林寺。浩如烟海的寺庙中只有一座寺庙是因为一个美丽圆满的爱情故事而让世人皆知,那就是位于山西省永济市的国家AAAA级景区——普救寺。

普救寺之所以能够博得国内外游客的认可和青睐,除了永济市政府给予的政策支持外,更主要的是因为始终围绕普救寺的"爱情"二字做文章,以把普救寺打造成为中国的爱情圣地为终极目标去挖掘爱情元素。

**一、景区建设——恢复爱情空间**

普救寺是《西厢记》爱情故事的发生地,但是普救寺始建于何年,现已无从得知。从古籍记载中得知唐朝时,曾对该寺院大加修缮。明朝嘉靖三十四年(公元1555年),普救寺所在地区发生了一次大地震,寺院的殿堂僧舍、楼阁塔坊,全部损毁。清末,寺院已经很是破旧。1920年又遭受了一次大火,之后又受到侵华日军的破坏,至1949年时,普救寺便只剩下莺莺塔、石狮、菩萨洞,其余建筑已不复存在了。

1986年,政府拨款对普救寺进行修复时就以《西厢记》中对普救寺的描述为蓝本,以把普救寺打造成为中国的爱情圣地为宗旨。今天的普救寺建筑布局为上中下三层台,东中西三轴线。西轴线上的建筑有大钟楼、塔院回廊、莺莺塔、大雄宝殿,最后为花园。其中,别墅花园相传为唐代崔相国所建的佛居别墅,是《西厢记》中老夫人和崔莺莺所居之处。而莺莺塔后有经籍阁,东西两侧建有厢房,所谓的"西厢书斋",就是传说中当年张生游蒲东时来到普救寺借宿的所在。这个"西厢书院",就是《西厢记》故事发生的地方。

历史名剧《西厢记》,描述了张生和崔莺莺的恋爱故事。当年,张生赴京赶考,途中遇雨,来到普救寺。碰巧,在寺内看见了扶送父亲灵柩回乡时滞留在寺内的崔莺莺。两人一见钟情。张生当年的读书处西轩,就在大雄宝殿的西侧。崔莺莺和她母亲、侍女红娘居住的梨花深院,就在大雄宝殿的东侧。在这里有张生越墙会莺莺的跳墙处,也有张生上墙踩踏过的杏树。为了向游客再现张生和崔莺莺当年一见钟情的情景,普救寺在修复建设中沿着当年张生游历的小径重建了梨花深院、书斋、后花园、跳垣处等景点,并塑造了一组佛像和《西厢记》人物蜡像,依照《西厢记》剧情再现了惊艳、借厢、闹斋、请寓、赖婚、听琴、逾垣、拷红等一幕幕戏剧场面。

## 二、产品开发——演绎爱情故事

旅游产品是景区一切经营活动的主体,是景区营销活动的出发点。众所周知,我国90%的以寺庙为旅游吸引物的景区在产品开发上仍然沿用看自然风光＋烧香拜佛的传统策略。普救寺的营销管理者们深知,如果普救寺在产品建设上还是走传统寺庙类景区的路线必死无疑,因为普救寺既没有优美的自然风光,也没有悠久的佛教文化,更谈不上什么丰富的动植物资源。

千百年来普救寺因为美丽动人的爱情故事一直撼动着人们的心灵,使它成为蜚声著誉的游览胜地。张生和莺莺有情人终成眷属的爱情故事吸引着国内外一对对有情人前往普救寺进行朝拜。所以要想吸引游客到普救寺旅游消费,在产品开发上必须跳出佛教圈,巧打"爱情"牌。用营销术语来说就是必须做巧、做足"体验营销",让游客到这来不是走马观光似的看看,而是能够真正体验到爱情文化。

（一）产品载体,千古爱情

元代著名杂剧作家王实甫的《西厢记》中讲述的张生和莺莺在普救寺一见钟情后,历经艰难险阻后终成眷属的爱情故事让普救寺成为蜚声中外的游览胜地。故事的主要内容是张生在普救寺里偶遇已故崔相国之女莺莺,对她一见倾心,却苦于无法接近。此时恰有叛将孙飞虎听说莺莺美貌,率兵围住普救寺,要强娶莺莺为妻。崔老夫人情急之下听从莺莺主意,允诺如有人能够退兵,便将莺莺许配给他。张生喜出望外,修书请得故人白马将军杜确率兵前来解围,但事后崔老夫人绝口不提婚事,只让二人以兄妹相称。张生失望至极,幸有莺莺的丫鬟红娘从中帮忙,二人瞒过崔老夫人,私下幽会并订了终身。老夫人知情后怒责红娘,但已无可挽回,便催张生进京应考。张生与莺莺依依惜别,半年后得中状元。崔老夫人的侄儿郑恒本与莺莺有婚约,便趁张生还未返回之时谎报张生已被卫尚书招赘为婿,老夫人一气之下要把莺莺嫁给郑恒,幸好张生及时归来,有情人终成眷属。

（二）体验型旅游产品

营销理论中,有人将不同的体验形式分为知觉体验、行为体验、思维体验、情感体验和相关体验五种类型。普救寺在把体验营销作为景区产品主要开发策略的指导下,以景区文化为核心,按照体验营销的五大类型策划设计出包含丰富性、趣味性、参与性的旅游产品。

1. 知觉体验型产品——"爱的呼唤"。知觉体验即感官体验,将视觉、听觉、触觉、味觉与嗅觉等知觉器官应用在体验营销上,引发消费者购买动机和增加产品的附加价值等。屹立在寺中的莺莺塔不仅形制古朴、蔚为壮观,而且以奇特的结构,明显的音响效应著称于世。游人在塔的附近以石相击,人们在一定位置可以听到塔上发出清脆悦耳"咯哇、咯哇"的回声,类似青蛙的鸣叫声。

普救蛙声虽然可以用现代声学原理解释清楚,但是更代表着一种机缘巧合。而这种机缘巧合与爱情的机缘巧合天衣无缝地连接在一起。所以景区把"普救蛙声"又策划成一种体验型旅游产品——"爱的呼唤"。凡是前来旅游的游客都可以在塔前100米处击石,然后聆听城塔上发出的回声即"普救蛙声"。如今倾听这种爱的呼唤成为那些前来普救寺朝拜爱情的情侣们的首选。

2. 思维体验型产品——再现《西厢记》。思维体验即以创意的方式引起消费者的惊奇、兴趣,对问题进行集中或分散的思考,为消费者创造认知和解决问题的体验。

普救寺的闻名是因为戏剧《西厢记》。为了让游客能够亲眼感受张生和莺莺这对有情人终成眷属的曲折爱情,从而思考什么是真正的爱情,普救寺文物管理局动员全寺员工根据戏剧名著《西厢记》特别打造了《拷问红娘》和《状元迎亲》两幕古装短剧,于每天的上午和下午分别在梨花深院和迎宾广场倾情上演。

### 三、新闻营销——打造知名度

美国广告大师奥格威说:"推销产品如果不做广告,就如同在黑暗中向情人递送秋波。"没错,这是一个酒香也怕巷子深的时代。在做好了景区的修复建设和产品开发的基础上,怎样才能让消费者了解普救寺、游览普救寺是摆在普救寺营销管理者面前的一道难题。像平遥古城、三清山或野三坡那样去央视投放广告倒也是一个不错的办法,但是普救寺又没有那么多资金。

(一)新闻营销

一条有价值的新闻抵得上百万元的广告。在资金不足的事实面前,如何宣传景区,普救寺的经营者们采用了新闻营销的战术。因为,新闻营销的优点之一是成本低,相对于广告版面动辄就是几千元或几万元的费用,新闻营销只需要相同广告版面费的20%即可;二是容易形成互动传播,一条新闻价值高、震撼性的景区新闻可以吸引很多媒体,特别是网络媒体的转载;三是能够全面地宣传景区,新闻营销可以多角度、多层面地把一个景区的资源特点、历史文化、民俗风情阐述清楚,不受篇幅的限制,这一切都是广告无法实现的。

(二)执行细则

1. 传播范围。普救寺的新闻营销在传播范围上主要是山西、河南、陕西、内蒙古四省份及自治区,因为这四个省份是普救寺的主要客源地。

2. 媒体选择。以山西、河南、陕西、内蒙古四省份及自治区的主流报纸媒体为主,辅以旅游类网站。譬如,《山西日报》《山西晚报》《三秦都市报》《大河报》《内蒙古日报》和河南旅游网等。

3. 稿件内容。普救寺新闻营销的稿件在内容和目的上主要分为三大类。一类是配合景区的促销计划,如为配合针对情侣这个消费群体而制订的促销计划,刊登了一篇标题为《爱情圣地山西永济普救寺情侣俩只需买一票》的新闻,一夜之间网上纷纷转载,据景区管理人员透露因这条新闻而前来普救寺的情侣达到1万多对;在中国传统的七夕情人节和西方2.14情人节前分别刊发了标题为《爱情圣地普救寺飞扬七夕情歌》和《爱情圣地山西普救寺情人节备"盛宴"迎情侣》的新闻以刺激消费者游览普救寺的欲望。另一类是宣传景区的新产品、新动向,如普救寺推出每天向游客表演《拷问红娘》和《状元迎亲》两幕短剧时就刊登了标题为《普救寺将现〈西厢〉迎客场景》的新闻。第三类是树立景区的品牌形象和美誉度的稿件,如《18对新人普救寺喜结连理》《爱情圣地普救寺迎接百对有情人》。

总之,普救寺的新闻营销不论稿件标题,还是主体内容,始终都围绕着"爱情"二字做文章。

### 四、节事活动——拉动客流

旅游节事活动,一般是指经过精心策划而在旅游城市或旅游景区举办的周期性旅游活动。举办一个有特色、有生命力、有市场前景的节事活动,是一个旅游景区发展的重要方式。因为,对景区来说成功的节事活动既能够吸引媒体、社会公众和目标市场的兴趣与关注,又能够提高景区的知名度、美誉度,树立景区良好形象并最终达到吸引旅游者的目的。

(一)活动主题:立足爱情

主题是一个节庆活动的灵魂,比如,以冰雪为主题的哈尔滨国际冰雪节;以桃花为主题的北京平谷桃花旅游节等。对于因爱情而名扬大江南北的普救寺,以打造成中国爱情圣地为目标的普救寺,其节事活动的主题当然是"爱情"二字。为此,普救寺策划并举办了普救寺国际情侣月活动。

（二）活动推广：新闻＋广告

"普救寺国际情侣月活动"的推广主要采用新闻传播＋广告的形式，每一届情侣月活动举办的前15天，景区管理局都会召开一个小型的记者说明会，向主要客源地的主流媒体通报本次普救寺国际情侣月活动的主要内容和优惠政策。

为配合新闻传播，情侣月期间普救寺还在重点客源地投放了一些广告。比如，在洛阳、太原、西安这些重点客源城市投放车身广告，与河南卫视《完美婚礼》栏目合作开设了以爱情和婚礼为主要话题的专题节目，普救寺成为栏目的外景地。

（三）活动内容：追求体验

节庆活动的关键是要创造一种活动氛围，要能够让游客参与到活动中来。所以每一届"普救寺国际情侣月活动"都以让全天下的有情人能够充分享受爱情的甜蜜、感悟爱情的真谛为宗旨。景区策划举办了很多让游客们、情侣们能够互动的行为体验型项目。

行为体验是指通过增加消费者的身体体验，指出他们做事的替代方法、替代的生活形态与互动，丰富消费者的生活，从而使消费者被激发或自发地改变生活形态。在普救寺国际情侣月活动期间，普救寺为天下的情侣们推出的行为体验型项目有："风雨同舟"——要求参加的情侣共同穿上特定的竹板鞋，走完规定的线路，考验恋人们经风雨、历磨难，共同搀扶走过人生路的毅力；"心有灵犀"——将参加活动的情侣在日常生活中对对方的一言一行，举手投足间的心领神会表现得淋漓尽致。为了鼓励情侣们积极参与进来，还设立了奖品，凡是参加的情侣都将获得纪念奖一份，前两名还将获得普救寺景区特别提供的同心锁一把。

为了让所有的游客在情侣月期间参与到活动中来，营造浪漫的爱情氛围，分享普救寺深厚的爱情文化底蕴，景区管理所在每届情侣月期间都推出了形式多样、丰富多彩的互动活动：在张生和崔莺莺的爱情树边种下属于自己的常青树，寄托情思；在521平方米的广场上共宣爱情誓言，聆听中条山的回声；同走108阶爱情云梯，锁定今生；"红娘伴您游西厢""莺莺伴您入洞房""抛绣球"……

至于情侣集体婚礼，情侣们共同宣读"爱情誓言"，表达自己忠于爱情、建设美好家园的良好心愿；在普救寺门前广场的大型铜雕锁周围共同锁上代表"心连心"的连心锁，更是每届情侣月保留节目。

文化是景区的灵魂。普救寺的成功正是得益于景区的经营管理者们跳出佛教经营的老路，深挖普救寺的爱情文化去演绎爱情、营销景区这一优秀创意。

（资料来源：中国营销传播网.）

☆**案例分析与讨论**

结合"案例文本展示"中的内容讨论和回答下列问题：

1. 普救寺是如何挖掘文化内涵的？它的创意在哪里？使用了哪种创意技法？
2. 普救寺的策划思路是什么？他们做了哪些工作？起到了怎样的作用？
3. 普救寺的成功说明了什么？你从本案例中得到了哪些启示？

☆**案例解读与评析**

3-1 案例解读与评析

## 案例二　山客煮酒：体验式营销探路

☆**案例文本展示**

2019年11月12日，位于云南经济开发区紫云青鸟创意园区内的"山客煮酒"，迎来了一批来自昆明的媒体团。陆总热情接待了网络媒体记者、网红，以及美食频道的记者们，向他们介绍了"山客煮酒"这一全新的线上下单、线下体验的煮酒模式。用户通过小程序下单，即可有煮酒师上门提供煮酒服务，只需26分钟，便能够品尝到传承千年的焖锅酒。看似简单的一套煮酒流程，实则花了创始团队八年时间反复打磨，终于完成了从源头原料种植到产品加工、技术研发、市场推广和煮酒服务等一整套营销流程。

### 一、山客煮酒的前世今生

在位于云南省西南部的红河县，当地哈尼族人盛产一种传承千年的焖锅酒，它属于一种纯粮酿造的清香型白酒。

2017年，哈尼族焖锅酒被列入红河州非物质文化遗产目录。为了让这样一壶温酒走进千家万户，陆总带领创始团队经过八年多的工艺研磨，制定出了一整套焖锅酒的标准工艺流程，即酒醅＋紫铜蒸馏器组合的产品模式，煮酒用的紫铜蒸馏器采用底部水加热、中部高温蒸发、顶部冷凝回流至罐中的原理，酿出纯天然焖锅酒。其酒质清澈晶莹，酒香四溢，酒味醇厚甘甜，入口舒爽，是一种现代化的体验式酿酒模式。

具体的煮酒操作流程分为10个环节：① 从设备中取出底座，安上胶垫；② 向底座加进300 mL纯净水；③ 将中部焖锅与加热底座相连，注意密封性；④ 将酒壶放入焖锅，摆放在中心位置；⑤ 倒入酒醅，将酒醅均匀铺撒在酒壶周围；⑥ 将焖锅内的酒壶瓶盖打开；⑦ 将滤酒漏斗与酒壶口相连；⑧ 将冷凝器与焖锅相连，加满冷水（约90%容量）；⑨ 通电并将计时器调至26分钟，开始煮酒；⑩ 煮酒计时结束后断电（计时器"叮"声提示），断电后再焖1分钟即可出酒。温馨提示：出酒温度较高，建议冷却至39℃左右口感最佳。

山客煮酒所用的酒醅"山客传奇"，以红谷为主。该红谷产自云南红河县撒玛坝万亩梯田，为传承千年的原始红谷稻种。由五十六味草本植物制成的酒曲，与红谷等粮食揉和发酵，通过高温焖锅馏酒技法，酿出一锅云味谷香的纯粮原浆酒。

### 二、体验式营销初体验

为了让昆明当地的消费者接受这一全新的煮酒模式，培养出一种煮酒消费文化，陆总带领营销团队围绕体验式消费展开了一波体验式营销，试图从视觉、嗅觉、听觉、味觉、触觉五感出发，营造一个体验场景，从而给消费者带来前所未有的感官记忆。

当三五好友围坐一桌，取出酒樽，紫铜蒸馏器绝对是视觉焦点，其造型灵感来源于商周时期经典的青铜酒樽，采用纯紫铜优质材料生产。其表面光滑平整，色泽古朴，厚重感强。当揭开酒醅，将原料倒入蒸馏器中，经过天然酒曲自然发酵后的浓郁酒糟香气扑鼻而来，瞬间勾起你的饮酒欲望。触摸蒸馏器上镶嵌的古朴纹理，指尖感受发酵后红谷的湿润糙厚，想象红谷即将完成自然形态转化。再由煮酒师向你讲述山客煮酒的文化底蕴，哈尼梯田传承千年的红谷，山客们一辈子隐居深山采集天然酒曲的赤诚之心，让你感受穿越古今的文化激荡……一晃26分钟过后，一杯刚出锅的焖锅酒，酒质清澈晶莹，入口温热带微甜，酒味醇香，下喉顺滑，杯留余香。

因此，山客煮酒的产品定位为"体验式酿酒"，主要针对家庭聚会、商务宴请、朋友聚餐等消费场景，主打现酿现喝的26分钟煮酒服务理念，并确认了"酒有温度，人有态度"的广告宣传语，主要想传达焖锅酒"现酿现喝""有温度"的理念，以及酒背后那群酿酒人的独特匠心。

客户只需关注"山客煮酒"微信公众号,在后台菜单进入"煮酒商城"小程序,线上下单即可有煮酒师上门煮酒。

目前山客煮酒针对的营销区域以昆明为主,在昆明已经成立了盘龙区、五华区、西山区等7个区营销分点,配备7个区域合伙人及若干煮酒师,以满足相应的线下煮酒服务。

从2019年7月开始,前期体验式营销内容传播渠道确定了以官方微信、抖音、今日头条"三位一体"的传播矩阵。微信端负责产品内容的正式介绍,包含产品源头、匠心工艺研发等一套内容,最后导流到"山客煮酒"微信商城小程序,引发客户下单购买。今日头条主要传播全新的煮酒文化,通过文化底蕴吸引对酒有讲究、有情怀的客户。抖音则是招募一大批昆明当地的网红,通过新颖的煮酒方式吸引粉丝关注。

### 三、试水:悲喜交加

就转化效果来看,虽然山客煮酒在客户端的下单量没有形成明显的增量,但由于其自身产品实力雄厚,加之短期的营销推广,让很多厂家嗅到了商机,于是不停有商家过来接触。截至11月底,山客煮酒已经获得两个企业近两百万元的订单,并收到30万元定金。

与此同时,山客煮酒也暴露出一些问题。一是餐馆订单的消费情况不佳,由于昆明当地人大多数喜欢自带酒水,因为这不仅能节约花销而且价格便宜;因此大多数本地人对于198元/壶的价格还是有点难以接受,起初因为好奇心购买的消费者,新鲜感一过,很难有二次消费。二是时间问题,从下单到真正喝到一口酒,要等将近1小时,虽然山客的出酒口感不错,但耗时确实是个不小的问题。第三是传播效果问题,虽然企业的产品好,有不少消费者通过各方面渠道也能略知一二,但真正付出购买行动的还是少数。虽然山客煮酒提倡体验式消费,但客户没有真正体验过产品,只是看些宣传广告,也很难做出行动。毕竟这不是几十元的日常消费,可以冲动性体验一下,198元的价格确实也是一道消费阻力。

总结一下,体验式营销第一阶段的尝试使得企业经营状况有所改善,但也暴露了一些流程运转问题以及对消费者的说服难度。而如果想要多渠道深度推广,同样又面临着营销经费紧张的问题。但总体来看,体验式营销的前景已被证明十分可观,若后续针对问题相应做出改进,也许能掀起一波消费热潮。

### 四、持续改进

为了持续吸引消费者关注,带动体验式营销进入正轨,陆总带领团队展开中高层会议,讨论是否能够针对已有问题做出一些改进。作为产品研发创始人之一,陆总针对产品口味提出了自己的看法:"已经发酵好的酒醅,是经过十年时间研发而成、有质监部门认可的酒质报告。在此基础之上,我们可以再添加一些鲜花等草本植物,混入酒曲中一起蒸馏,以此让煮出的焖锅酒带有一些花草口感,可以说是别有一番滋味。另外昆明本来就是鲜花之都,在不同的季节加入一些花瓣,如桃花、玫瑰花、桂花、菊花等,让酒香四溢的同时,更氤氲一股花香沁人心脾。"

陆总的发言带动了现场会议的气氛,负责运营的王总紧接着对消费服务时间问题发表了自己的看法:"如何尽量缩短煮酒时间,一直是产品面临的最大问题。而真正煮酒所需的时间很难再有改进,只能从其他用时方面着手。除了对煮酒师加以培训,熟练煮酒流程以最大化缩短时间之外,针对酒量需求大的顾客,如果一次消费酒量在2斤以上,那么可以提前煮好一壶(1壶约1斤重)或两壶酒。这样煮酒师一上门,就能让消费者喝上一壶酒,另外的再现场煮。这样既能节约全程煮酒时间,又能保证现场体验感。"

王总的提议得到了大家的肯定,最后负责营销的李总就服务模式方面发表意见:"一种模式的流行,除商业推动外,更需大众参与。如果想将煮酒模式推广到全国,需要白酒爱好者持续不断地加入分享,才能形成一种体验式煮酒浪潮。在后续商业链接中,只要客户在微信商城下单后,就推送一条煮酒的操作视频,最大化鼓励用户自己去操作煮酒并分享出去。后续更可以举办'醉酷煮酒师'评选活动,通过一系列奖励鼓励粉丝参与。"

几位领导的提议大体都达成了一致,并相继投入实战中。

### 五、路在何方

正当企业要大展拳脚之际,不幸的事情却发生了。新冠肺炎疫情爆发,春运期间迅速蔓延至全国,截至2020年1月29日,全国共有31个省区市启动重大突发公共卫生事件一级响应。疫情的爆发让所有行业都受到了冲击,餐饮业更是受灾严重。对于山客煮酒而言,正当品牌发力之际,却遭遇重挫,微信小程序的订单几乎处于一种停滞状态,原有订单全部被客户取消。主打体验式营销的山客煮酒没有了用户体验,几乎濒临崩溃。

如何才能带领企业走出困境,把损失降到最小甚至逆风翻盘呢?体验式营销是否可以学习"饿了么"外卖送餐,做到无接触服务体验?

(资料来源:中国管理案例共享中心)

### ☆案例分析与讨论

结合"案例文本展示"中的内容讨论和回答下列问题:

1. 创始团队花费八年时间反复打磨,终于完成了包括哪几个环节的一整套营销流程?
2. 分别说明本案例中所阐述的创意成果的名称和内容,并评价其优劣。
3. 案例中阐述的山客煮酒的目标市场是哪几类人群?
4. 案例中阐述的山客煮酒的市场定位是用哪几个字表述的?
5. 山客煮酒的价格是每壶198元,这个价格是否合适?怎样调整价格策略?
6. 案例中阐述了陆总带领团队提出了从产品和服务等方面所做的改进措施,这些措施是否妥当?你还有什么新的改进措施?
7. 面对新冠肺炎疫情爆发的严峻形势,山客煮酒应该怎样调整自己的营销策略?

### ☆案例解读与评析

3-2 案例解读与评析

# 项目四　营业推广策划

> **学习目标**
>
> 1. 理解营业推广策划的本质,熟悉营业推广策划的流程,熟悉营业推广工具,熟悉营业推广策划方案的结构形式,掌握撰写营业推广策划方案的方法。
> 2. 能够从案例中找出所使用的营业推广工具,体会营业推广工具的运用方法,会根据企业实际面临的营销环境选择和设计营业推广工具,能够撰写一份可行的营业推广策划方案。
> 3. 从营业推广策划的理论和案例中感悟营销策划人员应该具有的职业道德标准,并自觉地去修炼和养成。

## 任务一　了解营业推广策划本质

### 一、营业推广的概念

营业推广又称销售促进(sales promotion,SP),菲利普·科特勒把它定义为:"刺激消费者或中间商迅速或大量地购买某一种特定产品的促销手段,包括了各种短期的促销工具。"从这个定义可以看出,营业推广是指在短期内为了刺激需求而进行的各种活动,这些活动可以诱发消费者或中间商迅速地、大量地购买,从而促进企业产品销售的迅速增长。企业的营业推广对象包括消费者、中间商和推销员。

### 二、营业推广的特点

营业推广的方式多种多样,有以下几个明显特点。

#### (一)见效迅速

可根据顾客心理和市场营销环境因素,采取针对性强的营业推广方法,向消费者提供特殊的购买机会,具有强烈的吸引力和诱惑力,能够唤起顾客的广泛关注,立即促成购买行为,在较大范围内收到立竿见影的功效。

#### (二)具有一定的局限性和副作用

有些方式显现出卖者急于出售的意图,容易造成顾客的逆反心理。如果使用太多,顾客会怀疑此产品的品质及产品的品牌,或产品价格是否合理,给人以"推销的是水货"的错误感觉。

### (三) 具有直观的表现形式

许多营业推广工具具有吸引注意力的性质,可以打破顾客购买某一种特殊产品的惰性。它们告诉顾客说这是永不再来的一次机会,这种吸引力,尤其是对于那些精心打算的人是一种很强的吸引力,但这类人对于任何品牌的产品都不会永远购买,是品牌转换者,而不是品牌忠诚者。

### (四) 活动和政策具有短期性

营业推广活动的展开只在一个特定的时期内进行,活动不可能长期开展。活动期间采取的优惠促销政策也只能在活动期内有效,活动结束后营销政策就要恢复到正常水平。如果营业推广经常化、长期化,那就失去了促销的意义。

### (五) 目标明确且容易衡量

营业推广活动的开展都有一个十分明确的营销目标,促销方案是否有效,关键就看活动结束后促销目标的实现程度。

### (六) 与沟通群体具有互动性,可以形成良好的商业氛围和商业关系

营业推广往往需要消费者或中间商积极参与,只有把他们的积极性调动起来,刺激其需要,促进其实现消费,才能达到企业的目的。因此,营业推广方案强调与沟通群体的互动性,形成良好的商业氛围和商业关系。

## 三、营业推广策划的要求

营业推广策划就是企业根据企业营销目标,在充分研究市场的基础上,确定企业某一阶段或某一产品的营业推广目标,针对不同的促销对象,在适当的时机,选择富有创造性、激励性的营业推广工具,制订有效的营业推广促销行动方案。对营业推广策划的要求主要有以下四点。

### (一) 针对性

针对不同的促销对象,在不同市场背景下,应策划出不同的营业推广行动方案,有的放矢。这个"的"就是促销对象的需求和欲望、购买方式和购买心理。越是富有针对性的营业推广方案,其效果越明显。

### (二) 冲击力

所谓要有冲击力就是指策划方案对促销对象具有强烈的刺激性,能使其产生购买或大量购买的欲望,促使其立即采取购买行动。在市场竞争空前激烈的现代市场条件下,营业推广作为一种常规促销武器,已经被厂商广泛地使用着,普通的方式已经很难引发人们的注意,因此,需要精心策划富有冲击力的方案,去吸引促销对象,去创造销售业绩。

### (三)对抗性

营业推广策略的动力常常源于市场竞争。现代企业策划营业推广方案的目的已经不仅仅是像过去那样为了解决产品销售困难的问题,而是通过营业推广去主动参与竞争,从而扩大企业和产品的影响力,扩大产品销售率和市场占有率,来树立企业和产品的良好形象。因此,策划必须要充分认识到营业推广的市场竞争作用,使行动方案具有相当力度的对抗性。

### (四)创造性

营业推广策划在促销工具的选择和创造、方案实施地点和时间的确定方面要不断地创新,给促销对象以新奇独特的感受和刺激,以适应消费者求新、求异、求奇的心理特征,要力求做到不同于惯用的方式,要在细节上创新,实现以较小的投入,获取较大收益的效果。

## 四、营业推广策划的误区

### (一)创意好就等于成功一半

诸多广告人、营销人都在策划运用中求异、求新。但新颖、独特不是营业推广的最终目的,创意好的策划若得不到市场的承认,单有艺术性缺乏实用性,最终只能是秀一把,营业推广的最终目的还是要产生短期经济效益。不能让消费者产生购买欲望的策划方案,创意再好,也注定会失败。

### (二)不爱用旧方式,爱玩新花样

一些营销策划人员在策划时绞尽脑汁,不愿用旧方式、旧招数,似乎用旧招有失身份,唯有出新招、变换花样才能显示出策划水平。但从实际效果来看,只要符合消费者购物心理与习惯的方案就是最有效的,无所谓新与旧,传统与流行。是旧招好还是新招好,最终由市场中的消费者作出判断。

### (三)宁大勿小,程序复杂

许多营销策划人员都存在这样的误区,认为拿了客户的策划费,就应该想得多一点,搞得大一点。营业推广规模的大小,本身是有其辩证性的,没有标准可循。例如,有些看似规模大影响力大的营业推广活动,并不便于消费者直接参与,反而降低了自身效果,还不如一些小型活动能够起到立竿见影的效果。

值得注意的是,营业推广是一把"双刃剑",运用得好能破敌抢市场,运用得不好有可能造成"挥刀自残"的后果。营业推广策划的最大特征在于,它主要是战术性的营销工具,而非战略性的营销工具,它提供的是短期刺激,导致消费者直接的购买行为。

**相关链接**

**一次失败的促销**

某餐厅位于 A 市 A 区,名为"××私房菜馆"。这家餐厅位置很好,属于市中心的商业区,周边市场繁华,人们的消费能力也强。餐厅装潢精致,菜肴定价中档偏下。

为了扩大餐厅的影响力,开业后的第一个月,该餐厅推出菜肴价格打对折的促销活动,当时的生意十分好,第二个月,餐厅逐渐减少让利幅度,从打对折改为6.9折,之后恢复原价。经营了一段时间后,餐厅人气逐渐下降,生意也越做越差。餐厅装修有档次,消费也不高,怎么没人光顾呢?老板不知道是哪个环节出了问题。

策划人通过实地观察后,得出结论:

第一,餐厅名为"××私房菜馆",但与私房菜馆的装潢要求却并不相符。例如,餐厅包厢数量很少,餐位集中在大厅,缺乏私房菜馆讲究的"私密性",大厅桌椅设置都是卡座,餐位数很多,大厅内风格很清爽,这与私房菜馆的风格也不相符。

第二,厨房菜品以大众菜肴为主,贴近家常菜与土菜,与周边的家常菜馆几乎没有差别,不具有私房菜品的特点——独特性。

总体看来,其布局无私房菜馆的特色,菜品也无区别于其他饭店的优势。顾客开始受到低价吸引,来过之后看到没有独特的地方,去其他饭店也是一样,所以生意冷清是必然的结果。

从中得到的启示是:产品特色是保证促销效果的条件之一。

## 任务二　熟悉营业推广策划流程

营业推广策划是一项系统工程,需要对销售促进的每一个环节进行一系列的策划,具体分为以下5个步骤,如图4-1所示。

确定营业推广目标 → 选择营业推广工具 → 制订营业推广方案 → 实施营业推广方案 → 评估营业推广效果

图4-1　营业推广策划流程

### 一、确定营业推广目标

策划的第一步是要充分把握委托者的意图,确定该时期的营业推广目标是什么,然后有针对性地设计活动来达到目标。根据企业营业推广对象的不同,营业推广的目标也不同。

#### (一)针对消费者的营业推广目标

1. 吸引消费者试用

新产品上市时经常采用免费试用等方式吸引消费者。如,果汁饮料的免费品尝,效果非常好。

2. 争取其他品牌的使用者转向本品牌

创维电视机曾经开展过以旧换新营业推广活动。

3. 鼓励现有消费者持续购买

电焊条生产厂家为鼓励已有客户持续购买而推出各种优惠活动。

**(二)针对中间商的营业推广目标**

1. 增加销售渠道

企业为扩大销售渠道,吸引更多的经销商进货,可以针对中间商开展买赠等营业推广活动。

2. 排除竞争

包括建立中间商的品牌忠诚度,排除竞争对手。

3. 增加存货

通常销售旺季来临之前企业为增加中间商存货,展开营业推广活动诱导其大量购买,提高存货量,这样做的目的一方面是转移企业库存;另一方面也能在一定程度上起到排除竞争对手的作用。

**(三)针对推销员的营业推广目标**

(1) 鼓励推销员销售新产品。

(2) 刺激推销员开发新市场。

(3) 刺激推销员淡季销售产品。

## 二、选择营业推广工具

在选择营业推广工具时要考虑以下因素。

1. 营业推广目标

特定的营业推广目标往往对营业推广工具的选择有着较为明确的条件制约和要求,从而规定着营业推广工具选择的可能范围。

2. 产品特性

考虑产品处于生命周期的哪个阶段,不同阶段表现出不同的市场特点,对应不同的营销策略,此外还应考虑产品种类。

3. 营业推广对象(消费者、经销商、零售商)

不同的对象有不同的偏好,消费者往往比较感性,而经销商、零售商的购买行为却很理性。因此针对不同的推广对象要选择合适的营业推广工具。

4. 竞争对手的情况

企业在选择营业推广工具时,最好参考竞争对手以往开展促销活动时采用的营业推广工具,分析对手为什么选择这种工具,有什么优势及不足。

5. 营业推广预算

在选择营业推广工具前要"量入为出",根据本次营业推广活动的预算确定选择哪种工具。

## 三、制订营业推广方案

营业推广方案一般包含以下几个方面的内容。

### (一) 营业推广的形式

营业推广的形式是指采用何种营业形式。

### (二) 营业推广的范围

分为两项内容：产品范围和市场范围。

(1) 产品范围。不管是制造商还是经销商，出于各方面因素的考虑都不会经营单一的产品。因此，设计营业推广方案之前要考虑以下因素：① 本次营业推广活动是针对整个产品系列还是针对某一项产品。② 针对市场上正在销售的产品进行营业推广，还是针对特别设计包装的产品进行营业推广。

(2) 市场范围。一次营业推广活动可以针对全国甚至全世界所有的市场同时开展；也可以只针对某些地区开展；或在很多市场同步推出，在方案中都应当明确。

### (三) 促销商品的折扣率

对以往的营业推广实践进行分析和总结，力求引起最大的销售反应，并结合新的环境条件确定适合的刺激程度。

### (四) 营业推广的对象

明确营业推广的对象是消费者、中间商还是推销员。

### (五) 营业推广的媒介

决定如何将本次营业推广活动的信息传递给目标对象。

### (六) 营业推广的时间

营业推广的时间包括何时进行营业推广、何时宣布、持续时间及频率等。企业举办营业推广活动一般会选择合适时机。如：传统节假日、重大社会活动、企业周年庆典、竞争对手开展营业推广活动时、其他企业认为需要开展营业推广活动的时机。

### (七) 营业推广的预算

方案要根据营业推广的目标和范围等，确定一个适当的促销规模，制定出企业的促销经费预算，并将促销经费和资源分配到各种促销工具，形成预算安排。

### (八) 营业推广的限制

营业推广的限制是指营业推广对象必须具备什么资格才能参加营业推广活动。

除了以上内容之外，为保证营业推广活动的顺利开展，还必须制定其他的一些条款。如针对消费者的营业推广，要确定奖品的具体兑换时间、优惠券的有效期限、游戏规则等。针对中间商的营业推广应明确中间商付款的期限、购买的数额等。

## 四、实施营业推广方案

由于营业推广活动不仅需要消耗企业可观的费用，而且是一项公开的社会活动，因此企业实施营业推广方案之前首先必须对营业推广方案进行检验,审查通过后可小规模地选择几个卖场进行试点,通过实验改进方案中的不足。

在方案正式实施阶段,企业相关负责人一定要做好控制工作,保证营业推广活动严格按照具体操作计划来实施;同时及时收集营业推广过程中的信息,制定应对措施。

### 五、评估营业推广效果

为保证营业推广活动按计划、高效率地进行,保证营业推广工作的成效,应对每一次营业推广活动进行评估,从而总结经验,寻找不足之处,为企业改进营业推广工作提供依据,也为企业今后的营业推广工作提供宝贵的经验。

## 任务三 掌握营业推广策划工具

### 一、针对消费者的营业推广工具

针对消费者进行营业推广的工具非常多,而且新的工具还在继续被创造出来。不同的工具也可以相互结合起来使用,演变出更多的新工具。常用的工具有以下六大类。

#### (一) 有奖促销

有奖促销是指企业通过给予消费者某种奖励,来刺激消费者消费,可以让消费者获得意外的收益而购买商品或参与企业组织的旨在扩大影响、树立品牌知名度、美誉度的活动。奖额较大的促销活动还会造成某种轰动效应,引发范围较大的口碑传颂,甚至获得新闻媒体的"无偿"宣传,推动更多的消费者关注与参与。

1. 购物抽奖

消费者凭购物发票直接抽奖,或领取即开奖券刮卡兑奖,有的是先凭发票领取编号奖券,企业在指定时间公开摇奖,并通过媒体公告中奖号码。有的则在包装内某个位置印制中奖号码,或放置编号奖牌,购买后凭号兑奖,这种方式将中奖与购物联系在一起,购物越多,中奖机会越大,是一种扩大销售量的促销方式。

2. 竞争获奖

企业组织消费者参与精心设计的游戏、知识竞赛等生动活泼、富有情趣的竞赛活动,然后根据竞赛名次或成绩发放奖品或奖金。这种竞赛可以在销售点举办,也可以在媒体上进行,以扩大影响。竞赛内容多与企业、企业产品、品牌有关,虽然与产品销售没有太多直接联系,但因此而形成的巨大的社会影响力自然会带来促进销售的市场效应。

3. 集点奖励

集点奖励是一种推动消费者大量购买、重复购买的营业推广方式,将产品的购买数量同奖励直接挂钩,有利于扩大销量和形成品牌忠诚、抗拒竞争产品的影响。集点奖励的产品范围一般并不局限在同一产品上,往往扩大到同类产品和相关产品上,以促进较大规模的销售。

#### (二) 优惠促销

优惠促销是指企业通过给予消费者各种价格优惠,让消费者获得额外的物质利益和心理满足,来刺激他们采取购买行动或大量购买。优惠促销方式是一种"买就有机会""人人有份"的方式。调查显示,消费者普遍感到这种方式比有奖促销更实惠,也更公平。具体形式有:

1. 降价让利

企业通过降低售价、折扣销售等形式给消费者以价格优惠。在世界各国的消费市场上,这是一种十分流行的营业推广方式,很受消费者欢迎,但如果使用过于频繁、降幅过大,或先升后降等违规行为会使消费者产生某种疑虑,厂商形象会受到损害。借助节庆、季节转换、新产品上市等机会实施降价销售,效果较好。

2. 发放优惠券

由厂商通过邮寄、临时设点、放在包装内、在报纸杂志中刊载等方法发放优惠券给消费者,持券人可以在指定商店购买指定商品时享受折扣或其他优惠。这种方式运用范围较广,操作也简便,是最古老的但也是最有效的营业推广方式之一,有助于吸引消费者兴趣,提高其试用的积极性,也有助于扩大销售,扭转销售停滞或下滑的局面。

3. 发放优惠卡

近年来随着磁卡、芯片卡、电子虚拟卡等的广泛使用,一些大中型百货公司、餐饮娱乐公司纷纷推出优惠卡,让目标消费者在一个比较长的时间内重复或多次获取规定额度的价格折扣优惠。与一次性使用的优惠券相比,优惠卡在培养消费忠诚、稳定客源方面具有优势。优惠卡的发放还会让消费者产生某种心理满足感,所以优惠卡的名称设计多从这一点考虑,如"白金卡""贵宾卡""友情卡""丽人卡"等。

4. 退费销售

退费销售是指消费者在购买产品之后,企业在一定时间后定额甚至全额退还购货款。这种优惠促销方式具有很强的刺激性,尤其是全额退款的"还本销售"。定额退款在鼓励重复购买,培养消费忠诚方面有明显的作用,但是如果策划失误,也会给企业在利润和形象上造成重大损失。

5. 限时特价

近年来,我国零售市场上流行一种"限时特价"的优惠促销方式,即商店在某一时段里,对销售的商品实行价格折扣,超过这一时段则恢复正常价格。这一方式的价格折扣幅度通常较大,因而具有相当的刺激性。如金山公司在1999年10月份开展了全国范围内的名为"红色正版风暴"的营业推广活动,将原定价均为168元的"金山词霸"和"金山快译"降至均为28元销售,限时100天。有时降幅特大而限时较短,甚至为5分钟,形成一种"抢购"热潮,以造成轰动效应,某些超市,如家乐福等常以此招徕顾客,作为树立低价形象的手段之一。

## (三) 赠品促销

赠品促销是以免费赠送产品或其他礼品的方式,而不是以直接降价的方式来引发消费者试用或购买的兴趣。在产品日趋同质化的今天,它可以扩大产品销售,维护品牌形象,促进新产品的推广。

1. 样品赠送

企业针对潜在的目标消费者赠送样品,让消费者试用试吃,使他们能充分了解产品的性能、功效、口味、特点等,认识产品的价值,刺激他们购买产品的欲望,使产品能迅速进入市场。样品赠送的途径很多,可以派人上门派发,可以直接邮寄、定点分发,也可以在销售点供消费者试用试吃。样品赠送是一种最容易引导消费者参与的营业推广方式。但如果策划得不周密,也会引发事端,甚至损害企业形象。

2. 附加赠送

附加赠送的方式主要是在产品出售时,临时附加赠送一些其他产品,以吸引消费者的购买兴趣,推动消费。赠送的物品可以是产品本身,即真正的"买一送一",也可以是其他任何合适的产品。附加赠送的促销效果,在很大程度上与所挑选的赠品有关,要挑选那些能吸引消费者的、易于让人识别其价值的、与本产品使用相关的产品。

3. 包装赠送

包装赠送是以标准包装的价格销售加量包装的产品,即人们常说的"加量不加价"。如2000年春节期间,上海各超市销售的"维他麦"即溶麦片,在原来20个小包的标准包装袋里加赠5个小包,消费者可因此受益25%。包装赠送的产品一般都是原产品,其实质和降价促销一样,主要是吸引现有使用者来扩大购买,稳定现有消费群体,有时也能从同类产品的竞争者那里抢夺一部分顾客。

**相关链接**

**赠品如何具有吸引力**

(1) 新颖性。好奇是人的天性,新奇的东西无论对小孩还是成人,都有很大的吸引作用。例如,肯德基开发的录音卡通玩具启用青少年喜爱的"机器猫"形象,其左手是录音键,右手是播放键,可以随时录音,随时播放。可爱的造型和新颖的功能一下子抓住了青少年和白领消费者,也为肯德基带来了巨大的利润。

(2) 超值感。麦当劳推出9元的可乐冰杯,容量是售价4.5元的中杯可乐的二倍,杯子白送。其实这与普通的"买二赠一"方式如出一辙,只不过麦当劳很聪明地避开"买二赠一"的传统提法,将消费者的注意力集中在"超值"的杯子上,买这样一个杯子装的可乐虽然要9元,但是可乐分量也增加到4.5元的二倍,因此这个杯子是"不要钱的",反向推理出这个赠品很划算。

(3) 实用性。上海亚新生活广场曾将挤牙膏器作为赠品,它能将牙膏挤得干干净净。这个赠品价值不高,但是非常实用,很能打动精明的上海阿姆。

(4) 搭配性。买手机,送充电器、充电电池、耳机。这种搭配帮助消费者解决了购买产品后产生的连带问题,让消费者没有后顾之忧。

(5) 精致性。每一个细节都非常完美精致的物品会让消费者觉得这个赠品不同寻常。就拿麦当劳的杯子来说,它的外壁下半部分磨砂,可以防烫;吸管插在杯盖以上的部分比插入杯内的部分要粗,这样吸管可以正好固定在接近杯子底的地方;吸管上还有一个盖子,如此大杯的可乐一次喝不完就可以盖起来……这些细节足以让人动心。

(6) 多重价值。某方便面赠送"水浒108将"游戏卡,每张卡画面都很精美,可以收集;并根据儿童心理编制了这个游戏卡的游戏规则;如果收集一整套还有大奖。这样,小小的游戏卡就有了三重价值。

### (四) 展示促销

展示促销包括展览、展销、演示等具体方法,可以使厂商直接面对消费者,向他们直观、主动地展示自己的产品,并听取消费者对产品的意见和建议,实现双向信息沟通,促进产品销售。

**1. 展销会**

展销会作为一种营业推广方式,最近10年来在我国颇为流行,其规模可大可小,可某一企业独办,也可参加行业内的各种展销会,边展示产品边销售产品,也可现场与消费者交流,调查需求动向。同时在同行联合举办的展销会上,也可让消费者在众多同类产品的比较中认识本企业产品的独特价值,促进消费者作出有利于本企业产品的选择。

**2. 商品陈列**

企业利用销售点的货柜、货架和橱窗等陈列空间,充分展示自己的商品,让消费者能一目了然地了解商品。为了使产品夺人眼目,形成强烈的视觉效果,陈列商品的货架等常常摆放在人流较集中的中央通道、端架、收银台通道两旁等处,最好再用大的、独特且醒目的字体标识等加以提示,以吸引消费者注意,激发购买欲望。

**3. 现场演示**

现场演示就是企业派熟悉产品性能的员工在销售现场进行产品生产、操作使用的表演和示范。这种方式能立即显示产品的效用、功能,给消费者以直观的印象和良好的信任,以适应消费者"耳听为虚,眼见为实"的心理特征,带有戏剧性的现场演示更能吸引消费者,会令他们经久不忘,更增添对产品的购买欲望,邀请消费者直接参加演示则更有奇效。

**4. 包装促销**

在正常包装之外,添加一件简易装,以较正常价格略低的价格销售产品,这对那些消费者自己使用、购买频率较高的产品,具有很好的促销作用,消费者认识到稍低的价格是省掉了无用的包装费用,产品质量不变,而价格更实惠。

**5. 路演促销**

路演促销是企业在超市卖场或其他场所开展现场宣传活动,通过与消费终端的直接沟通来树立品牌形象,并在活动中推荐或销售产品,直接拉动产品现场销售的促销方法。路演促销策划的程序包括:设定活动主题、选择路演形式(主要有劲歌、热舞、游戏、魔术、曲艺、模特表演、产品信息发布、产品展示、产品试用、优惠热卖、现场咨询、填表抽奖、礼品派送、有奖问答、文艺表演、比赛等)、选择恰当的路演时间和地点、精心组织路演活动。

#### 相关链接

**路 演 流 程**

(1) 热场:播放快节奏的歌曲吸引人流,同时发放DM单。

(2) 主持人上场:介绍本次活动的内容以及奖品的设置。例如,告知观众在活动期间购买该产品将获得什么优惠,凡到场的新老顾客凭什么东西可以获得什么意外的惊喜,现场观众将获得什么礼品等。

(3) 有奖问答:主要是吸引更多的观众参与,实现与观众的互动,问题一定要和产品推广有机结合起来。

(4) 介绍活动：再次利用简洁的语言向观众宣传产品的特点。
(5) 开始游戏：首先简单介绍游戏规则，然后通过简单、互动式的游戏环节让观众了解更多产品信息。
(6) 现场抽奖：现场抽出本场的获奖者并举行颁奖仪式。
(7) 结束语：在讲结束语的同时，主持人应该提醒现场观众下一场路演活动的时间和地点，并告诉他们产品专柜及咨询处的详细地址和联系方式。

### （五）服务促销

服务促销是指企业以某种形式向消费者提供服务，满足他们在使用产品中所需要的利益需求，以其赢得消费者对企业和品牌的好感而促进销售，这是一种更为有效的营业推广促销方式。

1. 产品保证

企业向消费者提供产品售后的退货、换货、维修、保养、安装、送货、保险、咨询、零配件供应、配套产品供应等各种保证，以解除消费者购买、使用和处置产品的后顾之忧，消除他们用好产品的可能障碍，这一方式的促销作用十分明显，尤其对那些消费者不太熟悉的高科技产品，更是如同一粒定心丸，使消费者放心购买，放心使用，并且这一促销方式对于树立良好的企业形象，培养忠诚的消费者也有很大的作用。

2. 知识讲座

企业通过散发产品宣传资料、开设知识讲座、介绍与产品有关的科学技术知识，引导消费者正确认识和使用本企业产品。这在高科技产品层出不穷的知识经济时代，对于诸如计算机、保健品、化妆品等科学技术含量比较高的产品，是一种十分有用的促销方式。

3. 以旧换新

以旧换新的旧产品可以是本企业的，也可以是非本企业的同类产品。企业将旧产品折价，作为购买新产品的价格的一部分，消费者只要补足差额即可。这种促销方式在产品更新换代速度不断加快的今天，具有培养消费者品牌忠诚度、扩大市场占有率的良好效果。

### （六）信用消费

所谓信用消费是一种从商业信用和银行信用中独立出来的信用形式。消费者凭借自己的信用取得产品的使用权，然后通过信用消费来取得产品的所有权。

1. 分期付款

分期付款是一种给消费者提供购物资金支持的促销方式。企业以低息、甚至免息贷款等贴息形式为消费者垫付部分货款，消费者在固定的时期内分期偿付。这在发达国家早已是非常流行的促销方式。在我国，单价较高的大件耐用消费品、汽车、住房等也开始运用这一促销方式。

2. 消费贷款

消费贷款是分期付款的特殊形式。分期付款的实质是企业垫付，这对厂家是不公平的，也是高风险的。而通过消费贷款购买产品为消费者提供了方便，也为生产企业降低了风险，是一种较好的促销方式。一般在实施的时候，银行都要求担保和资产抵押等。

### 3. 按揭付款

按揭付款是消费贷款的特殊方式。无论是分期付款还是消费贷款,都存在所说的"担保瓶颈"。无人担保也无物抵押者将难以实现信用消费。因此按揭贷款的"买啥押啥"就有相当的合理性和吸引力。

### 4. 租赁消费

通过租赁来促进销售的一种常用策略。一般中小企业无能力一次性投资购买某些商品,只能向一些专业的租赁公司租用。

### 5. 免费试用

即通过让消费者免费试用来体验产品的性能,促进消费者购买的一种手段,如汽车行业销售中常用的试乘试驾就取得了较好的效果。所谓试乘试驾是指通过用户的尝试驾驶和乘坐体验,来加强他们对汽车的了解,培养他们对汽车的情感,从而激发其购买动机的促销策略。据研究,消费者在试乘试驾后,决定购买的可能性是在展厅内参观后决定购买的5倍。

## 二、针对中间商的营业推广工具

企业针对中间商开展营业推广活动的主要目的是为了加强双方合作,激励他们积极主动地销售本企业产品,提高企业及产品的市场知名度和美誉度。

### (一)让利优惠

让利优惠是适用于中间商的最重要的营业推广方式。企业通过交易折扣以及提供广告津贴、陈列津贴、采购费用补贴等方式,让利给中间商,以降低其销售成本,调动其销售积极性。

#### 1. 交易折扣

交易折扣是企业对中间商使用的最为普遍的不可缺少的营业推广方式,包括:① 现金折扣,即企业为按约定日期以现金付款的中间商提供一定的价格折扣;② 数量折扣,即企业根据中间商采购数量或金额大小给予大小不同的折扣,包括累计数量折扣和非累计数量折扣;③ 季节折扣,即企业给予在产品销售淡季采购产品的中间商以一定折扣优惠,通常这一折扣率较高,可达30%以上。

#### 2. 随购赠货

企业往往向采购数量较大的,或采购新产品的,或采购易耗易碎产品的中间商额外赠送若干数量的产品,以变相折扣的方式让利给中间商,降低其采购成本。

此外,企业也可将印有公司标识的各种促销礼品赠送给中间商,这种方式的作用主要是为了联络感情,扩大企业影响,而不是一种让利促销方式。

#### 3. 合作广告

企业以合作广告的方式,承担一部分中间商为本企业产品进行广告宣传的费用。这种方式有利于双方建立和保持长期伙伴关系,也有利于扩大企业和产品的影响。一些经济实力较强、产品广告覆盖较广的企业,常常采用这种方式给予中间商经济支持,争取获得对方的良好合作,促进产品的销售。

### (二)销售竞赛

销售竞赛是指企业为激励中间商在一定时间内尽可能多地销售本企业产品而开展的各

种竞赛活动。对竞赛参与者进行精神与物质奖励,能有效地调动他们的销售积极性。

1. 销量竞赛

销量竞赛是销售中最常使用的一种方式。由于销售量易于测量,竞赛组织和实施奖励对企业而言比较简单易行,对于不同性质、不同规模的中间商制定不同的奖励办法和奖励标准十分重要,要让中间商在参加竞赛后有较大的获奖机会,才能吸引他们参与其中。

2. 陈列竞赛

企业产品在中间商货架上的陈列位置、陈列数量和陈列技术,对于产品销售的促进作用很大。为了提高产品在销售点的陈列质量和陈列数量,企业采用竞赛方式,无疑是最容易达到目的的做法,而且运作成本相对而言也不太高。

3. 销售技术竞赛

销售技术竞赛主要是针对零售商的,具体项目可以设计得很多,经常开展同样有利于产品促销。这些方式包括销售员接待顾客的技术和艺术、说服顾客的技术和艺术、演示产品的技术和艺术等。

### (三) 展览展示

针对中间商的产品展览和展示、演示促销方式与针对消费者的展览展示、演示方式有许多共同之处,许多展览会、博览会、演示、陈列等方式同样适用于中间商,促销企业在推出新产品时,一般首先是针对中间商进行展览展示,然后由他们直接面对消费者开展类似的促销活动。

### (四) 服务促销

企业通过为中间商提供各种服务支持来调动中间商销售积极性的方式很多,主要有以下几种方式。

1. 业务会议

企业经过精心策划后,邀请中间商参加各种业务会议,在会上宣传企业新产品、新策略,提供有关市场需求、供应、竞争态势、新技术动向等方面的信息,为中间商的销售活动提供信息支持,同时又可在业务会议中沟通感情,建立良好的合作关系。

2. 发行企业刊物

企业利用刊物,向中间商传播有关产品、市场等方面的信息和销售技术、管理经验等信息,以促进中间商的销售和管理。

3. 培训销售人员

企业主动为中间商培训销售人员,提高他们的销售艺术和维修技术,也是一种重要的促进中间商有效扩大销售本企业产品的营业推广方式。此外,提供相关产品知识、举办经营研究会议、协助中间商改善经营管理、提高销售效率等都对促进产品销售大有帮助。

4. 采购支持

采购支持是企业为帮助中间商降低采购成本而经常使用的营业推广方式。这种支持的具体方式有:① 向中间商提供各种订货单据、表格和计算机网络设备,使他们更方便、更节约地完成订货和购买;② 向中间商提供订购服务、及时交货、就近交货等;③ 向中间商提供库存支持,企业负责产品的库存,一旦中间商需要,企业可以立即送货上门。

5. 退货保证

为了解除中间商的后顾之忧,鼓励其大量采购,企业也可以采用这种促销方式,向中间商提供规定时间内退货和换货的保证。

### 三、针对推销员的营业推广工具

针对企业推销员的营业推广方式,通常与企业的管理制度和奖励制度结合在一起。

#### (一)企业培训

培训推销员的目的是帮助他们树立现代推销观念、坚定推销信心、增长销售知识、提高销售能力。培训的内容十分广泛,包括企业的营销战略、营销目标、产品的结构、性能、效用和差别优势,产品的使用、保养、维修技术,以及目标消费者的特点,市场竞争者的策略和战术等,也包括企业推销员的各种管理制度、操作规范等。

#### (二)推销手册

为指导推销人员更有成效地推销产品,不少企业都请各方面专家精心编制包括销售激励项目、企业资料、产品资料、价目表、订单等内容的推销手册。推销手册的内容十分丰富而且实用,是推销员的重要促销工具。

#### (三)销售竞赛

销售竞赛是指在一定时期内,企业在推销员中间开展形式多样的销售竞赛活动,对成绩优良者给予各种奖励的营业推广方式,是企业最常用的激励手段之一。

销售竞赛的项目很多,可以是销售额的高低,也可以是回款率的高低、折扣率的高低、新客户开发率等。对竞赛优胜者的奖励既可以是金钱,也可以是奖杯、荣誉证书、推销员等级称号等。最好的奖励办法是把物质奖励与精神奖励结合起来,以满足推销员对物质利益和精神满足的双重追求。

## 任务四 撰写营业推广策划方案

一份完整的营业推广策划方案一般包括活动目的、活动对象、活动主题、活动方式、活动时间和地点、广告配合方式、活动前期准备、活动中期操作、活动后期延续、费用预算、风险防范、效果预估十二个部分。

### 一、活动目的

活动目的部分应对市场现状及活动目的进行阐述:市场现状如何;开展这次活动的目的是什么;是处理库存,是提升销量,是打击竞争对手,是新品上市,还是提升品牌认知度及美誉度。只有目的明确,才能使活动有的放矢。

举例:打开东北地板市场,提高地板销量;帮助消费者形成购买习惯,建立品牌忠诚;提高中间商的存货储备。

## 二、活动对象

活动针对的目标是市场的每一个人还是某一特定群体；活动控制在多大范围内；哪些人是促销的主要目标；哪些人是促销的次要目标。这些选择的正确与否会直接影响到促销的最终效果。

举例：参与本次活动的各合作单位的全部顾客；周围小区亟须装修的房主。

## 三、活动主题

选择促销主题，要考虑到活动的目标、竞争条件和环境以及促销的费用预算和分配。主要是解决两个问题：第一，确定活动主题；第二，包装活动主题。在确定了主题之后要尽可能艺术化地"扯虎皮做大旗"，淡化促销的商业目的，使活动更接近于消费者，更能打动消费者。

举例："逛店有宝"联动出击；无锡首届维C健康小姐大赛；××地板，建造你的新世界；每日维C的健康生活。

## 四、活动方式

有两个问题要考虑：第一，确定伙伴。是厂家单独行动，还是和经销商联手，或是与其他厂家联合促销。和政府或媒体合作，有助于借势和造势；和经销商或其他厂家联合可整合资源，降低费用及风险。第二，确定刺激程度。要使促销取得成功，必须要使活动具有刺激力，能刺激目标对象参与。刺激程度越高，促进销售的可能性越大。但这种刺激也存在边际效应，因此必须根据促销实践进行分析和总结，并结合客观市场环境确定适当的刺激程度和相应的费用投入。

举例：凡在元旦之日购买××地板的客户将享受九折优惠并获赠精美的礼物；

凡在各大超市参加此活动并一次性购买××月饼满108元，就可凭超市小票参加超市抽奖活动，每张小票只能抽取一次，多抽无效。

奖品设置如下：一等奖10名，奖月饼购买券100元；二等奖50名，奖月饼购买券50元；三等奖100名，奖月饼购买券20元。另参与者均可获得××系列食品一份。

## 五、活动时间和地点

在时间上尽量让消费者有空闲参与，在地点上也要方便消费者，而且要事先与城管、工商等部门沟通好。不但发动促销战役的时机和地点很重要，而且持续的时间也要恰当，持续时间过短会导致在这一时间内无法实现重复购买，很多应获得的利益不能实现；持续时间过长，又会导致费用过高而且市场形不成热度，并降低在顾客心目中的身价。

举例：时间：2021年10月30日起至11月28日止；元旦（1月1日）一天。地点：参加本次活动的各合作单位卖场内；无锡崇安寺广场。

## 六、广告配合方式

一个成功的促销活动，需要全方位的广告配合。选择什么样的广告创意及表现手法，选择什么样的媒介炒作，这些都意味着不同的受众抵达率和费用投入。

举例：户外媒体：步行街入口处灯箱一块——活动内容告示；各合作单位：店内POP

吊牌悬挂、海报张贴、灯箱展示；在《江南晚报》上刊登"无锡首届维C健康小姐大赛"的消息，介绍参赛条件、比赛方式以及奖品。

### 七、活动前期准备

活动前期准备分为三部分：① 人员安排。要人人有事做，事事有人管，无空白点，也无交叉点。谁负责与政府、媒体沟通，谁负责文案写作，谁负责礼品发放，谁负责顾客投诉，各个环节都要考虑清楚。否则就会临阵出麻烦，顾此失彼。② 物资准备。要事无巨细，大到车辆，小到螺丝钉，都要罗列出来，然后按单清点，确保万无一失，否则必然导致现场忙乱。③ 试验方案。由于活动方案是在经验的基础上确定的，因此需要进行必要的试验来判断促销工具的选择是否正确，刺激程度是否合适，现有的途径是否理想。试验方式可以是询问消费者、填写调查表或在特定的区域试行方案等。

举例：与小区的物业管理部门和社区内的居委会协商活动开展相关事宜；确定场地布置方案，使得能够吸引消费者的注意力；租用一套音响及灯光设备；请一个专业主持人和一些演员，穿一些气模服装来吸引消费者；准备地板的知识问答题和一些要进行地板实验的工具；印发一定数量的传单和优惠券，主要是宣传本次活动的地点、时间和地板的介绍；制作并悬挂条幅"庆元旦，××地板大酬宾"。

### 八、活动中期操作

活动中期操作主要是活动纪律和现场控制。同时，在方案实施过程中，应及时对促销范围、强度、额度和重点进行调整，保持对促销方案的控制。

举例：抽奖事项安排：由公司策划部负责抽奖设施的安排（包括桌椅、抽奖箱和奖券等）；销售高峰期控制人流量，避免出现混乱无序的局面。

### 九、活动后期延续

活动后期延续主要是媒体宣传的问题，将采取何种方式在哪些媒体对这次活动进行后续宣传。

举例：本月下旬在《江南晚报》健康生活专栏中以专家名义发表一些科普性文章，引导人们对维C的进一步认识；分别针对大学生市场、白领阶层及各种团体市场拟出专门的公关宣传方案。

### 十、费用预算

对促销活动的费用投入和产出应作出预算，还必须针对各个可能出现的意外事件做必要的人力、物力、财力方面的准备。

举例：

广告费用（海报、条幅、吊旗、灯笼等）：约 8 000 元。

奖品及赠品费用：约 4 000 元。

人员工资等其他费用：约 8 000 元。

机动费用：1 000 元。

合计：约 21 000 元。

## 十一、风险防范

每次活动都有可能出现一些意外,如政府部门的干预、消费者的投诉,甚至天气突变导致户外的促销活动无法继续进行,等等。必须针对各个可能出现的意外事件做必要的人力、物力、财力方面的准备。

举例:如遇下雨(小到中雨),在舞台和观众席上搭建雨篷,并派发雨伞,活动照常进行;如下大雨,活动延期;在小区进行,可能给小区的住户带来不便,事先要预计小区的交通问题,可用一些指路标志来指示道路;优惠券的发放,有可能会出现哄抢的情况,所以必须安排维持秩序的工作人员。

## 十二、效果预估

预测这次活动会达到的效果,以利于活动结束后与实际情况进行比较,从刺激程度、促销时机、促销媒介等各方面总结成功点和失败点。

例如,入店人数:预计增加 10 000 人;入店消费人数:预计 300 人次,正常套系消费 100 对,平均消费价¥3 000,合计¥300 000;免费套系 200 人次,后期消费 200 元/人次,合计¥40 000。共计¥340 000(营业额/月)。产生轰动效应,短期聚集人气,结合两次大型"欢乐嘉年华"外展活动,促使本月营业额创造新高。

# 知 识 巩 固

一、判断题(正确的打√,错误的打×)

1. 刺激消费者或中间商迅速或大量地购买某一种特定产品的促销手段叫作营业推广。( )
2. 营业推广策划创意好就等于成功一半。( )
3. 营业推广策划应宁大勿小,程序复杂。( )
4. 营业推广策划不应该用旧方式,应该玩些新花样。( )
5. 对营业推广策划的要求主要有以下四点:第一,针对性;第二,冲击力;第三,对抗性;第四,创造性。( )
6. 营业推广工具分为三大类:即针对消费者的营业推广工具、针对中间商的营业推广工具和针对推销员的营业推广工具。( )
7. 企业为按约定日期以现金付款的中间商提供一定的价格折扣就是现金折扣。( )
8. 企业根据中间商采购数量或金额大小给予大小不同的折扣,包括累计数量折扣和非累计数量折扣就是数量折扣。( )
9. 企业给予在产品销售淡季采购产品的中间商以一定折扣优惠,通常这一折扣率较高,可达 30%以上,这就是季节折扣。( )
10. 商店在某一时段里,对销售的商品实行价格折扣,超过这一时段则恢复正常价格,这种促销方式叫作限时销售。( )

二、单项选择题

1. 下列是针对消费者的营业推广目标的有( )。
   A. 增加存货　　　　　　　　　　B. 增加销售渠道

C. 排除竞争 D. 争取其他品牌的使用者转向本品牌
2. 下列是针对中间商的营业推广目标的有( )。
   A. 增加存货 B. 吸引消费者试用
   C. 争取其他品牌的使用者转向本品牌 D. 鼓励现有消费者持续购买
3. 下列是针对推销员的营业推广目标的有( )。
   A. 增加存货 B. 吸引消费者试用
   C. 争取其他品牌的使用者转向本品牌 D. 鼓励推销员销售新产品
4. 营业推广对象不包括( )。
   A. 消费者 B. 经销商 C. 零售商 D. 供应商
5. 营业推广策划的要求不包括( )。
   A. 针对性 B. 冲击力 C. 对抗性 D. 创造性
   E. 广泛性
6. 不属于有奖促销方式的有( )。
   A. 购物抽奖 B. 降价让利 C. 竞争获奖 D. 集点奖励
7. 不属于优惠促销方式的有( )。
   A. 降价让利 B. 发放优惠券 C. 发放优惠卡 D. 商品陈列
8. 不属于展示促销方式的有( )。
   A. 商品陈列 B. 现场演示 C. 包装促销 D. 包装赠送
9. 不属于服务促销方式的有( )。
   A. 产品保证 B. 知识讲座 C. 以旧换新 D. 分期付款
10. 不属于信用消费方式的有( )。
    A. 分期付款 B. 消费贷款 C. 按揭付款 D. 以旧换新

### 三、多项选择题

1. 营业推广的特点包括( )。
   A. 见效迅速
   B. 具有一定的局限性和副作用
   C. 具有直观的表现形式
   D. 活动和政策具有短期性
   E. 目标明确且容易衡量
   F. 与沟通群体具有互动性,可以形成良好的商业氛围和商业关系
2. 营业推广策划的要求包括( )。
   A. 针对性 B. 冲击力 C. 对抗性 D. 创造性
3. 营业推广策划的流程包括( )步骤。
   A. 确定营业推广目标 B. 选择营业推广工具
   C. 制订营业推广方案 D. 实施营业推广方案
   E. 评估营业推广效果
4. 在选择营业推广工具时应该考虑的因素有( )。
   A. 营业推广目标 B. 产品特性 C. 营业推广对象 D. 竞争对手的情况
   E. 营业推广预算
5. 营业推广方案的内容一般包含( )。

A. 营业推广的形式　　　　　　　　B. 营业推广的范围
C. 促销商品的折扣率　　　　　　　D. 营业推广的对象
E. 营业推广的媒介　　　　　　　　F. 营业推广的时间
G. 营业推广的预算　　　　　　　　H. 营销推广的限制

6. 针对消费者的营业推广工具包括(　　)。
A. 有奖促销　　B. 优惠促销　　C. 赠品促销　　D. 展示促销
E. 服务促销　　F. 信用消费

7. 针对中间商的营业推广工具包括(　　)。
A. 让利优惠　　B. 销售竞赛　　C. 展览展示　　D. 服务促销

8. 针对推销员的营业推广工具有(　　)。
A. 企业培训　　B. 推销手册　　C. 销售竞赛　　D. 信用消费

9. 让利优惠促销主要包括(　　)。
A. 交易折扣　　B. 随购赠货　　C. 合作广告　　D. 销量竞赛

10. 针对中间商的服务促销主要包括(　　)。
A. 业务会议　　B. 发行企业刊物　　C. 培训销售人员　　D. 采购支持
E. 退货保证

## 案 例 分 析

### 案例一　××品牌护肤品营业推广策划方案

☆案例文本展示

**一、活动目标**

通过本次活动来提升广大师生对××品牌的认知度和美誉度,并对冬季系列护肤品进行促销。

**二、目标市场**

××学院全体师生。

**三、活动主题**

您的肌肤我来呵护。

**四、广告配合方式**

以"××品牌能给肌肤最温和的呵护"为主题,以POP为主要宣传方式,包括横幅、宣传单、海报、抽奖券,并辅以学校广播进行宣传。

**五、促销时间及地点**

1. 促销时间：2021年12月4—5日(周末)。
2. 促销地点：学院西区灯光球场。

**六、前期准备**

1. 人员安排。公司内部促销人员分为三组,每组选出一名组长,组长对本组的工作负有直接责任。一组负责现场的促销和介绍;二组负责进行免费试用和猜猜看活动以及礼品的发放;三组负责现场的布置和控制。并设专人负责与学校的沟通,专人负责处理顾客投诉,做到"人人有事做,事事有人管",无空白点,无交叉点。

2. 物资安排。准备好现场试用品、礼品、横幅、宣传单、海报、抽奖券、氢气球、音响设备、专家授课时所需的道具。

### 七、现场布置

1. 在灯光球场四边的树上拉上横幅,一共是四条横幅。
2. 灯光球场右边设置六组桌椅,每组两张桌椅,两名专业人员,包括一名专业美容顾问和一名促销人员,左边同样设置六组桌椅,每组一张桌椅,一名工作人员专门负责促销活动,每组桌子前方都摆上一张宣传海报。
3. 舞台上方悬挂横幅并在周围装饰浅紫和粉红两种颜色的氢气球,左右两边再分别放两张大海报。

### 八、活动项目

1. 项目1 活动名称:专家现场授课。活动内容:在西区的灯光球场,聘请护肤专家现场为广大师生讲解主要肌肤问题,怎样美白保养皮肤以及如何选择和使用护肤品。
2. 项目2 活动名称:一对一诊断皮肤。活动内容:在灯光球场设置几个专家桌,现场一对一为感兴趣的师生诊断其肌肤类型及问题,并为其提出解决方法,推荐其适合的护肤品。
3. 项目3 活动名称:免费试用。活动内容:在灯光球场设置六张桌椅,每张桌子上摆上一定数量的××试用品并配上一名促销小姐,专门为感兴趣的顾客提供免费试用并介绍产品。
4. 项目4 活动名称:猜猜看。活动内容:促销小姐在消费者的左手和右手手背分别倒上××品牌的护肤品和一般品牌的护肤品,让消费者自己涂抹感受两种产品的不同,并猜出哪一只手涂的是××品牌产品,猜对者即可得到××试用品一支。
5. 项目5 活动名称:抽奖。活动内容:在场观众免费领取抽奖券,凭此抽奖券可以参与现场的抽奖活动。现场的抽奖活动分三次进行,每次抽取三名幸运观众,幸运者免费获得××产品试用品一套。
6. 项目6 活动名称:买产品送会员卡。活动内容:凡在活动期间购买××产品的顾客将获××品牌会员卡一张,凭此会员卡在以后购买××产品时将会获得9折优惠并且在××品牌官方网站注册将会有专业的美容顾问专家在任何时间为其解决美容问题。
7. 项目7 活动名称:买100送25。活动内容:在现场购买××产品满100元的顾客除了获得会员卡一张以外,还将获赠价值25元的××品牌冬季护肤品一支。

### 九、费用预算

(一)活动部分

1. 礼品费用500元,其中"猜猜看"活动300元,抽奖活动200元。
2. 杂项费用600元,包括场地费、车费、海报、横幅、宣传单、抽奖券和现场布置的各项费用。

(二)人员部分

1. 聘请专家和美容顾问3位,费用600元。
2. 本公司的促销人员每天底薪30元加提成,工作人员每天35元,预计费用600元。

总计:2 300元人民币。

### 十、效果评估

(一)形象评估

通过此次活动来达到消费者对品牌的认知度和美誉度,运用专家现场授课的方式进行软文化传播,提高消费者对肌肤的认知,引发消费者重视,从而刺激消费,以免费试用的方式来强化消费者的记忆,树立××品牌在消费者心中的品牌形象。

(二)经济评估

通过"买100送25"等各种优惠活动来刺激消费者的购买欲望,再加上良好的服务态度来促成交易,从而扩大购买群体,提升××品牌产品的销售量。

(资料来源:百度文库)

☆案例分析与讨论

结合"案例文本展示"中的内容讨论和回答下列问题:

1. 本方案由哪几大部分组成?方案的完整性和细化程度如何?
2. 本方案中设计了哪些促销活动?这些促销活动效果如何?

☆案例解读与评析

图4-1 案例解读与评析

## 案例二 构建双赢:Oriole美甲沙龙的联合促销策划方案

☆案例文本展示

2020年1月新冠肺炎疫情全面爆发,许多企业的经营都受到了重创,Oriole美甲沙龙这种靠顾客到店提供服务的企业更不例外,疫情期间店铺关门歇业,生意陷入了全面停滞。3月末,随着疫情逐步得到控制和缓解,Oriole美甲沙龙所在的北京颐堤港购物中心也渐渐开始重拾人气。老板苏菲在几名美甲师从外地归来并结束隔离之后,也开始重新营业。可尽管重新开张,店里生意却大不如前,不仅与1月份的火爆生意无法相比,就连以往最淡的淡季都无法与之相提并论。可一些相邻的餐饮业店铺,相比于Oriole美甲沙龙,人气却旺得多。尤其是一些网红餐饮店铺,人气不但丝毫没有减弱,仿佛有超过疫情之前的势头。苏菲明白,相比于餐饮业,美甲行业在健康受到威胁的时候,其需求确实更为疲软。而网红店铺在疫情封闭期间吸引了更多人的眼球,也确实不可小觑。可她又不甘心,揣摩着如何才能借这些网红店的人气也让自己的美甲沙龙跟着沾沾光,提升些人气呢?苏菲突然想起,从数年前新店开张不久第一次听说联合促销,到不断摸爬滚打地探索联合促销的成功奥妙,再到后来自己成为联合促销的行家,几年来自己在联合促销的探索之旅,渐渐浮现在眼前……看来这次苏菲需要采用联合促销的法宝来帮助企业走出困境。

**一、联合促销初体验**

苏菲第一次听说联合促销还是在创业之初,刚刚成立这家美甲沙龙的时候。当时美甲沙龙成立不久,苏菲急需通过促销的方式让更多消费者知道颐堤港开了一家高端美甲沙龙,从而打开销路。可由于新店开张,启动资金有限,在保证店面运营的前提下,苏菲已没有多少资金能够用于宣传和促销了。当时,她唯一能够承担起的促销方法也就是发放传单了,可苏菲印了很多传单找人在购物中心和周边发放,却收效甚微,这让苏菲颇感头疼。

在一次与友人的聚餐中,苏菲把美甲沙龙经营的窘况向自己在广告公司的朋友倾诉,这位朋友向她推荐了一个办法——联合促销。那晚,朋友不厌其烦地向苏菲说了很多,而苏菲记忆最深刻的就是：联合促销是与其他产品、品牌或者公司合作进行促销活动来帮助企业吸引消费者，且联合促销最适合在新店开张、新品推出、资金规模有限、行业竞争激烈、出现社会热点的时候采用。苏菲一听，就知道这种办法正适合自己，于是联合促销这一陌生的名词从那一晚起，在她心中留下了深刻的烙印。

第二天一大早，苏菲就迫不及待地在网络上搜索关于"联合促销"方面的相关资料。她发现联合促销的合作对象主要有两大类型：第一种类型的合作对象是企业的供应商和渠道成员，与他们之间形成的联合促销被称作纵向型联合促销，纵向型联合促销最大的优点是联合企业之间的目标市场十分一致，同一产品销量的增加对联合各方都有利，因而较易找到合作伙伴；第二种类型的合作对象是不同的产品或品牌，与其形成的联合促销被称为横向联合促销，合作的产品或品牌可以来自不同行业的企业、同行业内的竞争企业或同一企业。苏菲通过分析发现，她的美甲沙龙比较适合横向联合促销，通过与其他产品或品牌的合作，发挥促销效果。

对联合促销有了一定了解后，苏菲马上开始行动，并将第一个合作对象确定为美甲沙龙对面的COSTA咖啡。这家咖啡店门口的人流每天都络绎不绝，生意十分火爆。苏菲想，追求情调的女孩子结伴逛街累了，喝着咖啡、做做美甲一定是不错的选择。若能与COSTA咖啡进行联合促销，势必能够为Oriole美甲沙龙引入一部分客流，达成1+1>2的促销效果。

随后苏菲与COSTA咖啡店商谈联合促销合作意向，制订了联合促销方案以及活动内容流程。与COSTA咖啡店的合作，的确为Oriole美甲沙龙引入新的客流量。在服务的过程中，顾客也能够感受到Oriole美甲沙龙环境的高端和美甲师技艺的精湛。这次活动将新顾客极大程度地转化为忠实群体，达到了预想的增大客流量、提高知名度和顾客转化率、提升营业利润的完美效果。

**二、渐入佳境——多品牌合作**

经历了联合促销的初尝试后，苏菲对开展联合促销充满了信心。此时正赶上Oriole美甲沙龙所在的颐堤港购物中心迎来"周年庆"活动，颐堤港购物中心也想通过联合促销刺激消费者的购买欲望，提高商场内的营业额。于是，购物中心向一些商家发出了联合促销的邀请，苏菲也在受邀之列。刚刚尝到联合促销甜头的苏菲自然对此次邀约表现出了极大的兴趣。她向购物中心要了意向合作商家名单，发现许多受邀商家都是她想尝试合作的对象，例如电影院、冰淇淋店等。在这些合作对象中，苏菲也没有发现与自己处于同一行业的竞争品牌商家，且邀请对象均为高端品牌，与自身美甲品牌的市场定位相匹配，所以苏菲向商场表示了参与联合促销的意愿。

在确定加入这次联合促销活动之后不久，苏菲便收到购物中心发给她的联合促销初拟计划，包括与各商家之间的联合促销的具体细节。中心在向商家发放初拟计划的两周内，与参与商家对促销计划进行了反复沟通，敲定各品牌之间的联合促销方案。在合作方案确定下来之后，在购物中心的主持下，各商家之间签订了联合促销协议。之后在购物中心的主导下，各商家之间开始了为期长达一个月的联合促销活动，并获得了非常好的效果。苏菲的美甲沙龙从电影院、冰淇淋店等跨品牌合作商那里获得了更多顾客，很多顾客最终成为Oriole美甲沙龙的会员。

**三、联合促销之路的"滑铁卢"**

在此前的联合促销中，Oriole美甲沙龙取得了不俗的佳绩，一次次联合促销的成功燃起苏菲在联合促销上大展拳脚的决心。苏菲认为自己已然是这方面的专家，对联合促销的运用已经掌握得十分纯熟了。然而,接下来的一次联合促销却并未像之前一样取得成功,这次失败令苏菲开始重新思考 Oriole 的联合促销之路。

当时,位于顺义的一家大众汽车 4S 店老板找到了苏菲,提出希望与 Oriole 美甲沙龙合作,由 Oriole 为到店购车客户提供一次美甲服务,并提供美甲优惠券,而大众汽车则为 Oriole 提供品牌宣传。苏菲听后便欣然应允,按照与 4S 店的约定提供了相应的服务。然而,随着时间一天天的流逝,苏菲发现当时在 4S 店享受过美甲服务并获赠优惠券的客户连一次进店消费的记录都没有,更别提转化为美甲店的顾客了。这不仅没有给企业创造利润,还浪费了 Oriole 美甲沙龙的人力、物力和财力。经历了这次联合促销的滑铁卢,苏菲才发现,原来自己对联合促销的理解只是皮毛。虽然在这次联合促销中,合作方大众汽车的品牌形象良好,因此没有给 Oriole 美甲沙龙的品牌形象带来什么负面影响,但苏菲依旧对此次合作失败进行了深入的总结。

首先,苏菲发现大众汽车 4S 店和 Oriole 美甲沙龙的距离较远,顾客来 Oriole 美甲沙龙美甲非常不方便,因此造成没有客户来店消费的结果。其次,大众汽车的客户群体多为男性,而美甲服务是以女性为主要消费群体的行业,这也是造成合作失败的主要原因。归根结底,Oriole 美甲沙龙和位于顺义的这家大众汽车 4S 店各自所针对的顾客群并不相同。在这次联合促销合作中,Oriole 美甲沙龙从中并没有获得好处,在 4S 店享受过美甲服务的购车客户没有选择在 Oriole 美甲沙龙进行二次消费,这严重违背了联合促销活动的初衷——互惠互利原则。苏菲意识到此次与大众汽车 4S 店的合作无法实现优势互补,即可以共享消费者,能够为消费者提供消费的便利,刺激消费,达到销售量的显著提高,而之前的联合促销便可以做到这一点。经过这次合作,苏菲对联合促销活动有了更全面的认识。

**四、丰富多彩的联合促销活动**

与不同行业的不同商家进行联合促销活动,尤其是在与大众汽车合作失败后,苏菲对联合促销有了更加全面而深入的了解,再进行联合促销时也采取更加审慎的态度。

Oriole 美甲沙龙与不同品牌举办了各式各样的联合促销活动。其中包括:积极参加慈善募捐活动,希望通过这些活动来为该美甲沙龙塑造正面的品牌形象,如参加"和睦家母爱汇"慈善展卖会;与冰淇淋水果店联合在户外举办画展会来进行宣传推广,以利用联合造势,引起消费者注意;Oriole 美甲沙龙联合商场中的其他店铺共同租用商场的 LED 广告屏来同时播放几家公司的广告,以此达到节省广告费用的目的,同时也能加强各方在消费者心目中的联系,共同提升市场形象;与商场内的美发店、特斯拉汽车等企业进行了销售联合,吸引对方的消费者,从而扩大自己产品的消费群体等。随着苏菲对联合促销的运用越来越熟悉,Oriole 美甲沙龙提高了促销转化率,顾客明显增多,销售额显著增长,品牌知名度也有所提升。

(资料来源:中国管理案例共享中心)

☆**案例分析与讨论**

结合"案例文本展示"中的内容讨论和回答下列问题:

1. 什么是联合促销?联合促销的适用情境有哪些?

2. 联合促销合作对象的类型有哪些?Oriole 美甲沙龙的联合促销合作对象有哪些类型?

3. 企业进行联合促销的步骤有哪些?Oriole 美甲沙龙在参加颐堤港购物中心组织的联

合促销活动时采取了哪些步骤？

4. 联合促销应该遵循哪些原则？根据这些原则，分析苏菲和大众汽车 4S 店合作失败的原因。

☆**案例解读与评析**

4-2 案例解读与评析

# 项目五　节日活动策划

> **学习目标**
>
> 1. 熟悉中国主要节日的特点和产品需求，了解外国主要节日的特点和产品需求，掌握节日策划的操作要领，掌握撰写节日活动策划方案的方法。
> 2. 熟悉节日活动策划方案的结构形式，体会节日活动策划方案的撰写方法，学会根据节日的具体类型选择适宜的促销商品和使用促销工具，能够撰写出一份可行的节日活动策划方案。

## 任务一　熟悉中国主要节日

学会撰写节日活动策划方案，首先要了解我国的主要节日有哪些。根据国务院《全国年节及纪念日放假办法》规定，我国法定节日包括以下三类。

第一类：全体公民放假的节日，包括：新年，放假1天（1月1日）；春节，放假3天（农历正月初一、初二、初三）；清明节，放假1天（农历清明当日）；劳动节，放假1天（5月1日）；端午节，放假1天（农历端午当日）；中秋节，放假1天（农历中秋当日）；国庆节，放假3天（10月1日、2日、3日）。

第二类：部分公民放假的节日及纪念日，包括：妇女节（3月8日），妇女放假半天；青年节（5月4日），14周岁以上的青年放假半天；儿童节（6月1日），不满14周岁的少年儿童放假1天；中国人民解放军建军纪念日（8月1日），现役军人放假半天。为了便于开展纪念活动，有关公民可以放假半天。

第三类：少数民族习惯的节日，由各少数民族聚居地区的地方人民政府，按照各地民族习惯，规定放假日期，例如：蒙古族的白节，傣族的泼水节，水族的祭龙节，布朗族的厚南节等。

### 一、春节

百节年为首，春节是中国民间最隆重、最富有特色的传统节日，也是最热闹的一个古老节日。一般指除夕和初一，又叫阴历年，俗称"过年"。但在民间，传统意义上的春节是指从腊月初八的腊祭或腊月二十三或二十四的祭灶，一直到正月十五，其中以除夕和正月初一为高潮。春节在不同时代有不同名称。在先秦时叫"上日""元日""改岁""献岁"等;到了两汉时期,又被叫为"三朝""岁旦""正旦""正日";魏晋南北朝时称为"元辰""元日""元首""岁朝"等;到了唐宋元明,则称为"元旦""元""岁日""新正""新元"等;而清代,一直叫"元旦"或"元日"。

我国的汉族和很多少数民族,如满、蒙古、瑶、壮、白、高山、赫哲、哈尼、达斡尔、侗、黎等十几个少数民族都有过春节的习俗,只是过节的形式更有自己的民族特色,更韵味无穷。这些活动均以祭祀神佛、祭奠祖先、除旧布新、迎喜接福、祈求丰年为主要内容,活动内容丰富多彩,带有浓郁的民族特色。我国春节主要有尚红、崇新、团圆和喜庆等特色。

**尚红**。户外有高挂的红灯笼,十分高雅、喜庆,而传说灯笼杆又为民间传说中的姜太公姜子牙所立,有"太公在此,诸神退位"之说。门首及窗棂有大红春联和斗大的"福"字。红乃诸色中最为喜庆之色,红可避邪,代表兴旺发达,故有"红红火火"之谓。

**崇新**。春节习俗中家人都要着新衣,戴新帽,穿新鞋,至少人人要买一双新袜子。要购置新碗筷,希望添丁进口。农家住房再旧,也要裱糊里外三新,宛若洞房。人与人交谈往往要互道新一年的规划与打算。

**团圆**。张也的一首《万事如意》可以说明在中国这个有着优良传统的国度,除夕是重要日子。正因为乡情、亲情、友情在中国人心中占有重要位置,才有"春运"期间天南地北的人流涌动,才有铁路部门的所谓迎接"春运"高潮。

**喜庆**。葡萄美酒夜光杯是喜庆,阖家欢聚庆丰年是喜庆,粘窗花,贴春联,放爆竹尤称喜庆。虽有古训,旧的不去,新的不来,但一经碰坏盘子、碗之类,却也以为犯忌。而发福升财诸吉祥之语,则融于衣食住行每个细节中。

春节是我国一年中最重要的节日之一,这个时候儿童从大人那里得到一笔压岁钱,大人们则刚刚领取年终奖金,经济较为宽裕。春节期间,大家都会穿新衣、戴新帽,为过一个平安富庶的新年采购各种年货,是一年中购买力最强的时候。

## 二、元宵节

春节过后,迎来的就是中国的传统节日——元宵节(每年农历的正月十五)。正月是农历的元月,古人称夜为"宵",所以称正月十五为"元宵节"。正月十五是农历新一年中第一个月圆之夜,也是一元复始,大地回春的夜晚,人们对此加以庆祝,也是庆贺新春的延续。元宵节又称为"上元节"。按照中国民间的传统,在这个皓月高悬的夜晚,人们要点起彩灯万盏,以示庆贺。出门赏月、燃灯放焰、喜猜灯谜、共吃元宵、阖家团聚、同庆佳节,其乐融融。

按照旧俗,从除夕夜守岁开始,一直到正月十五元宵节,新年才正式结束。因此,借元宵"月满人团圆"的彩头,许多商家又别出心裁地推出各种促销活动,再次掀起新的销售高潮。

## 三、劳动节

劳动节源于美国芝加哥城的工人大罢工。1886 年 5 月 1 日,芝加哥的 216 000 余名工人为争取实行八小时工作制而举行大罢工,经过艰苦的流血斗争,终于取得了胜利。为纪念这次伟大的工人运动,1889 年 7 月第二国际宣布将每年的五月一日定为国际劳动节。这一决定立即得到世界各国工人的积极响应。1890 年 5 月 1 日,欧美各国的工人阶级率先走上街头,举行盛大的示威游行与集会,争取合法权益。从此,每逢这一天世界各国的劳动人民都要集会、游行,以示庆祝。我国人民庆祝劳动节的活动可以追溯至1918年。在这一年,一些革命的知识分子在上海、苏州、杭州、汉口等地向群众散发介绍"五一"的传单。1920年5月1日,北京、上海、广州、九江、唐山等各工业城市的工人群众浩浩荡荡地走向街市,举行了声势浩大的游行、集会,这就是中国历史上的第一个五一劳动节。新中国成立后,中央人民政府政务院于1949年12月将五月一日定为法定的劳动节,全国放假一天。劳动节这一天,举国欢庆,人们换上节日的盛装,兴高采烈地聚集在公园、剧院、广场,参加各种庆祝集会或文体娱乐活动,并对有突出贡献的劳动者进行表彰。

### 四、清明节

清明节在每年公历的4月5日前后,每到清明节,很多人可能要回家扫墓,但是清明节的来历我们很多人是不清楚的。

**相 关 链 接**

#### 清明节的由来

春秋时期,晋公子重耳为逃避迫害而流亡国外,流亡途中在一处渺无人烟的地方又累又饿,再也无力站起来。随臣找了半天也找不到一点吃的,正在大家万分焦急时,随臣介子推走到僻静处,从自己大腿上割下一块肉,煮了一碗肉汤让公子喝了,重耳渐渐恢复了精神,当重耳发现,肉是介子推自己腿上割下的时候,流下了眼泪。十九年后重耳作了国君,就是历史上的晋文公。晋文公即位后重赏了当初伴随他流亡的功臣,唯独忘了介子推。很多人为介子推鸣不平,劝他面君讨赏。然而介子推鄙视争功讨赏,他打好行装同母亲到绵山隐居去了。

晋文公听说后羞愧莫及,亲自带人去请介子推。然而,介子推已离家去了绵山。绵山山高路险,树木茂密,找寻谈何容易。有人献计,从三面火烧绵山逼出介子推,大火烧遍绵山却没见介子推的身影。火熄后人们才发现,背着老母亲的介子推,已坐在一棵老柳树下死了。晋文公见状恸哭。装殓时从树洞里又发现了一份血书,上写:割肉奉君尽丹心,但愿主公常清明。为纪念介子推,晋文公下令,将这一天定为寒食节。第二年文公率众臣登山祭奠,发现老柳树死而复活,便赐老柳树为清明柳,并晓谕天下把寒食节的后一天定为清明节。

清明节的来历正是感恩,我们清明节上坟祭祀先祖,就是沿袭这种感恩的精神。然而,中国的清明节对感恩,好像只专注于那些死去的先人,却并不是对活着的,对自己有恩的人,似乎将更多、更重要的感恩淡化了。充满感恩的、明了自己艰难的民族,明白恩惠的个人,才能珍惜现实,珍视历史,敬重别人,敬畏公德。感恩节,在中国就是清明节,我们在感恩逝去的历史和人的同时,更应该感恩那些有益于我们生存和发展的人。真希望清明节对于中国人,不仅仅是祭祀,更重要的是感恩。

### 五、端午节

农历五月初五,俗称"端午节",端是"开端""初"的意思。农历以地支纪月,正月建寅,二月为卯,顺次至五月为午,因此称五月为午月,"五"与"午"通,"五"又为阳数,故端午又名端五、重五、端阳、中天、重午、午日。此外一些地方又将端午节称为五月节、艾节、夏节。从史籍上看,"端午"二字最早见于晋人周处《风土记》:"仲夏端午,烹鹜角黍。"端午节是我国汉族人民的传统节日,这一天必不可少的活动逐渐演变为吃粽子,赛龙舟,挂菖蒲、艾叶,熏苍术、白芷,喝雄黄酒。据说吃粽子和赛龙舟,是为了纪念屈原,所以新中国成立后曾把端午节定名为"诗人节"以纪念屈原。至于挂菖蒲、艾叶,熏苍术、白芷,喝雄黄酒,则据说是为了压邪。

### 相关链接

#### 爱国诗人屈原

战国时代,楚秦争夺霸权,诗人屈原很受楚王器重,然而屈原的主张遭到以上官大夫靳尚为首的守旧派的反对,他们不断在楚怀王的面前诋毁屈原,楚怀王渐渐疏远了屈原。有着远大抱负的屈原倍感痛心,他怀着难以抑制的忧郁悲愤,写出了《离骚》《天问》等不朽诗篇。

公元前299年,秦国攻占了楚国八座城池,接着又派使臣请楚怀王去秦国议和。屈原看破了秦王的阴谋,冒死进宫陈述利害,楚怀王不但不听,反而将屈原逐出郢都。楚怀王如期赴会,一到秦国就被囚禁起来,楚怀王悔恨交加,忧郁成疾,三年后客死于秦国。楚顷襄王即位不久,秦王又派兵攻打楚国,顷襄王仓皇撤离京城,秦兵攻占郢城。

屈原在流放途中,接连听到楚怀王客死和郢城沦陷的噩耗后,万念俱灰,仰天长叹一声,投入了滚滚激流的汨罗江。江上的渔夫和岸上的百姓,听说屈原大夫投江自尽,都纷纷来到江上,奋力打捞屈原的尸体,纷纷拿来了粽子、鸡蛋投入江中,有些郎中还把雄黄酒倒入江中,以便药昏蛟龙水兽,使屈原大夫尸体免遭伤害。

从此,每年五月初五——屈原投江殉难日,楚国人民都到江上划龙舟,投粽子,以此来纪念伟大的爱国诗人,端午节的风俗就这样流传下来。

## 六、中秋节

中秋节是我国传统佳节,与春节、端午、清明并称为中国汉族的四大传统节日。据史籍记载,古代帝王有春天祭日、秋天祭月的礼制。节期为农历即阴历八月十五,时日恰逢三秋之半,故名"中秋节",又因这个节日在秋季、八月,故称"秋节""八月节""八月会";又有祈求团圆的信仰和相关节俗活动,故又称"团圆节""女儿节"。因中秋节的主要活动都是围绕"月"进行的,所以又俗称"月节""月夕""追月节""玩月节""拜月节";在唐朝中秋节还被称为"端正月"。关于中秋节的起源,大致有3种说法:起源于古代对月的崇拜、起源于月下歌舞觅偶的习俗、是古代秋天丰收后对土地神的祷告与谢意。国家非常重视非物质文化遗产的保护,2006年5月20日,该节日经国务院批准列入第一批国家级非物质文化遗产名录。中秋节从2008年起为国家法定节日。

**相关链接**

**月饼起义**

元朝末期,中原广大劳动人民不堪忍受元朝统治阶级的残酷统治,纷纷起义抗元,朱元璋领导的农民起义军联合各路反抗力量也准备起义抗元。但是,元朝官兵搜查十分严格,传递消息异常困难。当时正值中秋节前夕,于是军师刘伯温便想出一条计策,命令属下把写有"八月十五夜起义"的纸条藏入月饼里面,再派人分头传送到各地起义军之中,通知他们八月十五夜起义响应。到了起义那天,各路起义军一齐响应!很快,徐达领导的起义军就攻下了元大都,起义成功了。

消息传来,朱元璋高兴得连忙传下口谕,在中秋节放假一天,让全体将士与民同乐。在后来的中秋节,朱元璋指令将当年起兵时用来秘密传递信息的"月饼"作为节食糕点赏赐给群臣。此后,"月饼"制作更加精细、品种更多,之后中秋节吃月饼的习俗便在民间流传开来。

## 七、七夕节

在我国,农历七月初七的夜晚,天气温暖,草木飘香,这就是人们俗称的七夕节,也有人称为"乞巧节"或"女儿节"。这是中国传统节日中最浪漫的节日,也是过去姑娘们最为重视的日子。她们对着天空的朗朗明月,摆上时令瓜果,朝天拜祭,乞求天上的女神能赋予她们聪慧的心灵和灵巧的双手,更乞求能得到美满的姻缘。

在中国古代传说中,每年农历七月初七的夜晚,是天上的牛郎织女相会的时间,因此,这个日子被定名为七夕节;人间的姑娘们借此机会想向织女学些女红技巧,于是这个节日又被称为乞巧节或女儿节。

七夕乞巧,源于汉代。东晋的《西京杂记》有"汉彩女常以七月七日穿七孔针于开襟楼,人俱习之"的记载,这是中国最早的关于乞巧的记载。《开元天宝遗事》也记录了唐太宗与妃子每逢七夕节在清宫夜宴、宫女们各自乞巧的习俗。宋元时代,京城中甚至还开设乞巧市,专卖乞巧物品。《醉翁谈录》记载:"七夕,潘楼前买卖乞巧物。自七月一日,车马嗔咽,至七夕前三日,车马不通行,相次壅遏,不复得出,至夜方散。"由此可以想见人们对七夕节的重视程度。

"纤云弄巧,飞星传恨,银汉迢迢暗度。金风玉露一相逢,便胜却人间无数。柔情似水,佳期如梦,忍顾鹊桥归路。两情若是久长时,又岂在朝朝暮暮。"这首耳熟能详的《鹊桥仙》就是宋朝大文人秦少游专为七夕节而作,也可以说是对浪漫七夕节的最完美的写照。词中所唱的坚贞爱情又引出了一段位列中国四大爱情故事之一的美丽得令人感伤的爱情传奇。

近几年国内许多企业也已经开始在七夕节时大做文章,称其为"中国情人节",并借此推广企业和产品。

## 八、国庆节

1949年10月1日下午3时,北京30万人在天安门广场隆重举行典礼。毛泽东主席庄严宣告中华人民共和国中央人民政府成立,并亲自升起了第一面五星红旗。这是中国历史上一个重要的时刻。

在中国人民政治协商会议第一届全国委员会第一次会议上,鲁迅夫人许广平发言说:"马叙伦委员请假不能来,他托我来说,中华人民共和国的成立,应有国庆日,所以我希望本会决定把10月1日定为国庆日。"毛泽东说:"我们应作一个提议,向政府建议,由政府决定。"1949年10月2日中央人民政府通过《关于中华人民共和国国庆日的决议》,规定每年10月1日为国庆日,并以这一天作为宣告中华人民共和国成立的日子。从此,每年的10月1日就成为全国各族人民隆重欢庆的节日了。

**相关链接**

**双十一购物节的由来**

2009年,天猫开始在11月11日举办促销活动,当时的出发点只是想做一个属于淘宝商城的节日,让大家能够记住淘宝商城。选择11月11日是因为"光棍节"刚好处于传统零售业"十一"黄金周和圣诞促销季中间。这时候天气变化,正是人们添置冬装的时候,希望网上的促销活动能够成为一个对消费者有吸引力的窗口。

而到了2012年,"双十一"却成了一个标志性的节点,一个销售传奇,一个网络卖家、平台供应商、物流企业的必争之地。同时也成为电商的消费节日的代名词,甚至对于非网购人群、线下商城也产生了一定影响。双十一购物节就这样诞生和延续下来了。

综上所述,我国所谓的重大节日一般是指五一劳动节、十一国庆节以及春节三个大节。对工商企业而言,节日促销时机的选择意味着企业要顺应顾客的需求,应市场环境变化而制订相应的促销策略,由于公众在这些重大节日期间均有充裕的购物、出行时间,在这期间他们的潜在需求得到释放,自然更愿意消费,而这些节令期间的促销活动往往比平常的促销活动更受人欢迎,销售贡献自然也更高。随着竞争的加剧,各零售企业的活动已基本上脱离原有的"三大节"的促销,而开始步入"有节做节,无节造节"时代,通过营销策划可得到与节日同样甚至更好的销售效果。从多年重大节日促销活动的策划及操作来看,可以用"6个紧盯"来归结重大节日促销时机的甄选,"紧盯节日(如五一、国庆)、紧盯社会热点(如世界杯、奥运会)、紧盯重点品牌(如重点品牌的年度大促)、紧盯市场变化(如换季、新品上市)、紧盯竞争对手(如新店开张、周年庆)、紧盯社会突发事件(如资助地震灾区)。"

# 任务二 了解国外主要节日

随着我国经济的快速发展,在生活快节奏的都市中,"圣诞节""情人节""万圣节""感恩节"等"洋节"越来越受人青睐。"洋节"为人们提供了丰富的商业、娱乐和文化消费,逐渐变成都市生活中的狂欢日。

## 一、情人节

情人节(Valentine's Day)又叫圣瓦伦丁节或圣华伦泰节,日期在每年的2月14日,是西方的传统节日之一。男女在这一天互送巧克力、贺卡和鲜花,用于表达爱意或友好,现已成为欧美各国青年人喜爱的节日。和我国人民现在用近乎狂热的热情过起了圣诞节一样,情人节也已经悄悄渗透到了无数青年人的心目当中,成为中国传统节日之外的又一个重要的节日。

## 二、感恩节

感恩节(Thanksgiving Day)是美国和加拿大共有的节日,原意是为了感谢上天赐予的好收成,后来人们常在这一天感谢他人。在美国,自1941年起,感恩节是在每年11月的第4个星期四,并从这一天起休假两天。在这一天,成千上万的人们不管多忙,都要和自己的家人团聚。感恩节是美国人民一个古老的节日,也是美国人阖家欢聚的节日,因此美国人提起感恩节总是备感亲切。感恩节是美国国定假日中最地道、最美国式的节日,它和早期美国历史最为密切相关。加拿大的感恩节则起始于1879年,是在每年10月第2个星期一,与美国的哥伦布日相同。一般来说,感恩节在每年11月23~28日。

每逢感恩节这一天,美国举国上下热闹非凡,人们按照习俗前往教堂做感恩祈祷,城乡市镇到处举行化装游行、戏剧表演和体育比赛等,学校和商店也都按规定放假休息。孩子们还模仿当年印第安人的模样穿上离奇古怪的服装,画上脸谱或戴上面具到街上唱歌、吹喇叭。散居在他乡外地的家人也会回家过节,一家人团圆围坐在一起,大嚼美味的火鸡。感恩节后,学校会让同学们画一张感恩节的画,大多数学生都画的是火鸡。同时,好客的美国人也忘不了在这一天邀请好友、单身汉或远离家乡的人共度佳节。从18世纪起,美国就开始出现一种给贫穷人家送一篮子食物的风俗。当时有一群年轻妇女想在一年中选一天专门做善事,认为选定感恩节是再恰当不过的。所以感恩节一到,她们就装上满满一篮食物亲自送到穷人家。这件事远近传闻,不久就有许多人学着她们的样子做起来。感恩节购物已经成了美国人的习俗。从感恩节到圣诞节这一个月,美国零售业总销售额能占到全年的1/3,是各个商家传统的打折促销旺季。

## 三、圣诞节

圣诞节(Christmas)是教会年历的一个传统节日,它是基督教庆祝耶稣基督诞生的纪念日。在圣诞节,大部分的基督教教堂都会先在12月24日的平安夜举行礼拜,然后在12月25日庆祝圣诞节;而基督教的另一大分支东正教的圣诞节庆祝则在每年的1月7日。

圣诞节也是西方国家以及其他很多地区的公共假日。在西方国家里,圣诞节也是一个家庭团聚和喜庆的节日,通常人们会在家里陈设一棵圣诞树。在西方,不论是否是基督徒,过圣诞节时都要准备一棵圣诞树,以增加节日的欢乐气氛。圣诞树一般是用杉柏之类的常绿树做成,象征生命长存。树上装饰着各种灯烛、彩花、玩具、星星,挂上各种圣诞礼物。圣诞之夜,人们围着圣诞树唱歌跳舞,尽情欢乐。圣诞装饰品包括以圣诞装饰和圣诞灯装饰的圣诞树,户内以花环和常绿植物加以装饰,冬青和洋松是传统采用的材料。在南、北美洲和少数欧洲地区,传统上户外以灯光装饰,包括用灯火装饰的雪橇、雪人和其他圣诞形象。传统的圣诞花是猩猩木(别名一品红、圣诞红,花色有猩红、粉红、乳白等)。圣诞植物还包括红孤挺花、圣诞仙人掌。除此之外还有圣诞老人和圣诞卡等。

# 任务三 掌握节日活动策划要领

## 一、明确促销的目标

节日促销的首要任务是明确促销的目标,促销目标不同,促销方式也不尽相同。具体目标有如下几种选择。

### (一) 增加来客量,扩大营业额

店铺利用各种的节日名义做促销,最直接的目的就是在短期内迅速提高销售量,扩大营业额并提高毛利。营业额来自客流量与每位顾客的消费额,店铺可以借助节日促销活动,稳定既有顾客并吸引新顾客,以提高来客量。

### (二) 提升企业形象

店铺也常常借助一些特殊的节日促销活动来提升企业在消费者心中的形象,提高其知名度。比如店铺常常借助"妇女节""儿童节""教师节"等有特定消费人群的节日,开展一系列的公益促销活动。

### (三) 促进商品的周转

良好的商品周转会带来良性循环。为促进商品周转,店铺也会借助一些换季节日如清明节或五一、十一黄金长假,开展相应的促销活动来推动商品的周转。具体来说,包括以下三方面。

1. 新商品上市的试用

"不怕不识货,就怕货比货",新商品的推出,必须有消费者试用,才能树立商品在消费者心目中的地位,快速地进入市场。所以,除广告外,可以利用节假日促销的名义来鼓励消费者试用。

2. 加速滞销品的销售

滞销品会让消费者对商品本身产生疑虑,长期下去可能对店铺产生不良的影响。因此借助节日的优惠促销,可以加速滞销品的周转。

3. 库存的清货

很多店铺都面临存货积压的状况,这时可以通过假日促销来降低库存,及时清理店内存货,加速资金运行。比如,促销案例"三八节三八折,购物为您添'彩头'"就是一个非常经典的库存清货促销案例。

### (四) 对抗竞争对手

随着店铺数目的不断增加,店铺销售竞争也日趋激烈,越来越多的经营者都开始关注和把握各个能够利用的节日,借助各种节日促销来争取顾客。可以说,激烈的市场竞争在某种程度上演变成了促销手段的竞争。

## 二、运用优秀创意,烘托节日氛围

节日是动感的日子、欢乐的日子,因此可以捕捉人们的节日消费心理,寓动于乐、寓乐于销,制造热点,最终实现节日营销。针对不同节日,塑造不同的活动主题,把更多的顾客吸引到自己的柜台前,营造现场气氛,实现节日销售目的。如在端午节,卖场把超市的堆头设计成龙舟的形状,龙舟上既可摆放真空粽子,又可摆放宣传端午的物料,在现场营造出浓厚的端午节气氛。而赠送香包,开展端午文化大赛和民俗表演更增强了节日热闹氛围,激发了众多消费者主动参与活动的热情。

节日活动气氛包括两部分,一部分是现场氛围,包括气氛海报、POP张贴、装饰物品的布置、恰到好处的播音与音乐,这些将会在很大程度上刺激顾客的购买欲望;另一部分氛围就是员工的心情,这就要看组织者是否能调动员工的积极心态。

### 三、文化营销,传达品牌内涵

借助节日的文化氛围,开展针对性的文化营销,充分挖掘和利用节日的文化内涵,并与自身经营理念和企业文化结合起来,不仅可以吸引众多的消费者,在给消费者以艺术享受的同时,也能塑造良好的企业形象。比如情人节,××品牌在卖场开展的"情侣过三关"和"汤圆代表我的心"等智力闯关活动,就能很好地做到洋为中用,不仅增加了××牌汤圆的文化外延,还通过活动传达出情人节的浪漫与温馨,而且,平时情侣之间羞于表达的想法也可以借此表达,也丰富了节日内涵。其他如灯谜擂台赛、地方民俗文化展示等已成为商家吸引消费者"眼球"屡试不爽的妙招。

### 四、互动营销,增强品牌亲和力

生活水平的提高使消费者的需求开始由大众消费逐渐向个性消费转变,定制营销和个性服务成为新的需求热点。商家如能把握好这一趋势,做活节日市场也就不是难事。比如,在端午节期间,"来料加工,教你包粽子"活动就颇受消费者青睐,通过女工展示包粽子绝活等进行互动,现场的销售应该是火爆的。而卖场更是节日营销的主角,某超市生鲜部曾开辟先例,让顾客自己设计礼篮或提供不同型号的礼篮,由顾客挑选礼品,不限数量、品种、金额,既可迎合不同的消费需求,又可充分掌握价格尺度。此法一经推出便受到消费者的欢迎,不仅大大增加了生鲜部的利润,也促进了其他部门的销售。

### 五、差异促销,激发售卖能力

节日促销的重要手段之一就是价格战。能否打好价格战是一门很深的学问,许多商家僵化地认为节日就是降价多销,其实这种做法就落进了促销的误区,结果往往是赔钱赚吆喝。作为节日营销的惯用方法,诸如"全场特价""买几送几"的煽情广告已司空见惯,千篇一律,对消费者的影响效果不大。因此,如果真要特价也要处理得当,讲究创意和艺术。

### 六、制订节日活动营销策划年度计划

凡事都要事先有个准备,节日活动促销策划也是一样,不要在某个节日来临之前才开始忙活,而是要在本年末就把明年的各个节日活动的营销年度计划做好,打有充分准备之仗。节日活动营销策划年度计划如表5-1所示。

表 5-1 节日活动营销策划年度计划表

| 节日名称 | 促销时间 | 促销主题 | 促销方式 | 促销商品 | 促销对象 | 费用预算 | 效果预估 | 备注 |
| --- | --- | --- | --- | --- | --- | --- | --- | --- |
| 元旦 | | | | | | | | |
| 春节 | | | | | | | | |
| 情人节 | | | | | | | | |
| 元宵节 | | | | | | | | |
| 三八妇女节 | | | | | | | | |
| 清明节 | | | | | | | | |
| 五一劳动节 | | | | | | | | |
| 母亲节 | | | | | | | | |
| 六一儿童节 | | | | | | | | |
| …… | | | | | | | | |
| 国庆节 | | | | | | | | |
| 万圣节 | | | | | | | | |
| 感恩节 | | | | | | | | |
| 圣诞节 | | | | | | | | |
| 门店周年庆 | | | | | | | | |
| 其他 | | | | | | | | |

## 七、节日促销商品选择与设计

### (一) 元旦主要促销商品

元旦是一年的开始,因此,此时的促销活动必须紧紧围绕一个"新"字,在促销商品的选择中,也要以"辞旧迎新""新年纪念"等为主,提醒消费者此时的消费意义深远。

1. 新年礼品

元旦来临,日历、历书、贺年片、年历画是商家必备的新年旺销商品,而精美、时尚的小饰品,象征新年新气象的各种礼品,也会作为元旦的畅销品受到消费者的青睐。

2. 婚庆用品

现在越来越多的情侣都会选择元旦作为其喜结连理的黄金佳期。因此,婚庆用品、结婚礼品,如高档服装、烟酒等成为这一时段的宠儿。

3. 换季服装

元旦是新一年的起点。因此,这一时期也是销售冬季服装的大好时机,很多消费者会借新年促销打折来为自己添置心仪的冬装。

4. 家用电器

新年伊始,无论年轻人还是年长者,都会为自己的新年添置一些有纪念意义的家用电器,比如换个大屏幕的彩电,买部新的手机等。

### (二) 春节主要促销商品

春节在中国人心目中的地位不言而喻。为辞旧迎新,家庭生活用品、食品、服装、电器及清洁用品的需求量会大幅提升,而春节拜年、送礼祝福更是带动了节日礼品的销售。因此在春节前后,各个公司都会增加促销费用,期望有个丰收年。

1. 春节礼品

春节期间,商家一般均会设立礼品城、礼品中心、年货一条街等专区,推出如年货、烟酒、糕饼、干果等礼盒。

2. 时令商品

糖果、糕饼、瓜子、春联、生肖饰品、红色内衣、团圆火锅等是春节的热销商品,商家还可推出超值福袋活动,并设立年度生肖动物主题展示区,以吸引更多消费者。

3. 童装玩具

小朋友放寒假、过新年、领红包,因此此时是每年童装、玩具的销售旺季,若能配合推出卡通造型的人物动态表演,效果更佳。

4. 家庭用品

年终大扫除,各式清洁用品需求量大增。辞旧迎新,旧的家具、电器用品会有很多被淘汰,因此这些商品的市场需求量也会增大。

### (三) 元宵节主要促销商品

元宵节以团圆、吃元宵、赏灯、猜灯谜等习俗世代相传,因此,食品和各种娱乐是节日的重头戏。

1. 节日食品——元宵

元宵节的"老味"汤圆,如芝麻、花生、黑糯三大传统口味,是汤圆市场的主要产品。商家还可以引进些特殊馅料的元宵,如果仁、豆沙、无糖、清真、米酒等,消费者大都抱着尝鲜的心理前来购买,销量也会不错。

2. 节日精品——灯具

元宵赏灯是千年传统,如果借助这一赏灯习俗,以猜灯谜、送小礼品、做小游戏的形式举办各种新颖别致的灯具展销会或促销会,定可以吸引很多顾客光顾。

### (四) 五一劳动节主要促销商品

五一黄金周可谓是商家淘金的好时机,其促销活动一般从4月25日左右开始,可以一直持续到5月10日左右。

1. 春季服装大清仓

过了五一,夏装开始替代春装,因此,五一是清仓春装的最好时机。

2. 家电用品大优惠

随着夏天临近,很多忙碌的人都会趁五一长假,为家里添置一些夏季必备品。因此,空调、冰箱可以作为新品上市,而彩电等也可以作为换季清仓品走上五一的促销舞台。

3. 黄金珠宝饰品特卖展销会

黄金周,金万两,黄金珠宝饰品当然也是此时的热销商品。许多商家会在此时举办大型的黄金珠宝饰品特卖展销会,为五一休闲旅游的人们提供更多的选择机会。

4. 旅游及地方特产大促销

现在过五一,更多的人选择走出家门,到全国各地走走看看,这就为旅游业和那些旅游胜地提供了无限商机。

### (五) 端午节主要促销商品

粽子和粽子配料是端午节的必备商品,有条件的卖场可制作大型龙舟陈列或粽子一条街,无条件的可做简单粽子堆头陈列。而包粽子所用的配料可挑出来,陈列于粽子堆头旁边以达到关联陈列的效果。

1. 饮料、副食品、各种酒类

在以粽子为节日食品的端午节,饮料、副食品、各种酒类的销售量也会有所提高。因此卖场在宣传促销粽子的同时,也要以各种活动带动这些产品的销售,达到以点带面的效果。

2. 日常百货及家居用品

端午节来卖场选购粽子和相关节日食品的顾客,多为家庭主妇。因此,她们在选购节日食品的同时,也会关注日常百货和家居用品。借助节日客流量增加的机会推出日常百货和家居用品的促销特卖活动,也将会有很大收获。

### (六) 中秋节主要促销商品

1. 中秋月饼

月饼永远是中秋市场的不凋玫瑰。在精心布置的月饼卖场,任何人都可以感受到浓郁的节日气氛。近几年,无糖月饼新开发了多种口味和包装款式,火腿、肉松、豆沙等多种馅料的月饼一下子成了抢手货。

2. 中秋团圆宴

中秋节的传统就是与家人或朋友吃顿"团圆宴"。近几年,越来越多的人开始将这顿"团圆宴"由家庭的小聚餐搬向酒店、餐厅的大团圆。因此,餐厅酒店的中秋团圆宴是一道中秋必不可少的大餐。

3. 礼品套装

中秋是团圆的节日,也是走亲访友的佳期。因此,中秋送礼是商家与消费者共同关注的话题。中秋送礼,茶叶、糖果、香烟、名酒和保健品是人们的首选。如果把这些礼品搭配成精美而有意义的礼品套装,一定会非常火爆。

# 任务四  撰写节日活动策划方案

一份完整的节日活动策划方案一般由活动背景、活动目的、活动主题、活动对象、活动时间和地点、活动前期准备、活动方式及内容、费用预算、风险防范、效果预估十个部分组成,在实际操作中可以根据具体情况对各组成部分进行相应的增加或删减。

## 一、活动背景

这部分内容既是对策划内容高度概括性的表达,又能起到导读的作用,具体内容包括本次策划涉及的节日特点,对产品或企业现状的简单描述等,字数应控制在 500 字以内,在市场调查的基础上客观、真实地描述市场现状。

### 二、活动目的

本部分是根据市场现状等因素确定本次活动的目的,要用简洁明了的语言将目的表述清楚,只有目的明确,才能使活动有的放矢。

### 三、活动主题

这一部分是活动方案的核心部分,应该力求创新,使活动具有震撼力和排他性。活动主题要以活动主体结合促销时机来确定;活动主题要单一,一个节日活动就确定一个主题;要淡化促销的商业目的,使活动更接近于消费者,更能打动消费者。

### 四、活动对象

确定本次活动的对象,这一选择的正确与否将会直接影响到促销的最终效果。要明确活动控制在多大的范围内,确定哪些人是促销的主要目标、哪些人是促销的次要目标。

### 五、活动时间和地点

在时间上尽量让消费者有空闲时间参与,在地点上也要让消费者感到方便,同时对活动持续多长时间效果最好也要深入分析。节日活动开始前应与城管、工商等部门沟通好,把握好时间长短。

### 六、活动前期准备

活动前期准备工作包括活动宣传、人员分工和物资准备三个方面。

#### (一)活动宣传

以海报宣传为主,横幅、电视、广播等多样形式配合。宣传媒介的选择要与活动对象进行良好的对接。

#### (二)人员分工

人员安排要确保人人有事做,事事有人管,无空白点,也无交叉点。

#### (三)物资准备

物资准备要事无巨细,大到车辆,小到螺丝钉,都要罗列出来,然后按单清点,确保万无一失。

### 七、活动方式及内容

这一部分主要阐述活动开展的具体方式及内容。第一,确定合作伙伴。有四种选择:① 厂家单独行动;② 和经销商联手;③ 与其他厂家联合;④ 和政府或媒体合作。第二,围绕主题,设计各项活动。活动方式的选择要有助于借势和造势;应选择费用低、效果好的活动方式,从而降低风险。

### 八、费用预算

本部分是对促销活动的费用投入和产出做出的预算,预算要精确、详细、具体。

### 九、风险防范

节日活动策划方案中必须对各种可能出现的意外事件做出必要的人力、物力和财力方面的准备,并设计具体的意外防范方案。

### 十、效果预估

预测活动会达到的效果,以利于活动结束后与实际情况进行比较,从刺激程度、促销时机、促销媒介等各方面总结成功和失败之处,以便今后改进工作。

## 知 识 巩 固

**一、判断题(正确的打√,错误的打×)**
1. 春节是中国民间最隆重、最富有特色的传统节日,也是最热闹的一个古老节日。(    )
2. 在中国每年农历的正月十五是元宵节。(    )
3. 1889 年 7 月第二国际宣布将每年的五月一日定为国际劳动节。(    )
4. 中国于 1949 年 12 月将五月一日定为法定的劳动节。(    )
5. 在中国每年农历的七月初七是七夕节。(    )
6. 节日活动策划方案中的"活动背景"是对策划内容高度概括性的表达,又能起到导读的作用,具体内容包括本次策划涉及的节日特点,对产品或企业现状的简单描述。(    )
7. 节日活动策划方案中的"活动主题"是活动方案的核心部分,应该力求创新,使活动具有震撼力和排他性。(    )
8. 节日活动策划方案中的"活动前期准备工作"包括活动宣传、人员分工和物资准备三个方面。(    )
9. 节日活动策划方案中的"活动方式及内容"部分包括两项内容,第一,确定合作伙伴,第二,围绕主题,设计各项活动。(    )
10. 节日活动策划方案中必须对各种可能出现的意外事件做出必要的人力、物力和财力方面的准备,并设计具体的意外防范方案。(    )

**二、单项选择题**
1. 全体公民放假的节日是(    )。
   A. 中秋节　　　　B. 妇女节　　　　C. 青年节　　　　D. 儿童节
2. 部分公民放假的节日及纪念日是(    )。
   A. 建军节　　　　B. 春节　　　　C. 五一劳动节　　　　D. 元旦
3. 少数民族传统的节日是(    )。
   A. 泼水节　　　　B. 端午节　　　　C. 元宵节　　　　D. 清明节
4. 人们出门赏月、燃灯放焰、共猜灯谜、共吃元宵、阖家团聚、同庆佳节、其乐融融的节日是(    )。
   A. 春节　　　　B. 元宵节　　　　C. 中秋节　　　　D. 重阳节
5. 各家各户贴对联,人们穿新衣、戴新帽,儿童从大人那里获得一笔笔压岁钱的节日是(    )。
   A. 春节　　　　B. 元宵节　　　　C. 中秋节　　　　D. 重阳节
6. 不属于元旦促销商品的有(    )。
   A. 家用电器　　　　B. 换季服装　　　　C. 婚庆用品　　　　D. 月饼

7. 不属于春节促销商品的有（　　）。
   A. 家庭用品　　　　B. 童装玩具　　　　C. 时令商品　　　　D. 圣诞礼品
8. 不属于元宵节促销商品的有（　　）。
   A. 元宵　　　　　　B. 灯具　　　　　　C. 烟花　　　　　　D. 月饼
9. 不属于中秋节促销商品的有（　　）。
   A. 中秋月饼　　　　B. 中秋团圆宴　　　C. 礼品套装　　　　D. 元宵

### 三、多项选择题

1. 我国春节的主要特色包括（　　）。
   A. 尚红　　　　　　B. 崇新　　　　　　C. 团圆　　　　　　D. 喜庆
2. 中秋节还有一些其他名称，主要有（　　）。
   A. 秋节　　　　　　B. 八月节　　　　　C. 追月节　　　　　D. 拜月节
3. 端午节是我国汉族人民的传统节日，这一天人们的习惯活动主要有（　　）。
   A. 吃粽子　　　　　B. 赛龙舟　　　　　C. 采艾蒿　　　　　D. 喝雄黄酒
   E. 吃月饼
4. 国外的主要节日有（　　）。
   A. 情人节　　　　　B. 感恩节　　　　　C. 圣诞节　　　　　D. 端午节
5. 感恩节这一天传统习俗有（　　）。
   A. 互送巧克力、贺卡和鲜花，用于表达爱意或友好
   B. 城乡市镇到处举行化装游行、戏剧表演和体育比赛
   C. 孩子们模仿印第安人的模样穿上离奇古怪的服装，画上脸谱或戴上面具到街上唱歌、吹喇叭
   D. 年轻妇女装上满满一篮食物亲自送到穷人家
6. 节日活动策划操作要领主要有（　　）。
   A. 明确促销的目标　　　　　　　　　　B. 运用优秀创意，烘托节日氛围
   C. 文化营销，传达品牌内涵　　　　　　D. 互动营销，增强品牌亲和力
   E. 差异促销，激发售卖能力　　　　　　F. 制订节日活动营销策划年度计划
   G. 节日促销商品选择与设计
7. 节日活动促销目标主要有（　　）。
   A. 增加来客量，扩大营业额　　　　　　B. 提升企业形象
   C. 促进商品的周转　　　　　　　　　　D. 对抗竞争对手
8. 元旦促销商品主要有（　　）。
   A. 新年礼品　　　　B. 婚庆用品　　　　C. 换季服装　　　　D. 家用电器
9. 春节促销商品主要有（　　）。
   A. 春节礼品　　　　B. 时令商品　　　　C. 童装玩具　　　　D. 家庭用品
10. 五一劳动节主要促销商品有（　　）。
    A. 春季服装大清仓　　　　　　　　　　B. 家电用品大优惠
    C. 黄金珠宝饰品特卖展销会　　　　　　D. 旅游及地方特产大促销
11. 节日活动策划方案中确定合作伙伴有（　　）。
    A. 厂家单独行动　　　　　　　　　　　B. 和经销商联手
    C. 与其他厂家联合　　　　　　　　　　D. 和政府或媒体合作

# 案 例 分 析

## 案例一 ××阿胶五一节促销活动策划方案

☆案例文本展示

### 一、活动背景

"五一"劳动节是一个传统节日,这样一个节日寄托了对劳动者的感激之情和深情的祝福,希望劳动人民健康、快乐。今天"劳动"的概念已经得到延伸和创新,更多体现劳动人民的智慧和勤奋,同时也传达拥有健康才能更好地享受智慧成果的理念。这样一个含义与企业的经营理念"融古今智慧,创健康人生"一脉相承。具有两千多年历史的阿胶,不正是经过劳动人民千年努力,才有了今天丰富的阿胶系列产品,它积攒了多少劳动人民的光荣与梦想,它是智慧的结晶,承载着人类健康的使命!在这样一个具有深刻意义的节日,××阿胶更渴望表达她的感恩之情,彰显其品牌价值!

### 二、活动主题

触摸"五一",体验"阿胶"——××阿胶情系百姓。

### 三、活动目的

利用节日消费高峰,提高销量;借势推广产品,促进认知;回馈广大消费者,建立品牌忠诚度;加强与终端合作,增进彼此感情。

### 四、活动时间

2021年4月20日—2021年5月20日。

### 五、活动产品

主推产品:阿胶神三个规格(20 mL×10、20 mL×20、20 mL×40)。

辅助产品:阿胶口服液、阿胶怡静口服液、水晶枣系列、蜂蜜(这几个产品根据每个城市基础情况而定,不要一哄而上)。

### 六、活动城市(以分公司为单位)

济南、青岛、北京、合肥(不要仅仅局限于这四个城市,其他城市只要条件允许也可以开展,特别是一些先进的商超终端,要充分利用此次活动,在终端形成一定的影响,提高终端对产品的信心,打好入场的基础)。

### 七、活动规划

(一)活动内容

触摸"五一"幸运抽奖活动:凡是在活动期间购买××阿胶保健系列产品满一定金额,就可以参加抽奖,具体规定如下:

| 购买产品金额 | 抽奖次数 | 备 注 |
| --- | --- | --- |
| 50元 | 1 | |
| 88元 | 2 | |
| 138元 | 3 | 活动的解释权归××阿胶股份有限公司 |
| 188元 | 4 | |
| 238元 | 5 | |

(二) 活动形式

1. 每个终端配备一名促销员并设立一个抽奖箱,抽奖箱用 KT 板制作(尺寸长 30 cm×宽 30 cm×高 40 cm)。抽奖箱四个面:两个面为企业的 Logo;另两个面为触摸"五一"幸运抽奖字样。

2. 每个抽奖箱放入五十一个乒乓球,乒乓球上标志设计为"五""一""五一""幸运"字样,要用不褪色的水笔书写。

3. 乒乓球上字样标志的分配:10 个球上写"五"、5 个球上写"一"、一个球上写"五一"、另外 35 个球上写"幸运"。

4. 抽奖道具——乒乓球可以用其他东西代替(各分公司可以考虑,节约成本)。

(三) 奖项设计

1. 一等奖的标志为"五一",奖品为价值 168 元的阿胶神。

2. 二等奖的标志为"一",奖品为价值 88 元的阿胶怡静口服液。

3. 三等奖的标志为"五",奖品为价值 38 元的茯苓阿胶浆。

4. 四等奖的标志为"幸运",奖品为价值 6 元的水晶枣。

(四) 补充说明

1. 本活动可以结合终端进行联合促销。例如,购买合作终端产品满 500 元以上(其他保健品除外)也可参加活动一次。目的是让终端对我们的活动有一个很好的配合,同时也为了增进彼此的感情,为未来的合作打下基础。

2. 参加本次活动的消费者必须凭电脑小票或收银条参加抽奖活动(具体控制方法各分公司可根据当地情况自行调整)。

**八、促销价格策略**

1. 经销商控制的终端:要求经销商给予配合,在供应价的基础上让利 5%～10% 或由公司与经销商共同让利 5%～10%。

2. 公司直营的终端:在供应价格的基础上让利 5%～10%。

3. 不管是经销商还是直营门店都要争取终端同时让利,要求他们也给予 5%～10% 的让利,这样才能在终端形成一定的价格优势,做到互惠互利,共同争取更多的消费者,回馈我们的顾客。

**九、活动终端要求**

1. 每个城市根据现有的资源和能力准确安排活动地点,活动地点应该具备的基本条件是:

(1) 现有产品结构比较合理,特别要有足够的礼盒陈列;

(2) 活动期间店内要有堆头展示,同时能够配备导购小姐,至少保证一天一名;

(3) 店内要有足够的人流量,公司的产品在店内要有一定销售基础;

(4) 需要有良好的感情关系,能够配合本次活动有效执行。

2. 在店内要有重点产品的 DM(广告单)支持,同时在 DM 上告知活动内容。

3. 终端布置设计

(1) 在店门口要有活动的告知工具(比如海报、KT 板或易拉宝)展示活动内容。

(2) 在店门口要有赠品展示台,有发奖人员发放活动宣传单。

(3) 店内的堆头上要尽可能贴上公司活动海报,彰显活动气氛。

(4) 在店内堆头上要放上抽奖箱或赠品进行展示,激发消费者的购买欲望。

(5) 店内堆头上要摆放活动宣传单,以便顾客取阅。

4. 在活动开始前三天,需要在目标终端附近的小区进行目标人群的活动宣传单派发,扩大活动的目标影响力。

## 十、经销商/直营分公司配合内容

1. 保证活动期间的活动产品库存,特别是畅销产品数量要备足。
2. 公司需要向经销商讲解活动的意义,使之从行动上真正参与本次活动。
3. 经销商要熟悉终端活动内容,确保本次活动顺利开展。
4. 经销商需要协助促销员办理进场手续。
5. 经销商为本次活动给予一定促销让利(建议5%),公司再让5%,保证价格优势,同时配合告知活动内容。
6. 保证物流的畅通,及时补给活动产品,提升销售数量。

## 十一、宣传物料

1. 活动宣传单。
2. 活动海报(设计由企划部完成,印刷和发放由保健品事业部完成)。
3. 分公司可以根据自身的一些宣传资源丰富终端的布置。

## 十二、控制点

1. 产品进场。
2. 促销员招聘、进场、培训。
3. DM 的谈判。
4. 堆头的落实。

## 十三、效果预估

1. 促进现有产品的销售。
2. 提升产品的知名度。
3. 树立彼此的信心。

(资料来源:百度文库)

☆ 案例分析与讨论

结合"案例文本展示"中的内容讨论和回答下列问题:
1. 作为一份策划方案,其内容是否全面?是否还可以补充一些内容?
2. 作为一种保健品促销,方案中的活动是否有吸引力?你有什么更好的创意?

☆ 案例解读与评析

5-1 案例解读与评析

# 案例二 ××超市2021中秋国庆促销活动方案

☆ 案例文本展示

## 一、前言

一年一度的促销大好机会中秋节即将到来,中秋节和国庆节时间接近,对于商家来说,更具挑战意义。因此,做好本次活动,对达到本年度的销售目标、提高超市美誉度等都显得尤为重要。

**二、活动主题**

"喜迎国庆欢度中秋"。

**三、活动时间**

2021.09.07—2021.10.5。

**四、活动目的**

1. 以中秋节、国庆节为契机,通过策划一系列活动,进一步宣传企业的整体形象,提高企业在顾客及供应商中的知名度和美誉度。

2. 借助中秋节和国庆节的到来,策划实施一系列大型促销活动,刺激消费群体,吸引目标消费群体及潜在的消费群体,最大限度地扩大销售额。

3. 通过策划一系列活动,加深××超市与消费者的相互了解与情感沟通,扩大企业知名度,进一步树立××超市"关爱社区居民,共建温馨家园"的社会形象。

**五、活动对象**

顾客、供应商、员工。

**六、活动广告语**

1. 喜迎国庆欢度中秋。

2. 月圆中秋情系××。

3. 情满月圆举国同庆。

4. 中秋佳节××浓您家乡情。

5. 中秋合家欢、佳节大献礼。

6. 望月怀远花好月圆。

7. 每逢佳节倍思亲,××为您送温情。

**七、活动布置**

(一)场外布置

(1)巨幅:各分店根据店面实际尺寸联系制作,内容为中秋节各项主题促销活动和全场月饼优惠大酬宾的信息。

(2)展板:公布此次各项主题促销活动的内容,传达活动信息,吸引顾客。

(3)橱窗玻璃:设计制作中秋节及国庆节的主题橱窗广告,增加节日的喜庆气氛。

(4)大门口上方悬挂大红灯笼。

(二)场内布置

(1)吊旗:设计制作以传统佳节中秋节及国庆节为主题的一款吊旗纸,烘托喜庆的节日气氛,美化卖场环境。

(2)牌楼:采购部联系供应商赞助中秋牌楼,置于月饼一条街,突出月饼区域特色布置。

(3)收银台布幔:收银台使用红色布幔布置,突出喜庆气氛。(备选)

(4)手工吊旗POP:在卖场显眼的区域,制作各种主题促销内容的手工吊旗纸。

(5)全场悬挂大红灯笼布置卖场,制作"月饼一条街"宣传牌,突显传统的特色,美化购物环境(由月饼供应商提供)。

**八、活动宣传**

1. 海报:2期。

第一期:中秋1期宣传单,时间是9月7日—9月14日。

第二期：国庆节1期宣传单，时间是9月24日—10月5日。

2. 场内广播：商场内广播滚动式宣传中秋国庆的酬宾信息，刺激顾客的购买欲望，增加销售额。

3. 堆头促销：场内特别推出"月饼一条街"，并配上叫卖，方便顾客选购，刺激顾客消费，在场内形成热闹喜气的购物气氛。

4. 人员广告：所有人员必须充分了解此次开展的促销活动，做好每一位顾客的活动解释工作。

5. 期刊广告：2期。

6. 电视广告：3期，宣传中秋月饼促销信息。

## 九、活动内容

第一波：教师节（2021年9月7日—9月10日）

1. 桃李满园，师恩永存。

活动时间：2021年9月10日。

活动内容：为庆祝教师节的到来，答谢广大教师对人类社会做出的巨大贡献，活动当天顾客凭教师证和身份证即可到服务台免费领取柚子一个，每人限领一份，送完即止。

2. 教师节，××超市为您传情达意。

活动时间：9月7日—9月10日。

活动内容：活动期内，在××超市购物的学生，可免费获得祝福贺卡一张（您只要在卡片上写上您想对老师所说的话，××超市将于9月14日前将您的祝福寄到您的老师处）。每单限送1张贺卡。（促销组负责购卡，邮寄）

第二波：中秋节（2021年9月11日—9月14日）

3. 中秋情满××超市，购物即送"亲情礼"（备选）

活动时间：2021年9月11日—14日（4天）。

活动内容：活动期间凡在××超市购物满38元的顾客朋友，均可凭购物电脑小票到商场服务台免费领取"亲情礼"一份，每单限送一份，每天限量赠送，送完即止。

4. ××超市中秋灯谜会

活动时间：2021年9月13日、14日（2天）。

活动内容：活动当天，凡在××超市消费的顾客朋友凭电脑小票均可参加中秋猜灯谜的游戏，猜中者奖精美礼品一份。配送部负责落实猜谜礼品，促销部负责活动现场的布置与活动的组织。

5. 浓情中秋好礼相送

活动时间：2021年9月11日—14日（4天）。

活动内容：A. 凡于9月11日、12日两天在××超市一次性购物满38元即送迷你月饼一个，每人每单限送1份。以上赠品每天限送80个，送完即止。

B. 凡于9月13日、14日两天在××超市一次性购物满38元即送柚子一个，每人每单限送1份。以上赠品每天限送80个，送完即止。

6. 中秋月饼一条街

活动时间：2021年9月1日—9月14日。

活动内容：活动期间推出中秋月饼、补品、保健品、节日礼篮等商品集中陈列，突出一条街的展示特色，以此营造喜庆的节日气氛，方便顾客选购。促销组负责做好"中秋月饼一条街"的布置与场内外的宣传,采购部与门店负责商品资料的落实与陈列。

7. 大宗购物

活动时间:2021年9月14日—9月25日。

活动内容:制作打折卡,提醒顾客凡到××超市大宗购物,与我们联系,可享受特别优惠。

第三波:国庆节(2021年9月29日—10月7日)

8. "欢庆中秋,国庆购物抽大奖"送金月饼

活动时间:2021年9月10日—10月7日。

活动内容:为了回报广大顾客朋友,凡于活动期间在××超市一次性购物满18元,均可凭电脑小票到商场顾客服务中心参与"购物抽奖中金月饼"活动,您仅需填写好您的姓名、联系方式、身份证号码,投入到抽奖箱内,即有机会免费获得我商场送出的价值3 000元的金月饼一个。

9. 中秋国庆送大礼

活动时间:2021年9月7—9月30日。

活动内容:在公司第四期促销(中秋2期DM刊,时间:9月7日—10月5日)封面上印刷中秋、国庆现金券,现金券面值10元,凡顾客拿到我们的DM刊,剪下现金券到我商场购物满128元可使用一张,直接省10元现金,购物满200元可使用两张,现金券不可兑换现金。

10. 购物满198元返30元现金

活动时间:2021年9月31日—10月5日(6天)

活动内容:为庆祝国庆节的到来,回报广大顾客朋友,活动期间,凡在××超市购买服装、箱包商品满99元即可返回15元现金,满198元可返回30元现金,多买多返,依次类推,欢迎广大顾客朋友前来选购。(注:此时刚好到了换季的时候,又正值国庆,也是顾客为选择在哪里购买服装而犹豫不决的时候,吸引顾客,不让顾客外流、拉动客流、推动销售)。

11. 九州同庆国庆日

活动时间:10月1日—10月3日

活动内容:由采购部联系供应商到门店开展场外促销活动,活跃场内外气氛。

十、活动操作

1. 活动总负责:×××
2. 组成人员:各部门负责人
3. 相关部门工作人员作好协助工作,确保活动的顺利进行。

(资料来源:百度文库)

☆案例分析与讨论

结合"案例文本展示"中的内容讨论和回答下列问题:

1. 本策划方案的亮点在哪里?你从中学到了什么?
2. 补充本方案中缺少的相关内容,完善本策划方案。

☆案例解读与评析

5-2 案例解读与评析

# 项目六　新产品上市策划

## 学习目标

1. 理解新产品上市策划的本质，了解新产品上市策划的流程，掌握新产品上市策划的要领，掌握撰写新产品上市策划方案的方法。

2. 通过研究案例熟悉新产品上市策划方案的结构形式，体会新产品上市策划方案的撰写方法和新产品上市的推广策略。会根据企业面临的营销环境选择和使用促销工具，按照新产品上市策划的流程进行策划，并撰写出一份新产品上市策划方案。

## 任务一　了解新产品上市策划本质

### 一、新产品的概念

新产品是指没有在市场上流通过的商品，也就是消费者没有太多认知甚至没有任何了解的商品。新产品包括以下几种：一是企业最新研发，在工艺、核心功能等方面和以前产品基本没有联系的新产品，有明显的新产品特征；二是一些老产品经过一定时间的市场投放，产品在外形、包装等方面已经不能再引起消费者更多的购买兴趣，所以在老产品的基础上对外包装等方面进行革新的新品；三是该产品已经流通，但在某个市场没有流通过，这是一种外域市场的新产品。不管是哪一种新产品，它们都具有一个共同的特点，那就是所拟定投放市场中的消费者对其较为陌生。

### 相关链接

#### 橡胶的改良

美国魏特亚轮胎公司董事长魏特亚，孩童时是一家小轮胎店里的童工。但他进取心很强，每天都在思考如何改良轮胎，使它更耐磨、更有弹性。一天，由于过度疲劳，他钻进被窝睡觉。他竟然梦见把橡胶和硫黄混合晒干后，变成了一种坚硬的橡胶。他一骨碌爬起来，马上跑到实验室，按照梦见的方法实验。结果美梦成真！美中不足的是，这种橡胶具有冬天硬化、夏天软化的不稳定性特征。于是，他继续进行研究和实验。

> 一个寒冷的冬天,他无意中把黏有硫黄和橡胶的手伸向火炉取暖。"好烫!"他赶紧缩回手一看,黏在他手上的胶液竟然变成了一种很有弹性的橡胶。"这倒奇怪!一烤火,竟然变成这样优质的橡胶!这究竟是什么道理呢"?魏特亚接着研究加热温度,结果发现,在胶液中加入适量硫黄,加热到130℃即成为优良的橡胶。于是,一种优质的轮胎就这样诞生了。

### 二、新产品上市策划的概念

新产品上市策划是指企业为了能够使消费者迅速认识并购买企业所推出的新产品而采取某一活动,并针对这一活动所进行的一系列规划。企业新品上市的活动对象主要包括消费者与中间商。

### 三、新产品上市的准备工作

新产品开发时除了要做好市场需求的研究,产品概念的开发和测试,产品包装、概念、价格等的设计,市场定位和沟通,广告创意及执行,各种宣传品的制作等环节外,还必须做好以下几个方面的准备工作。

#### (一)配备销售人员

新产品上市前的知名度、品牌忠诚度、消费者认知度都极低,消费者和终端不可能马上接受。一旦形成这样的局面,必然会使产品积压,销售受阻,企业陷入恶性循环的环境中。这时企业就需要销售人员的推动力来促使新产品落地生根、遍地开花。试想如果没有这样一支队伍,即便你的新产品再好、创意再新,结果又会如何呢?

#### (二)做好部门间的沟通

一个新产品从其开发之日起,就必然不是孤立存在的,而是牵扯到各个方面的关系,凝结着各个部门的辛劳和汗水,是大家努力的结果。同样,一个新产品的上市不应该是销售人员的孤军作战,市场策划人员要为其"保驾护航",生产部门要为其提供"充足的弹药",物流部门要保证货物准时到达。如果销售部门的市场推广正在如火如荼地进行,而生产部门却说产品供应不上结果会如何呢?同样生产部门不按照销售订单要求加大生产量,造成过大的库存又会怎样呢?还有市场部推广政策制定得天衣无缝但是销售落后,或者不能很好地配合,那么结局不言而喻,反之亦然。因此,在新品上市前部门间的协调和沟通也尤为重要。

#### (三)进行产品推介

一个新产品顺利进入市场必须通过销售部—经销商—销售终端—消费者这样几个环节。如果缺少了对销售人员、经销商、终端的推介,别人都不知道产品的价值所在,无法认识产品,又怎能更好地推介呢?产品上市成功的概率又会有多大呢?

#### (四)制定激励政策

新产品上市风险和机会并存,但是往往风险大于机会,这意味着经销商要承担更大的风险,业务人员需要付出更多的努力,如果企业在新品上市之前没有一个好的激励政策,延续老产品的激励政策,经销商会失去经销或者说进货积极性,业务人员的积极性就难以调动,造成大多数业务人员不会积极主动地去推销新品,注意力集中放在迅速产生销量的成熟品项目上,新品上市失去推动力,仅仅依靠广告拉动销售,造成新品的推广难度和风险加大。

### (五) 确定考核指标

没有压力就没有动力,在确定激励政策后制定相应的考核指标,目的在于引导销售人员明确工作的内容,只有了这个压力销售人员才会想办法动脑筋,否则销售人员在碰到问题时将会产生放弃的思想,不利于对新产品的推广。

## 四、新产品上市的模式

新产品上市的模式有许多种类,总体上大致有以下几种。

### (一) 产品使用培训

通过培训来改变消费习惯和引导消费潮流,例如计算机和软件,许多人不会操作,也就觉得买不买无所谓,而一旦厂家先对他们进行培训,使其学会(基本)使用,就能达到"让牛口渴"之目的,进而激发其购买欲望。

### (二) 免费赠送样品

免费赠送样品,让消费者亲身体验到新品的妙处,是最生动有力的促销方式。所谓"百闻不如一见,百见不如一验(实验、试用)",正是这个道理。如宝洁的许多新产品上市都是先通过派发,让消费者体验;飞儿馍片首先通过将其作为超市的促销品上市(消费者购物金额达到一定数量就会免费送一盒),然后迅速铺货。

### (三) 产品使用示范

若企业没有雄厚资金去大搞派发活动,可以通过示范方式达到目的,示范是指把样品摆在公共场所,由厂家促销员展示给消费者,也可以鼓励顾客亲自操作。

### (四) 以旧换新

让消费者拿旧产品来折价兑换新产品,既解决了废旧品的回收利用问题,又能起到激发消费者使用新产品的目的。

### (五) 先使用后付款

有条件和信誉保证的话,先用后付款倒不失为一种两全其美的办法。而且,在消费心理习惯上,消费者普遍认为敢于"先用后买"的,应该是质量过硬的信得过产品,这无疑又为新品增加了说服力。

### (六) 横向联合

与一些知名品牌的产品或快速消费品捆绑,或者是与互补品组合在一起进行销售,如QQ能量枣上市时,与网络游戏和网吧捆绑,积累了一定的 Q 币或游戏中的金币可兑换 QQ

能量枣。

## 五、新产品上市的时机策略

新产品进入市场的时机有三种策略可供选择：早期进入市场策略、同期进入市场策略和晚期进入市场策略。

### （一）早期进入市场策略

早期是指领先于其他厂商而率先在市场上推出自己的产品。这一时期往往对应着产品生命周期的第一阶段即投入期，市场存在着高风险和不确定的因素。但早期进入市场能够形成一种竞争优势，即能够建立并提高该行业的进入壁垒，防止潜在的竞争者进入市场，从而在市场上占据主导地位。早期在市场中赢得一定的忠实客户，通过这些客户又可能对其他潜在的客户产生有利的影响，从而有利于建立强大的市场地位。尤其是对于全新产品或技术更新迅速的产品，早期进入市场的产品往往会成为或被默认为该行业的标准。IBM（国际商用机器公司）是世界上最早生产和推出个人计算机的厂商，它的计算机产品被业界认为是"正宗的"，而后来的COMPAQ（康柏）等公司生产的个人计算机都被称为"兼容机"。

不论新产品是否基于价格或技术，早期进入者总是有更多机会建立进入壁垒。这些壁垒可以建立在规模经济、经济效应、进入后的营销计划修正、产品、生产与技术的继续改进等方面。但同时，早期进入者也会面临一些问题：由于市场是新的，广告和推销的重点必然会放在介绍产品的功能或该产品能够满足的需要等方面，这对于后来者来说是一个相当大的便宜，他们进入市场时可以省下投入介绍产品方面的广告费用，而直接进行市场占领。另外，市场的原始开拓可能会使早期进入者产生资金、人员等方面的缺乏。如万燕是国内第一家开发VCD并将其推向市场的厂商，但是由于其在技术开发和市场开拓方面耗费了大量的人力物力，使得它欠缺供应市场的能力而痛失机遇，并以倒闭告终。

那么，早期进入市场应该采取何种定价策略呢？撇脂策略和渗透策略是业界熟知的两种策略。一般来说，在产品成本以可变成本为主时，适用于采取撇脂策略，如电子消费品和产业用品。这时，分销网点应该受到限制，以保护高价格；在固定成本很高时，适于采用渗透战略，如果追求广阔的细分市场，则进行广泛分销是很重要的，所以在交易导向的促销上要多花些费用。

由于新产品的市场潜力是很大的，所以对于早期进入者来说，没有太大的必要把主要精力放在阻止对手的进入上，而把钱花在自身产品开发和不断扩大产品的市场占有率上显得更为明智。

### （二）同期进入市场策略

同期进入市场策略是指与其他厂商同时或在十分接近的时间里将新产品推向市场，在这段时间，是否能成为第一对市场和其他利益相关者没有太大的差别，因为在消费者对一种新的品牌和产品没有形成偏好之前，先进入者没有来得及建立进入壁垒，稍后进入的厂商与之前进入的厂商是处于竞争平衡状态的。这里的厂商往往是重要的竞争对手，而同期所指的时间长度也因不同行业和不同产品而不同。

当主要竞争对手的产品信息比较容易得到时，同期进入市场策略是较好的，因为可以迅速针对对手的举动采取防御或进攻的措施，以此削弱对手可能建立的潜在优势，从而赢得更大的市场。在多元产品市场的情况下，同期进入可被用作一种进攻策略。反过来，如果知道对手是稍后进入者,并且善于迅速仿效,则可因势利导地将竞争者的注意力从比较重要的市场吸引到较小的市场去。这一时期要重视市场的细分和定位,因为一旦细分市场把握不准,就可能失掉时机。

### (三)晚期进入市场策略

晚期进入市场策略是指在竞争对手的新产品进入市场以后,再将自己的新产品推向市场。这意味着推迟新产品的市场投放日期,以达到取得长期竞争优势的目的。当然,也有可能由于产品开发的时间比对手晚而被迫晚于对手推出自己的新产品。在这里,善于学习对手的经验是很重要的。

为什么要选择晚期进入市场呢?这是因为早期进入具有两个缺点,即原始市场开拓的风险和成本大。如果企业的流动资金不是很充裕,则进行原始市场的开拓一旦失败就可能关系到企业的生死,如万燕的失败。晚期进入一方面可以避免风险,另一方面可以学习对手的经验,发现消费者的偏好,从而更好地改进新产品,找准目标市场,同时也节约了潜在成本。

除了善于学习,晚期进入策略需要注意的另一个环节是,要通过对手的市场开拓和对消费者偏好的了解发现自己新产品的特点和可能的消费者,还要善于发现未被开拓的细分市场,之所以采取晚期进入是为了取得长期竞争优势。

## 六、新产品上市的渠道管理

新产品上市的渠道管理要做好以下三个方面的工作。

### (一)遴选优质的经销商

中国市场的复杂性、多样性以及区域市场发展的不平衡性,决定了抛弃经销商的时代远未来临,选择真正有价值的经销商是厂家渠道管理的基石。所以,按照"经销商即办事处,办事处即经销商"的原则,遵循"渠道等于经销商"的理念,筛选优化出一家经销商,对于新品的成功上市甚为重要。评选经销商的条件主要有:

(1)经销商要认同厂家的营销理念,认同厂家推出的渠道策略和价格策略等;
(2)经销商要有较强的配送能力,有若干辆送货车;
(3)渠道精耕细作时,经销商要有较强的终端管理和服务意识来配合厂家工作;
(4)经销商要有较强的事业心,没有"小富即安"的心态;
(5)在同一个经营类别当中,经销商要经销独家品牌,没有与其产品及价位相冲突的同类品牌;
(6)经销商要有较强的资金实力,信誉好;
(7)经销商要有固定的酒店、商超等分销网络。

### (二)理顺新产品价差体系

新品上市的渠道管理的第二个核心在于定好产品结构,管控好产品的价差体系。也就是说,定好层次分明、分配合理的通路价差体系,是新品成功上市的核心,也是渠道控制链上的枢纽。各个通路要有合理的利润空间,只有这样,产品才能很好地流动。这个逐级分配的利润空间,还要以当地市场的竞品情况作为参考依据。

渠道管理的核心是价格掌控。在食品饮料类的快消品行业,最好的办法是按"批发价倒扣法"设计通路价差。一般来讲,此种定价方法,是给总经销商一个价、给分销商一个价、给终端零售商也是一个价,各个通路节点上都是一口价,也就是刚性价格,顺价销售。总经销商、分销商利润中心在厂家,也就是靠返利,终端零售商利润中心在自己加价销售,厂家只给建议零售价。

设计价差体系的基本原则是:终端零售商毛利率＞分销商毛利率＞核心经销商毛利率＞品牌制造商毛利率。与"批发价倒扣法"相配套的措施就是"重罚轻奖",违犯游戏规则者,必须重罚。

### (三) 从交易营销走向伙伴营销

在现代营销环境下,经销商经过多年的市场历练,已经开始转型了、开始成熟了,对渠道的话语权意识也逐步地得以加强。所以,企业推广新品上市的过程,也是重新评价和选择经销商的过程,要充分意识到渠道的控制力在于"从交易营销走向伙伴营销"。

首先,牢固确立"扶植经销商做市场,而不是依赖经销商做市场,更不是绕过经销商来做市场"的指导思想。用于扶植经销商、开发市场的主要资源有如下几种:一是基于市场调查,设计切实可行的新品上市的推广方案;二是提供基于产品差价的合理的市场开发与维护费用;三是对经销商和经销商业务员进行有效的培训和指导;四是提供一支训练有素的新品推广所必需的"拓荒牛"小团队。

其次,对经销商进行分类考量:一是对现有营销思路尚可的经销商,需要强化网络拓展能力和市场操作能力,新产品交其代理,厂家全力扶持并培训该经销商;二是对一些没有进一步改造价值的经销商,坚决予以撤换;三是对一些在"一级半"市场中涌现出来的实力较强的二级分销商,在进一步考察其条件后,则可适机委托其代理新产品;四是对一些没有经销商或分销商的市场,新品推广要做的工作就是利用十分具有诱惑力的招商说明书和样板市场,发展理想的经销商。

**相关链接**

### 西门子家电的通路运作

1. 注意网点建设的质量

西门子家电在中国走的是"以点带线,以线带面"的路线,即在一个地区重点扶持一个销售网点,时机成熟后再增加新的销售网点。

西门子重视网络质量,具体表现在两个方面:对网点的细心培育和零售业态的有效组合。销售人员经常深入终端市场与零售商进行广泛沟通,听取他们的意见,及时解决他们在销售中遇到的困难和问题,在产品展示陈列、现场广告促销、及时补货等方面给予有力支持,处理好厂家与零售商的利益关系。同时,也严格规范零售商的销售行为,用制度来管理,一视同仁,奖罚分明,避免了零售终端无序经营和乱价现象的发生。这种市场培育的方式不仅大大提高了终端网络成员的积极性和对企业及产品的忠诚度,增强了他们对产品、品牌、市场的责任心,还使他们的营销水平和能力得到提高、行为更加规范,使西门子从点到面的整个网络得以健康、快速、持续发展。

2. 创造厂家与零售商的互惠协作关系,走双赢之道

西门子家电采取的是直接面对零售终端的销售模式。其特点是不通过任何中间批发环节,直接将产品分销到零售商终端,由商家直接开拓和培育网络。这种方式虽然拓展网点慢、交易分散、配送难度大、人力投入多,但是企业对零售网点的控制力更

加强,可以提高市场渗透力。

那么,是否能够创造一个与零售商互惠合作的良好环境,则关系到产品销售的成败。

西门子的做法是:采取一切有效措施把产品卖给消费者,而非仅仅把产品推销给零售商。这是一个观念问题,有了这个观念,区域公司销售人员的工作重点就不仅仅在于说服零售商进货,也不仅仅在于从事厂商合作中的事务性工作,更重要的是分析研究消费者、竞争对手、产品行业动态,研究如何把握机会,帮助零售商提升销售业绩。"只有让消费者更多地购买产品,零售商才能赚到钱,企业也因此才能得利"的观念深深烙印在每一个西门子销售人员的心中。

不少零售商反映,西门子销售人员主动帮助他们出主意、做生意,推荐好销的产品,精打细算降低成本,遇到要求立即做出反应,不仅行动快、效率高,而且分公司定期与零售商座谈,解决销售难题,西门子值得依赖。

西门子"情感营销"在家电销售领域注入了新的内容,成为通路操作的一种"软件"策略,并逐步跳出私人友谊的小圈子,成为一种销售沟通手段,走向制度化、规范化,同时注重通路运作效率,大大增强了通路的生命力。

# 任务二　熟悉新产品上市策划流程

在现实的新产品推广中,经常可以看到这样让人匪夷所思的一幕:一方面是厂家新产品推广的口号喊得震天响,另一方面却是经销商对于新品置若罔闻、不冷不热、不温不火,呈现出"剃头的挑子一头热"的不协调现象。那么,作为厂家或者是经销商应该如何做才能让新产品的市场推广顺利成功呢？新产品上市推广和管理的流程应该经历以下五个步骤。

## 一、了解市场状况

中国的市场形态最为广阔,也最为复杂。因此,作为厂家要想更好地在区域市场推广新产品,要想达到一炮走红的效果,就必须要对市场进行详细调研,通过真实了解经销商所处的市场状况,做到"到什么山头,唱什么歌",新产品的顺利推广才水到渠成。了解市场状况需要从如下几个方面入手。

### (一) 市场潜力和容量

新产品对于企业来说,都具有一定的战略意义。因此,在选择市场时,往往要选择人口基数大、消费水平高等潜力巨大的市场。因为这样的市场,新产品一旦推广开来,往往具有影响和带动作用,从而可以辐射一方,传播一方,对于厂家可以起到四两拨千斤的拉动效果。

### (二) 市场的消费偏好

新产品能不能成功推广,与是否切合经销商所在市场的消费偏好有很大的关系。中国的消费差异很大,所谓的"南甜北咸,东辣西酸"即为此意。因此,新产品推广要做到一打一个准,就要看产品是否能够满足市场的消费需求。

## （三）市场的接受程度

城市市场与农村市场对于新产品的接受程度是不同的，城市市场理性消费多于感性，品牌认知度高，而农村市场则相反。因此，在选择推广新产品的经销商时，要能根据城市与农村市场的差异性，选择新产品接受程度较高的市场以及经销商来进行大力推广，这样做有助于有针对性、有选择性地推广新产品。

## （四）渠道的推广意愿

很多新产品推广叫好不叫座，这一现象往往跟厂家推广新产品时的一厢情愿不无关系。因此，厂家在选择所要推广的市场时，首先就要考虑经销商以及下游各级分销商的推广意愿，厂家只有合理设定了渠道利润，最大限度地满足了渠道的意愿和需求，新产品成功推广才能不成为一句空话。

# 二、根据市场需求选择新产品

厂家要想持续、健康地推广新产品，就必须根据调查的市场情况，抱着负责任的态度，为经销商选择合适的新产品。合适的新产品一般具备如下几个特点。

## （一）新产品有新卖点

选择的新产品要遵循 FAB 法则，即产品要有它的属性或者说特点(feature)；另外，还要有它的作用或者说优点(advantage)，最后是这个产品能给消费者或顾客带来好处(benefit)，即产品价值。所选择的产品只有具备了以上几点，才可能最大限度地被顾客所接受。

## （二）新产品有新利润

以逐利为本性的经销商都是无利不早起的，因此，厂家在推广新产品时，给经销商选择的新产品一定要符合互惠互利的原则，不能只顾厂家的利益，而忽略经销商的利益。新产品只有有了新利润，经销商才会真正接受新产品，从而大力推广新产品。

## （三）新产品有互补性

厂家选择的新产品要与原来的产品具有互补性。比如，在产品的外在形式方面，如果现有产品是普通装，那么新产品就可以采用促销装或礼品装等。另外，新产品在层次结构上也可以实现互补。比如，高中低档产品互补，通过产品的互补性，可以填补市场空白，从而增加新的盈利源。

## （四）新产品有差异性

厂家推广的新产品要与市场上的竞品形成差异性。新产品只有坚持了差异化的策略，才能采取高价位、高促销的运作模式，才能在市场上灵活自主，游刃有余，才能真正让经销商和厂家盈利，厂商才能建立坚实的战略合作伙伴关系。厂家只有根据经销商的市场状况，选择合适的有利于市场推广的新产品，新产品的市场推广才算迈出了实质性的一步，才能为新产品在市场上更好地生根、发芽、开花、结果打下基础。

## 三、制订新产品上市推广策划方案

厂家要推广新产品一般都要制订一份详尽的新产品上市推广策划方案,以便于有效执行,取得满意的效果。

## 四、推广方案的组织实施

再好的新产品推广策划方案,如果没有强有力的执行,新产品的成功推广便会成为一句空话,成为"海市蜃楼"。推广方案要想顺利有效地实施与开展,要做好以下几个方面的工作。

### (一) 组织是保障

新产品的推广,最终都要落实到具体的团队组织上。这里所说的组织,不仅指营销团队,而且还指组织纪律,有了狼性的营销推广团队,再加上严明的组织纪律,新产品推广才有坚实的基础,推广方案才会得到有效实施,推广策略才能真正落地。

### (二) 培训是前提

新产品要想很好地一推到底,一推成功,培训工作必不可少。很多企业的新产品之所以推广不成功,与企业没有进行相关的培训有很大的关系。没有培训,经销商以及营销人员不能明白厂家的意图,不懂得推广的步骤、技巧与方法,所以很多推广方案得不到很好的贯彻落实。在新产品推广过程中,现场培训是达成新产品推广目标的有效手段。

### (三) 考核是关键

很多厂家的新产品推广往往流于形式,这跟缺乏有力的跟踪考核体系有很大的关系。厂家协助经销商推广新产品,要想让各项措施落实到位,考核这一环节必不可少。因为只有有了考核,才能让新产品推广切实地与营销人员以及经销商的经济利益挂起钩来,严格奖励与处罚。只有如此,营销人员以及经销商才会真正用心,才会让推广方案真正落到实处,而不至于敷衍了事。

## 五、评估推广方案的执行效果

评估推广方案可行性的标准通常有如下几个方面。

### (一) 推广方案的可操作性

在厂家协助经销商推广新产品时,通过现场操作可以发现如下问题:方案是否存在纰漏?在执行过程中,有没有不合时宜的地方出现或发生?如果有,应该如何改进或完善?是否已经及时向厂家有关部门进行沟通、反馈和汇报?

### (二) 推广方案的可延续性

通过操作方案阶段性的实施,新产品推广方案是否具备顺势推广的势头?方案能否继续推广和执行下去?新产品在方案的实施过程中,能否使渠道更加活跃?推广方案的环节是否环环相扣?

### (三) 推广方案的效果性

推广方案关键而核心的评估标准仍然是销售数量和销售额、利润额,这才是最硬性的标准,也是评判推广方案和新产品是否适销对路的有效途径。考察推广方案的效果,有助于厂家和经销商快速做出反应,及时拿出对策,从而让新产品更好地进入市场。通过检查、调整和完善推广方案,厂家和经销商才可能更好地联起手来,实现互动与联动,从而齐心协力,共同把新产品更好地推向市场。

通过建立以上新产品上市的推广和管理流程,厂家和经销商才能在推广新产品上更好地达成一致意见,从而厂商一心,共同把新产品、新做法更加有效地推广于市场,运作于市场。

**相关链接**

#### 营销策划的五力模型

(1) 执行力。任何一个企业,要想实现自己的战略目标,建立收放自如、令行禁止、贯彻到位、气势如虹的执行团队是重中之重。

(2) 协同力。企业内部有机协同,可以体现企业管理的效力和效率,效能成倍放大,企业间的高效协同,能够实现多赢局面。

(3) 洞察力。卓越的洞察力是要求管理者能够看清行业的规律、消费者的潜在需求和企业的能力边界。

(4) 决断力。企业能否捕捉到转瞬即逝的市场机会,取决于企业是否具备快速应变与决断能力。

(5) 平衡力。它既体现了企业与人的平衡与和谐,也体现了企业与环境的平衡与和谐,更体现了四种力量的综合运用。

执行力和协同力是生存型能力,洞察力和决断力是发展型能力,平衡力是协调型能力。这五种力量,相辅相成,相互促进,如果希望从成功走向持续成功,必须五力齐备、互为犄角。没有生存型能力,企业做不久;没有发展型能力,企业做不大;没有协调型能力,企业做不强!

## 任务三 掌握新产品上市策划要领

没有新产品的研发,就没有企业长久而充满活力的发展,但是经过大量的市场调查发现:79%的新产品上市遭遇失败!那么有没有什么办法可以让这些产品"起死回生"呢?借助营销策划理论对这些案例进行仔细分析,可以初步总结出七点策划要领。

### 一、精细的市场分析

当今的市场可谓"铜墙铁壁",对于一个新上市的产品似乎显得刀枪不入。在这样严峻的市场环境下,要想进入城堡,恐怕不得不再次上演希腊神话中的"木马计"。新产品上市前,需要对市场做全面的调查和分析,挖掘出潜在的市场,以便采取可行性的策略。需要注意的是,这样的调查和分析要精要细要准。

## 二、科学的产品定价

新产品的定价一定要科学合理。定价过高,会加大上市的难度而产生难以打开市场的尴尬;定价过低,在上市之后形成稳定性而难于上调,从而难于保证企业的利润,同时也会遭到同类产品的围攻甚至引起恶性的价格大战。事实上,一个新产品的定价,应该根据产品的材料成本、包装费用、运输费用、经销商费用等一系列参考系数,和同类产品比较,得出一个科学合理的定价。

**相关链接**

**超市产品定价**

超市里通常将商品划分为两类:一类是价格敏感类商品(购买频次较高、价格变动易受关注的商品),如生鲜类、洗涤用品;另一类是不敏感类商品(偶尔购买、价格波动不易被察觉的商品),如雨伞。超市将平价策略重点用在价格敏感类商品和新商品上,这能够给消费者留下鲜明的价格印象。同时,将不敏感类商品以一般(或稍高)价格出售,以提高全场赢利水平。即使是敏感类商品,超市也常常视季节或销售情况调整价格,此消彼长,平价"冠军"不断替换,撩起消费者的购物欲望。有研究表明,对超市商品,一般消费者能够清楚记住价格的大约是 20 个。平价超市的价格策略,正是巧妙运用了这种消费心理。还有行家指出,平价超市能够如此灵活、细致地调整商品价格,反映其商品管理的较高水平,值得其他商业经营者借鉴。

## 三、独到的诉求亮点

随着科学技术的发展,同质化市场的形成,很难在同类产品中找到"独点",尤其是那些技术含量不是那么高的日常消费品。但是今天一个突出的特点就是科学技术的日新月异,何言无"独特"之处? 在这样的条件下,企业要关注独特的市场诉求。如果新产品目前在市场上还没有,那么就可以直接把它的利益点诉求于众,告诉目标群此产品有这样的利益,这样的利益是其他产品所没有的,并且要大声地说、不断地说;如果这个新产品在同类中没有显眼的独点,这就要在广告宣传中讲究技巧。

一个新产品的上市,其诉求点一定要独到有个性。否则,竞争对手凭什么要分一杯羹给你? 消费者凭什么要为之买单?

## 四、畅通的销售渠道

新产品上市后,一定要保证销售渠道的畅通无阻,也就是要确保在消费者需求的时候能买到该产品,让该产品可以顺利地到达消费者手中。否则,会造成货物的囤积和堆压,导致企业的资金周转出现问题,不能去开拓更多市场。这对于企业,犹如一个人的血液的流畅与否,关乎生命。因此一个新产品上市,要开拓更多的销售渠道,并且保持它的畅通。

## 五、新颖的促销方式

一个新产品上市后,它需要吸引人们更多的关注,促销无疑是常见的活动。促销的方式多样,有的采取买一送一,有的买大送小,有的买就送小礼物,有的免费品尝等。不管怎样,促销方式一定要新颖,尽量避免老套。同时要注意的是促销方式要大方得体,不可低俗,以免卷入媒体的负面炒作之中。

## 六、终端市场的公关

在今天,商业超市已经成了城镇居民购物的重要场所,越来越受到大家的认可。一个新上市的产品,为了进入真正的市场,必须进入商超。但是进入商超并不是件容易的事,它需要良好的社会关系,提交进场费,把好质量关。因此新产品上市后要进行很好的公关,建立一个好的销售网点。

## 七、良好的售后服务

一个新产品的上市目标不是把它卖出去,而是看它所获得的反应如何,即是否获得了消费者的心,获得消费者的信任。因此,企业应该为新上市的产品建立一个售后服务处,来处理常见的两类问题。一是产品质量问题,不论什么原因,一旦出现质量问题,应该及时给消费者一个满意的解决方法;二是媒体的炒作,对于媒体的炒作,不论出于何用意,都应该及时做出澄清和解释。

**相关链接**

### 策划人的八字要领

国内一位知名房地产营销策划人士认为,策划人要掌握以下八字要领:

"察",即细察。任何一个房地产项目的营销策划,首先要做的便是踏勘、访谈、调查,尽可能摸清真实情况,掌握第一手资料。除了依靠专人调查外,自己还要身临现场,细察、深究。因为调查是一切营销策划的基础、源头,策划成功与否,取决于掌握的情况准不准、全不全、深不深。

"思",即多思。做好一个项目的策划,不仅要三思,甚至要十思、百思、日思、夜思、冥思、苦思。事实证明,许多金点子、新创意,都是在掌握大量第一手资料后,在勤思中迸发出灵感火花的。思要全神贯注,不分心。作为职业策划人,还要善于采纳集体之思,强调团队精神,把每个人的积极性都调动起来,以实现创新。

"奇",即出奇。商场如同战场,战场讲究出奇制胜。营销策划要遵循市场法则,因情循理,这便是"正"。但正不避奇,正中出奇,是制胜的法宝。奇就是独创、变化、标新,寻求差异化。事实上,出奇也是策划人个性的发挥和张扬,只有根据不同项目的特点,扬长避短,度身制衣,将个性发挥到极致,才能尽显独特的风貌。

"杂",即杂糅。房地产营销策划要避免单一,讲究交融、贯通,做到边界渗透、资源整合。具体而言,要做好市场调查、行业背景分析、区域环境分析,讲究消费模式,洞悉消费心理,注重营销策略和企业发展战略。做功能定位,要考虑建筑形态、市政规划、环境风水;做效应分析,要运用数学、工程学、会计学的知识;做企业形象设计,要运用经济学、社会学、心理学、美学知识;做文本设计,要运用图文、计算机、多媒体方面的知识;设计策划方案,也要避免严肃、艰涩、机械的文风,用语要清新活泼、旁征博引。因此,房地产营销策划人除了精通专业知识之外,还要用各种知识武装自己,以便融会贯通、灵活运用、挥洒自如。

"简",即求简。显然,在追求效益的市场环境下,房地产营销策划方案必须简洁明了,诸如对市场前景、行业背景、竞争对手、功能定位、形态布局、整合推广、物业管理等都要有量化依据和清晰的结论,使人一目了然,立即就可以操作。这就要求策划人要有超强的理解感悟能力,追求简约、高效的工作作风。

"德",即道德、操守。策划人要有人品,还要有良好的操守。做房地产营销策划,必须遵循这个行业的职业道德,操守要好。市场经济是法制经济和道德经济,策划人的道德操守是安身立命之本,也是个人的无形资产和品牌要素,应该加强维护,使之增值。

"勤",即勤奋、敬业。作为房地产营销策划人必须适应市场变化的需求,做到五勤,即手勤、腿勤、眼勤、耳勤、嘴勤,以提升策划水平,降低市场风险。

"信",即诚信。营销策划人应该以高度的责任心对待所负责的项目,不可敷衍塞责、欺世盗名、闭门造车,更不可"搞糨糊"。

资料来源:策划人网站

# 任务四 撰写新产品上市策划方案

新产品在销售终端的上市策划活动方案一般包括以下内容。

## 一、活动背景

这部分内容既是对策划内容的高度概括和表达,又起到导读的作用。具体包括以下内容:① 本次策划涉及的新产品及特征;② 目前的市场现状,即竞争分析与机会分析。注意要点:字数应控制在500字以内;客观、真实的描述市场现状。

## 二、活动目的

本部分是根据市场现状等因素确定本次活动的目的。注意要点:用简洁明了的语言将目的表述清楚;只有目的明确才能使活动有的放矢。

## 三、活动对象

确定本次活动的对象,这一选择的正确与否将会直接影响到促销的最终结果。注意要点:要明确活动控制在多大的范围内;确定哪些群体是活动的主要对象;确定哪些群体是活动的次要对象。

## 四、活动主题

活动主题主要根据具体的新产品特征以及活动方式来确定,如样品免费派送活动的主题可以定为"新感觉、新体验、你优先"等。注意要点:第一,主题要单一,一次新产品上市活动只确定一个主题;第二,淡化活动的商业目的,使活动更接近消费者,更打动消费者;第三,力求独特创新,使活动具有震撼力和排他性。

### 五、活动时间和地点

在时间上尽量选择消费者空闲的时间,在地点上要根据不同的活动方式进行有效选择,如样品免费派送活动应选择人流量较大且通道少的地区,而新产品展示推广活动应选择场地相对空旷又有较多人流量地区。注意要点:在地点上应该与相关管理部门做好事先协调工作;在时间上应该把握好时间长度。

### 六、活动宣传

宣传方式有:① 以海报宣传为主;② 横幅、电视、传单等多种形式配合。注意要点:宣传媒介的选择要与活动对象进行良好的对接。

### 七、活动前期准备

活动的前期准备分为:① 人员安排;② 物资准备;③ 试验方案。注意要点:① 在人员安排方面要"人人有事做,事事有人管",无空白点,也无交叉点。② 在物资准备方面,要事无巨细,大到车辆,小到螺丝钉,都要罗列出来,然后按单清点,确保万无一失。③ 试验方式可以是询问消费者、填写调查表或在特定的区域试行方案等。

### 八、活动方式及内容

这一部分主要包括:① 确定合作伙伴,如厂家单独行动、和经销商联手、与其他厂家联合、和政府或媒体合作。② 围绕主题,设计各项活动。注意要点:活动方式的选择要有助于借势和造势,费用要低、效果要好、风险要低。

### 九、费用预算

对促销活动的费用投入和产出应做出预算。注意要点:预算要精确、详细具体。

### 十、意外防范

每次活动都有可能出现一些意外,比如政府部门的干预、消费者的投诉、甚至天气突变导致户外的促销活动无法继续进行等。注意要点:必须对各种可能出现的意外事件做出必要的人力、物力、财力方面的准备。

### 十一、效果预估

预测这次活动会达到的效果,以利于活动结束后与实际情况进行比较,从刺激程度、促销时机、促销媒介等各方面总结成功点和失败点。注意要点:评估方法运用要得当。

---

**相关链接**

**营销策划的六不原则**

1. 不过分夸大营销策划的功效。
2. 不过分夸大自己的策划能力和水平。

3. 不隐瞒事实、欺瞒哄骗客户。
4. 不急功近利,忽视客户长远利益。
5. 不设计蒙蔽侵害消费者的营销策划方案。
6. 不策划违反法纪、有损社会公共秩序、有损优良风俗的营销活动。

## 知 识 巩 固

一、判断题(正确的打√,错误的打×)
1. 所谓新产品即没有在市场上流通过的商品,也就是消费者对之没有太多认识甚至没有任何了解的商品。（　　）
2. 所谓新产品上市活动策划就是企业为了能够使消费者迅速认识并购买企业所推出的新产品而采取某一活动,并针对这一活动所进行的一系列规划。（　　）
3. 一个新产品顺利进入市场必须通过销售部—经销商—销售终端—消费者这样几个环节。（　　）
4. 新产品上市推广方案要想顺利有效地实施与开展,至少要做好组织、培训和考核三个方面的工作。（　　）
5. 评估新产品上市推广方案执行效果的标准通常包括可操作性、可延续性和效果性三个方面。（　　）
6. 新产品上市策划方案"活动背景"部分既是对策划内容的高度概括性表达,又起到了导读的作用。（　　）
7. 新产品上市策划方案"活动主题"部分是活动方案的核心部分,应该力求创新,使活动具有震撼力和排他性。（　　）
8. 宣传媒介的选择要与活动对象进行良好的对接。（　　）
9. 活动的前期准备分3块：① 人员安排；② 物资准备；③ 试验方案。（　　）
10. 新产品上市策划方案中的"活动方式"的选择要有助于借势和造势,费用要低、效果要好、风险要低。（　　）

二、单项选择题
1. 新产品上市流程的第一个步骤是(　　)。
   A. 了解经销商所处的市场状况　　　　B. 根据市场需求选择新产品
   C. 制订新产品上市推广策划方案　　　D. 推广方案的有效组织实施
2. 推广方案要想顺利有效地实施,要做好三个方面的工作,下列(　　)不是其中之一。
   A. 组织是保障　　B. 培训是前提　　C. 考核是关键　　D. 铺货是重点
3. 适合上市推广的新产品一般具备四个特点,下列(　　)不是其中之一。
   A. 有新卖点　　　B. 有新利润　　　C. 有互补性　　　D. 有差异性
   E. 有影响力
4. 了解市场状况需要从四个方面入手,下列(　　)不是其中之一。
   A. 市场潜力和容量　　　　　　　　B. 市场的消费偏好
   C. 市场的接受程度　　　　　　　　D. 渠道的推广意愿

E. 国家的法律法规
5. 评估推广方案可行性的标准可以不包括(　　)。
   A. 推广方案的可操作性　　　　　B. 推广方案的可延续性
   C. 推广方案的效果性　　　　　　D. 推广方案的科学性
6. 新产品上市策划方案中的第一项内容是(　　)。
   A. 活动背景　　　　　　　　　　B. 活动方式及内容
   C. 费用预算　　　　　　　　　　D. 意外防范
7. 新产品上市策划方案的"活动前期准备"部分包括三项内容,下列(　　)不是其中之一。
   A. 本次策划涉及的新产品及特征　B. 人员安排
   C. 物资准备　　　　　　　　　　D. 试验方案
8. 新产品上市策划方案中在确定合作伙伴时有四种选择,下列(　　)不是其中之一。
   A. 厂家单独行动　　　　　　　　B. 和经销商联手
   C. 与其他厂家联合　　　　　　　D. 和政府或媒体合作
   E. 与消费者联手
9. 设计新产品上市活动主题的注意要点有三项,下列(　　)不是其中之一。
   A. 主题要单一　　　　　　　　　B. 淡化活动的商业目的
   C. 力求独特创新　　　　　　　　D. 突出活动的商业目的
10. 新产品上市的渠道管理要做好三个方面的工作,不包括下列的(　　)。
    A. 遴选优质的经销商　　　　　　B. 理顺新产品价差体系
    C. 从交易营销走向伙伴营销　　　D. 和政府或媒体合作

三、多项选择题
1. 新产品上市的流程包括(　　)。
   A. 了解经销商所处的市场状况　　B. 根据市场需求选择新产品
   C. 制订新产品上市推广策划方案　D. 推广方案的有效组织实施
   E. 评估推广方案的执行效果
2. 新产品上市前需要做好(　　)。
   A. 配备销售人员　　　　　　　　B. 做好部门间的沟通
   C. 进行产品推介　　　　　　　　D. 制定激励政策
   E. 确定考核指标
3. 了解市场状况需要了解(　　)。
   A. 市场潜力和容量　　　　　　　B. 市场的消费偏好
   C. 市场的接受程度　　　　　　　D. 渠道的推广意愿
4. 适合上市推广的新产品一般有(　　)。
   A. 新卖点　　　B. 新利润　　　C. 互补性　　　D. 差异性
5. 评估推广方案可行性的标准通常有(　　)。
   A. 推广方案的可操作性　　　　　B. 推广方案的可延续性
   C. 推广方案的效果性　　　　　　D. 推广方案的科学性
6. 新产品上市的模式有(　　)。
   A. 产品使用培训　B. 免费赠送样品　C. 产品使用示范　D. 以旧换新
   E. 先使用后付款　F. 横向联合

7. 新产品上市策划方案的结构形式有（　　　）。
   A. 活动背景　　　B. 活动目的　　　C. 活动对象　　　D. 活动主题
   E. 活动时间和地点　F. 活动宣传　　　G. 活动前期准备　H. 活动方式及内容
   I. 费用预算　　　J. 意外防范

8. 新产品上市策划方案的"活动背景"部分包括（　　　）。
   A. 本次策划涉及的新产品及特征
   B. 目前的市场现状，即竞争分析与机会分析
   C. 人员安排
   D. 物资准备

9. 新产品上市策划方案的"活动前期准备"部分包括（　　　）。
   A. 本次策划涉及的新产品及特征　　B. 人员安排
   C. 物资准备　　　　　　　　　　　D. 试验方案

10. 新产品上市策划方案中确定合作伙伴的方式有（　　　）。
    A. 厂家单独行动　　　　　　　　B. 和经销商联手
    C. 与其他厂家联合　　　　　　　D. 和政府或媒体合作

11. 新产品上市策划的操作要领主要有（　　　）。
    A. 精细的市场分析　B. 科学的产品定价　C. 独到的诉求亮点　D. 畅通的销售渠道
    E. 新颖的促销方式　F. 终端市场的公关　G. 良好的售后服务

12. 新产品上市的渠道管理应该（　　　）。
    A. 遴选优质的经销商　　　　　　B. 理顺新产品价差体系
    C. 从交易营销走向伙伴营销　　　D. 和政府或媒体合作

## 案 例 分 析

### 案例一　××红酒新产品上市策划方案

☆案例文本展示

#### 一、前言

在摇曳的灯光下，沉醉在葡萄酒那殷红的色泽里，是一种惬意的心理享受。而适当饮用葡萄酒，可排毒养颜、健胃活血，其营养成分对人体有益。对一般人来说，每天饮用 200 mL 左右的红酒，益处多多。

红酒虽好，但每日都喝一点的人却不多，主要原因在于红酒的保鲜比较差，一旦开了瓶就必须在三天之内喝完，否则容易变质。现在随着"××红酒机"的到来，这个问题迎刃而解，它采用的是 21 世纪新专利术"盒中袋"式包装，有效阻止空气进入和阳光照射，能够长久保鲜。开启后保鲜期长达 6 个月，使您每天喝一点的愿望轻松实现。本策划方案主要侧重于××红酒包装功能的诉求，强调其"保鲜"的特点，以迎合顾客每日喝一点的需求。

#### 二、竞争环境分析

随着国内红酒消费浪潮的兴起，红酒以一种独特的品位吸引了广大的消费者。众多企业纷纷看中了红酒市场这块蛋糕，使得红酒市场的竞争空前激烈。在国内市场，领先的红酒企业控制着全国超过 80% 的市场份额。在重要的红酒消费市场华南地区，排名前三的品牌市场综合占有率之和超过 60%。竞争对手的广告表现策略多为情感诉求，渲染一种喝红酒

的情调,××红酒在广告表现方面应该另辟蹊径,采用以功能诉求为主的广告表现策略,重点宣传××红酒的保鲜功能。

### 三、消费者分析

目标消费群体以中年为主,其具有中等以上收入,有保健养颜的需要,平常有喝红酒的习惯。潜在消费者以中老年女性为主,有中等以上收入,这些人还没有喝红酒的习惯,但是却有保健养颜的需求。需要对她们宣传每日喝点红酒的好处,通过××红酒包装上的"保鲜"功能,引导他们成为目标消费群体。现有红酒消费群体的消费行为如下:主要在超市、酒店、酒吧购买,具有比较高的指名购买率,品牌忠诚度比较低。现有红酒消费者的态度:对红酒一旦打开不能长久保鲜存在明显的不满,这就成为××红酒机打开市场的契机。

### 四、产品SWOT分析

(一)优势

不同于市场上任何一款产品,××红酒的最大优势在于其包装的独特性,具有长久保鲜的功能,开启后保鲜期长达6个月!能满足每日喝一点红酒的消费者的需求。口感较好,能够满足一般消费者的需求。

(二)劣势

产品形象模糊。产品包装没有现代感,不够美观大方。其包装明显显得档次不够,不符合产品的价格定位。价格较高,不能满足很多较低收入的消费者每日喝一点红酒的需求。

(三)机会

人们的生活水平逐年提高,生活品位也相应提高,对红酒的消费逐年增加。出于健康需要或养颜美容的需要,人们存在一种每天想喝一点红酒的潜在需求。

(四)威胁

国内的前三大品牌红酒已经占领绝大部分市场,地位不易撼动。国外品牌红酒受国内高收入消费者青睐,占据着重要的一席之地。

### 五、产品定位策略

1. 价格定位

××红酒的价格定位不宜过高,因为其目的是让××红酒机成为人们每日都能方便饮用红酒的一种,但是由于××红酒在包装功能等方面有其附加值,它的价格定位在中高价位比较合适。

2. 功能诉求

××红酒与市场上的同类产品的不同点在于其包装上的保鲜功能,开启后易于保存。

综上所述,××红酒应被定位为中高档易保鲜红酒。

### 六、推广范围及时间

2019年在清远本地扎根;2020年向广东各地区推广;2021年面向全国普及。

### 七、公益活动

思路:以支持国防作为企业长期的公益活动。

主题:心系国防,××有责。

活动方式:消费者每购买一瓶"××红酒机",××红酒企业就拿出一元钱来支持国防事业。××红酒企业还将不定期地组织一些爱国主义教育活动,比如组织贫困地区儿童参观军事基地,为退伍军人提供就业机会等。

**八、现场品酒活动**

1. 活动思路

采用在清远举行露天酒会的形式,让××红酒在较短时间内为人们所熟识。利用特殊形式,向消费者展示××红酒机的长久保鲜功能。

2. 活动主题

常饮常"鲜"——××红酒现场品酒会。

3. 活动方式

在清远较繁华地带(可以选择城市广场、赢之城等)举行现场品酒会,将××红酒机做成较大的模型(质地与商品一样,大小相当于普通饮水机)放置于现场,内盛红酒供消费者任意享用,并在现场派发一些××红酒的宣传资料。为了吸引人群,企业还可以在现场搭台,与消费者进行一些互动活动。

**九、特别活动**

为了证明××红酒机的保鲜功能并制造新闻亮点,企业还可以现场打开一台"××红酒机"样机,先请消费者品尝里面倒出的红酒。接着企业将这台红酒机放置于现场,一个月后,在新闻媒体的监督下,企业再次从这台红酒机里倒出红酒请消费者品尝。如果红酒依然新鲜,那么××红酒机的保鲜功能也将被清远消费者牢牢地记住。可以利用这个亮点,邀请一些新闻单位进行现场报道,以达到很好的宣传效果。

**十、广告宣传策略**

(一)广告诉求策略

1. 广告诉求对象

目标消费群体以中年为主,其具有中等以上收入,有保健养颜的需要,平常有喝一点红酒的习惯。

2. 诉求重点

广告诉求从消费者喜欢喝红酒,但是红酒却不容易保鲜,一旦开启就很容易变质入手,突出××红酒机不同于一般的红酒包装,这种包装具有长期保鲜的功能,适合于日常在家庭中饮用红酒。

3. 诉求方法

感性诉求策略是同类产品常用不衰的诉求方法,它能够包含丰富的生活和情感内容,对诉求对象起到比较好的效果,因此建议"××红酒机"广告也以感性诉求为主要的诉求方法。具体可以通过生活场景、处于日常生活中的人物形象来表现。

(二)电视广告文字脚本

1. 保鲜篇

场景一

一名男子在经过精心布置的家中苦苦等待自己的女朋友,快到约会时间的时候男子打开了一瓶红酒,这时候男子接到女朋友的电话说今天有事来不了了,因为红酒已经开启了,怕变质,男子只能独自把红酒喝了(表情沮丧)。

场景二

与场景一同样的一个场景,另一名男子也在家中等待自己的女朋友,快到约会时间的时候男子打开了一瓶红酒,只是男子打开的是××红酒机,这时候男子接到女朋友的电话说今天有事来不了了,挂了电话,男子微笑着自言自语道:"下次等你来的时候,我们一起来喝这瓶××红酒吧。"(画外音)"××红酒机"——常饮常"鲜"。

2. 美容保健篇

(1) 思路：采用蒙太奇的手法来表现××红酒的美容功效。

(2) 场景：在一个布置得温馨浪漫的环境下，一名女孩与一名男孩正在约会，女孩的脸色显得不好，但是透过盛着红酒的杯子，男孩发现女孩的脸色就显得很好，如此反复几次。等这名女孩喝了一点××红酒以后，即使不透过盛着红酒的杯子，女孩的脸色也变得出奇得好看了。(画外音)"××红酒机"——常饮常"鲜"。

(3) 拍摄重点：① 场景的布置，要带点梦幻情调；② 女孩子脸色的变化要处理得当。

(三) 媒介策略

由于本次广告活动是"××红酒机"首次在清远亮相，而且企业准备投入较多的费用，所以建议采取全方位的媒介策略。

以电视广告为主导，向目标消费者做重点推广，争取以电视广告达到最广泛的覆盖面。以报纸、电台广告为补充，向目标消费者传达更多关于产品的信息，同时将各种促销活动的内容及时告知消费者。以张贴广告(吊旗等)、海报等形式在各大超市、商场进行品牌宣传。用公交车体广告进行宣传。在××超市各大门店(建议选择××庆春店、华商店、义乌店)进行大型户外广告宣传。

(四) 媒介选择的标准

选择清远地区对消费者生活最有影响力的媒介。选择清远地区消费者接触最多的媒介。选择具有家庭化的媒介。选择清远地区最有亲和力的超市、商场。

(五) 所选用的媒介

电视媒介选择清远地区最能够深入家庭的清远1套频道以及清远公共频道。这两个频道是清远地区收视率最高的电视频道，一般家庭都收看。并且收视人群比较接近于我们的目标消费者。报纸方面选择《清远日报》以及《广州日报》。公交车体广告，选择途经清远各繁华地段的14路车等。超市、商场运用吊旗以及海报进行宣传。各媒介在广告发布的时间和频率上互为补充。在广告开始的一个月内采取集中发布的策略，即在各媒介上持续发布广告，以节省广告费用，保持广告的持续性，起到持续的说服和提醒作用。

**十一、整体传播策略**

因为本次广告活动是"××红酒机"的首次广告活动，需要迅速打开市场，因此除了广告之外，还需要其他促销活动的配合。通过广告来促使消费者产生购买欲望，通过其他促销活动促使消费者直接产生购买行为。

1. 媒介广告：通过上述大众传播媒介发布广告。

2. 售点广告：在××红酒的所有销售网点张贴各种宣传资料。

3. 售点促销活动：在各销售网点配备促销人员，直接开展促销。

(1) 现场品尝：请消费者现场品尝××红酒，并发放企业制作的一些小册子。

(2) 赠品促销：向购买一定数量产品的消费者赠送小型礼品或者采取买几送几的方式。

(3) 加大包装促销：制作特别的大包装红酒以优惠价格出售。

4. 各种主题促销活动：与报纸广告相配合，开展大型的促销活动，以吸引更多的消费者购买本产品。(比如在部分商品包装中加入幸运兑换券，消费者凭兑换券可以免费兑换一定数量的商品。)

5. 产品本身的配合：由于本产品的重点诉求就在于其"保鲜"功能上，所以在包装上一定要进一步改善其保鲜功能，如果连这一点都不能过关，那做以上的广告就等于搬起石头砸自己的脚。在保鲜功能能够保证的前提下，进一步增加其包装的美观性。因为喝红酒的人具有一定品位，希望在包装上也能够满足他们的需求。

（资料来源：徐汉文，袁玉玲.市场营销策划.）

☆**案例分析与讨论**

结合"案例文本展示"中的内容讨论和回答下列问题：
1. 本策划方案的核心创意是什么？感悟其创意过程并评价其优劣。
2. 本策划方案有哪些不足？怎样修改、完善和优化？

☆**案例解读与评析**

6-1 案例解读与评析

## 案例二 马应龙：传统药企如何借力新媒体营销

☆**案例文本展示**

### 一、背景介绍

我国医改政策的出台可以说给医药行业进行了重新洗牌，同时给医药企业的发展带来了巨大的机遇，众多药企在利好政策下纷纷开始了企业扩张。然而，在机遇与挑战并存的特殊时期，拥有400多年历史的国药老字号——马应龙却发现自己的品牌在慢慢走向老化。公司进行的市场调研数据显示，虽然年龄在35岁以上的人群对马应龙的核心产品有着相当可观的认可度；但是年龄在18~35的青年人群几乎无人知晓这一品牌。这种现象对马应龙公司未来的发展可以说是极其不利的。企业需要向前发展，青年群体自然是企业未来发展的主要客户，有着巨大的市场潜力，企业要想赢得未来，必须牢牢抓住这部分群体。马应龙急需寻找一种快速有效的方法扭转品牌老化的格局，公司董事长当即组织领导班子召开紧急会议，希望能拿出方案使品牌年轻化。经过激烈的讨论后，公司决定尝试利用眼下青年群体热衷的互联网来进行品牌和产品信息的传播，并由公司的市场营销总监全权负责此事。

### 二、马应龙的新媒体营销之路

（一）创意视频开先河

在综合分析了企业内部环境、医药行业营销现状之后，马应龙药业全体员工一致认为，必须不怕风险，抢占先机进入医药互联网营销。通过大量的市场调查，市场营销团队找到了突破口——借助创意视频进行品牌推广。

在选定以创意视频为切入点之后，接下来的问题便是平台的选择。在众多火爆的视频网站中，土豆网属于其中之一，而且土豆网以内容为王，以UGC（用户自创内容）为自己的独特优势，通过用户对自己生活的记录和实时互动，保持着快速增长。不仅如此，土豆网的目标人群属于18~35岁的青年群体，这与马应龙想要赢得的"未来"不谋而合。经过研究和各方面的参考，马应龙药业最终选择与土豆网进行合作，打造了全方位的推广方案，打破传统医药广告单纯的说教，在年轻人喜欢的地方，以一种轻松幽默的方式，激发他们的兴趣，形成互动。在取得了一系列的成功之后，马应龙在创意视频营销上加大投资力度。通过与土豆网的进一步合作,又推出了"关爱无处不在,生活轻松自在"的活动。除此之外马应龙药业还邀请土豆网上的知名播客拍摄病毒视频及微电影,利用土豆网资源及播客自身强大的影响力进行传播。通过一系列的举措吸引年轻群体关注马应龙,为产品形成良好口碑,快速提高马应龙品牌的认知度。

（二）微博矩阵助传播

面对时下微博火热的局面,马应龙药业在开创了医药行业新媒体营销的先河之后,对待新兴事物一直保持着敏锐的嗅觉。微博的主要活跃用户在年轻群体,这又与马应龙之前决定使品牌年轻化的战略所针对的目标群体有着很大程度上的契合。在考察了当前的市场竞争环境之后,马应龙药业开始打造出属于自己的微博传播平台,借助这一大众化的平台拉进与顾客之间的距离。通过各类微博平台与大众消费者进行深度互动,了解消费者的舆论导向并及时进行反馈和沟通。

通过企业领导人和公司员工微博账号的设立,可以说马应龙微博矩阵建立了一个比较完整的系统:官微定期发布话题,通过企业员工转发扩大影响力,再通过与企业机构的合作进一步扩大微博的传播范围,最终达到消费者自行参与传播的局面。

当然,在微博发布形式和发布内容上也必须保证质量,同时由于公司产品的特殊性,内容也必须诙谐幽默;话题参与性强是首先要考虑的,要能够引起大众群体的兴趣;不能光以说教和单纯打广告的方式发布出来。只有把大众摆在一个平行的位置上,增加话题的娱乐性,并提供一定的奖励才能吸引关注微博的粉丝参与。当粉丝参与之后,马应龙官方微博通过转发和评论微博的方式加强与粉丝之间的互动,马应龙微博体系的建设逐渐趋于成熟。

（三）微信众筹造影响

对于早已在新媒体营销中迈开步伐的马应龙来说,微信这一阵地是一个新的机遇,通过微信不仅可以对用户进行点对点的精准营销,随时随地与用户进行沟通,还可以通过朋友圈的分享达到快速传播的目的,以此增加品牌的知名度。市场机会稍纵即逝,经过公司组织的多次会议讨论之后,马应龙的微信平台随即铺开。

为了扩大影响力和鼓励公众参与,马应龙微信运营团队在马应龙公众号上设置了"轻松投稿"栏目。

（四）网上药店促购买

在线上给消费者营造出一个优质的体验环境,消费者在对马应龙有一个全方位的了解之后,最重要的一步就是让消费者能够便捷地在网上下单购买公司产品。我国对药品网上交易的政策逐渐放宽,马应龙药业集团上下齐心协力打造马应龙网上商城,成为首批进行药品网上销售的企业之一。网站的建立和运营依托的是马应龙线下早已布局好的物流和仓储系统。管理规范的门店,保障了药品流通过程中的质量,使消费者能够无忧购买优质产品。网站实时接收用户的反馈并及时改进,并定期发布优惠信息吸引消费者购买,与消费者形成良好的互动关系。马应龙在网上药店的经营过程中,时刻秉承着"为顾客创造健康,为社会创造效益"的宗旨,不断完善企业自身的发展。

### 三、线下布局形成闭环

（一）连锁药店保质量

好的营销手段终究是为了产品的销售而服务,为了使在互联网上的营销活动能够落地,公司以直营店的方式区别于其他竞争对手的加盟店,保证了各门店的服务质量。从药品的采购、运输、仓储等各个环节进行全方位的把控,在保证药品质量的情况下实施成本控制,减少不必要的浪费。同时,线下采取多种多样的促销策略,通过样板店、特色店的经营,逐步提高市场占有率,稳步推进医药连锁店的扩张,提升马应龙的品牌形象。在线下,公司确立了以马应龙大药房为主体的发展重点,扩大在医院内药房经营领域的介入力度和深度。抓住国家医疗体制改革、医药分离进程所带来的机遇,实现公司的快速发展。

(二)专业医院提升形象

为了提升马应龙的专业化程度,提升公司的品牌形象,马应龙借助已有的影响力顺势进入医疗服务领域,满足客户多元化需求,在医院的建立上也展开了布局。

(资料来源:中国管理案例共享中心)

☆**案例分析与讨论**

结合"案例文本展示"中的内容讨论和回答下列问题:

1. 在互联网的冲击下,传统药企是否应该寻求宣传渠道的创新?
2. 若马应龙选择通过新媒体进行产品信息的宣传,应该以什么样的形式作为切入点,更易被人接受?
3. 在互联网信息时代,各种新事物的出现使得消费者很难保持对企业和品牌的忠诚度,马应龙该如何强化用户黏性?
4. 当马应龙药业在线上取得了客户关注度之后,该如何实现商业模式的O2O闭环?
5. 当马应龙建成自己的O2O体系之后,未来该如何完善?

☆**案例解读与评析**

6-2 案例解读与评析

# 项目七　市场定位策划

## 学习目标

1. 了解市场定位的对象系统和过程系统，掌握企业定位策划、产品定位策划和品牌定位策划的有关理论。
2. 能够从案例中找出市场定位说辞，区分企业定位、产品定位和品牌定位，会按照市场定位的步骤进行企业定位策划、产品定位策划和品牌定位策划，并能够创作市场定位说辞和撰写市场定位文案。
3. 树立全局观念、具有长远眼光，培养发散思维，形成营销战略决策能力。

## 任务一　了解市场定位系统

### 一、市场定位系统的概念

市场定位是指企业在全面调查分析目标客户、供应商的需求信息以及竞争者在目标市场上的位置后，确定自己的产品在市场上的位置及如何接近客户的营销活动。市场定位离不开一个定位系统，离开了系统就不能定位。市场定位系统包含两个内容：一个是市场定位对象系统，另一个是市场定位过程系统。

### 二、市场定位对象系统

市场定位对象是指需要在市场上确定自身位置及形象特征的实体，包括行业、企业、产品、品牌、广告等一系列相关实体。这些相关实体组成了市场定位的对象系统，这个系统是一个多层次的系统。

#### （一）行业定位

行业定位是指把某行业作为一个整体在国民经济发展的诸多行业中予以定位。

#### （二）企业定位

企业定位是指通过企业在市场上塑造和树立良好的形象，形成企业的魅力，进而形成产品魅力，推动营销活动。

### （三）产品定位

产品定位是在产品设计之初或在产品市场推广的过程中，通过广告宣传或其他营销手段使得本产品在消费者心中确立一个具体形象的过程。简而言之，就是给消费者选择产品时制造一个决策捷径。

### （四）品牌定位

品牌定位是指企业基于客户的生理和心理需求，树立品牌独特的个性和良好的形象，使顾客牢记在心中。品牌定位的核心是要打造品牌价值，品牌定位的载体是产品，其承诺最终通过产品来兑现，因此品牌定位必然已经包含着产品定位于其中。

### （五）广告定位

广告定位属于心理接受范畴的概念，它是指广告主通过广告活动，使企业或品牌在客户心中确定位置的一种方法。广告定位是企业定位、产品定位和品牌定位的传播形式。

## 三、市场定位过程系统

市场定位的过程分为市场细分、确定目标市场和明确市场定位这样三个连续的步骤。

### （一）市场细分

市场细分是指企业根据市场需求的多样性和购买者行为的差异性，把整个市场（即全部客户）划分为若干个具有某种相似特征的消费群体（细分市场），以便执行目标市场营销的战略和策略。换言之，市场细分是对需求进行的分类，是分辨具有不同特征的消费群体，并把它们分别归类的过程。通常，市场细分所形成的具有相同需求的消费群体称为细分市场、子市场、分市场、次级市场等。

### （二）确定目标市场

目标市场是指企业决定要进入的细分市场，即企业决定要为之服务的消费群体。企业在对整体市场进行细分之后，要对各细分市场进行评估，然后根据细分市场的潜力、竞争状况、自身资源条件等多种因素决定把哪一个或哪几个细分市场作为目标市场。

1. 选择目标市场的条件

（1）有一定的规模和发展潜力。企业进入某一市场是期望能够有利可图，如果市场规模小或者趋于萎缩状态，企业进入后难以获得发展。此时，应该审慎考虑，不宜轻易进入。

（2）细分市场有吸引力。决定整个市场或其中任何一个细分市场在长期内是否具有吸引力的五种力量是：同行业竞争者、潜在的新加入竞争者、替代品、购买者和供应商。

（3）符合企业目标和能力。某些细分市场虽然具有较大吸引力，但是不能推动企业实现发展目标，甚至分散企业的精力，使之无法完成其主要目标，这样的市场应该考虑放弃。另一方面，还应该考虑企业的资源条件是否适合在某一细分市场上经营。

2. 目标市场营销策略

目标市场营销策略主要分为以下三种类型：

（1）无差别性市场策略。企业把整个市场作为自己的目标市场，只考虑市场需求的共性,而不考虑其差异,要运用一种产品、一种价格、一种推销方法,吸引尽可能多的消费者。这种策略的优点是产品单一,容易保证质量,能够大批量生产,降低生产和销售成本。但是如果同类企业也采用这种策略,必然会形成激烈的竞争。例如,肯德基在全世界有 800 多家分公司,其采取无差别策略,烹饪方法、制作程序、质量标准、服务水平都基本统一。生意红火。

(2) 差异性市场策略。企业把整个市场细分为若干个子市场,针对不同的子市场设计不同的产品、制定不同的价格、采用不同的推销方法,满足不同的消费者需求。这种策略的优点是能够满足不同消费者的不同要求,有利于扩大销售、占领市场、提高企业声誉。其缺点是由于产品差异化、促销方式差异化,增加了管理难度,提高了生产和销售费用。目前,只有实力雄厚的公司才采用这种策略。例如,某自行车企业根据地理位置、年龄、性别细分为几个子市场:① 农村市场,因常运输货物,要求牢固耐用,载重量大;② 城市男青年,要求快速、样式好;③ 城市女青年,要求轻便、漂亮、闸灵。该自行车厂针对每个细分市场的特点,制定不同的市场营销组合策略。

(3) 集中性市场策略。企业在细分出来的市场中,选择两个或少数几个细分市场作为目标市场,实行专业化生产和销售,在少数市场上发挥优势,提高市场占有率。采用这种策略的企业对目标市场有较深的了解,这是大部分中小型企业应当采用的策略。采用集中性市场策略,能够集中优势力量,有利于产品适销对路,降低成本,提高企业和产品的知名度,但是有较大的经营风险,因为它的目标市场范围小、品种单一。如果目标消费群体的需求和爱好发生变化,企业就可能因为应变不及时而陷入困境。同时,当强有力的竞争者进入目标市场时,企业将会受到严重影响。因此,许多中小企业为了分散风险,选择一定数量的细分市场作为自己的目标市场。

### 相关链接

**尿布大王**

日本尼西奇公司起初是一个生产雨衣、尿布、游泳帽、卫生带等多种橡胶制品的小厂,由于订货不足,面临破产。总经理多川博在一个偶然的机会,从一份人口普查表中发现,日本每年约出生 250 万名婴儿。于是,他决定放弃尿布以外的产品,实行尿布专业化生产。一炮打响后,尼西奇公司又不断研制新材料、开发新品种,不仅垄断了日本尿布市场,还远销世界 70 多个国家和地区,成为闻名于世的"尿布大王"。

### (三) 明确市场定位

1. 市场定位的概念

市场定位是指企业根据目标市场上同类产品的竞争状况,针对顾客对该类产品某些特征或属性的重视程度,为本企业产品塑造强有力的与众不同的鲜明个性,并将这种个性形象生动地传递给顾客,促使顾客记住本产品、喜爱本产品的活动。

市场定位并不是企业对一件产品本身做些什么,而是企业在潜在目标消费群体的心目中做些什么。市场定位的实质是使本企业产品与其他企业产品严格区分开来,使顾客明显感觉和认识到这种差别,从而使本企业产品在顾客心目中占有特殊的位置。

在确定了市场定位之后,企业需要设计一个营销组合方案并组织实施,使定位到位。这不仅仅是品牌推广的过程,也是产品价格策略、渠道策略和沟通策略有机组合的过程。可见,整个营销过程就是定位和营销组合的过程,营销组合也应该成为广义定位的内容之一。例如,东芝的一款电视机定位于"音质绝好",公司为产品配备了"超重火箭炮低音",并不断改进音质,品牌命名为"火箭炮",推出价位较高,将其放在高档和专业商店分销,广告推广重点诉求伴音技术。

总之,市场定位过程的核心是在确定目标市场后,通过对目标市场的细分找到产品差异化的定位点,然后通过营销组合来实现这一定位。如果无法找到产品差异化的定位点,那么就在营销差异化方面找到定位点。

2. 市场定位的原则

(1) 简明化原则。消费者具有喜欢简单、回避复杂的心理。越是简单明确的信息,越容易被消费者识别和接受。每种产品都各有特色,关键在于预先筹划好抢先打入消费者头脑的特色是什么。一言以蔽之,突破这道屏障的诀窍就是定位简明,集中力量于一个重点并将其清楚地烙印在消费者心中。

(2) 个性化原则。有差别只意味着有距离,而距离是可以拉近的,无法拉近的却是产品之间所形成的个性。市场定位个性化原则,即赋予产品或品牌独有的个性,以迎合消费者的个性需求。产品特征由理性功能和感性符号组成,消费者挑选产品时,在理性上考虑产品的实用功能,同时他们也评估不同产品所表现出来的个性。当产品表现出的个性与他们的自我价值观相吻合时,他们就会选择该产品,并用该产品体现出自己的个性。

### 相关链接

#### 汽车的个性

多年前,汽车销售公司在促销福特牌汽车和雪佛兰汽车时就强调个性的差异。人们认为,购买福特牌汽车的客户独立性强、易冲动、有男子气概,敢于变革并有自信心;而购买雪佛兰牌汽车的客户保守、节俭、重名望、缺乏阳刚之气、恪守中庸之道。美国市场营销专家通过调查发现,有活动敞篷汽车的车主与无活动敞篷汽车的车主之间存在着明显的个性差异:前者比较活跃、易冲动、爱交际。这些个性特征都可以通过市场定位来赋予某种产品。现在国内许多人都有这样的共识:德国奔驰车的车主应该是50岁以上老成持重的事业成功者,或是企业家或是政界要人;而德国宝马车的车主应该是30岁左右年轻的、才华横溢的成功者或是富二代。可见,产品应该是有个性的,没有个性的产品定位维持不了多久。

(3) 动态调整原则。动态调整原则是指企业在变化的环境中,抛弃过去传统的以静制动、以不变应万变的静态定位思想,对周围环境时刻保持高度的敏感,及时调整市场定位策略,进一步开发产品的新性能来满足消费者的新需求,或者对原有的定位点进行优化或升级,以达到市场推广的效果。企业只有不断调整自己的经营目标、产品种类、技术水平、管理方式、营销策略,才能适应环境并焕发出新的生机和活力。例如,西尔斯公司的市场定位就是通过动态调整取得成功的,蒙牛公司也通过市场定位的动态调整创造了辉煌。

(4) 目标市场满意原则。目标市场满意原则是指为消费者提供满意服务的原则,也是不断强化消费者满意程度的原则。世界上许多公司曾陷入无休止的广告大战、价格大战之中,忽视了竞争的根本立足点在于为顾客提供价值或服务,如今它们又调整战略,回归到为消费者服务的定位,因而从困境中走了出来。例如,美国通用公司和惠而浦公司,都提出了"使客户100%满意"的目标。因此,定位策略要以消费者需求为导向始终是一个颠扑不破的真理。

3. 市场定位的误区

市场定位常见误区的主要表现有以下几种。

(1) 定位模糊。有些企业发现消费者对产品只有一个模糊的印象,消费者并没有真正地感觉到它有什么特别之处,在多元的市场上与其他产品并无差别。

(2) 定位不稳定。消费者可能对产品的印象模糊不清,这种混乱可能是由于主题太多,也可能是由于产品定位变换太频繁。一旦有了定位,就不要频繁变换。如果年年换样,就等于没有定位,也无法形成竞争优势。

(3) 定位怀疑。企业定位后,在产品特色、价格或制造商方面的一些有关宣传,未能得到消费者的正确理解和认可,消费者对该企业的定位产生了怀疑。

## 任务二　企业市场定位策划

### 一、企业市场定位的概念

企业市场定位是指企业通过其产品及其品牌,基于顾客需求,将其企业独特的个性、文化和良好的形象,塑造于消费者心目中并在消费者中占据一定位置。可口可乐公司在可口可乐、雪碧、芬达等多种饮品品牌的基础上形成的公司形象是生产富有可口可乐公司特色的、充满美国文化的、实力雄厚的、生产质量卓越的多种饮品的超级跨国公司。一旦可口可乐公司推出一种新的饮品,它对消费者具有率先的吸引力,消费者也会愿意品尝,因为他们认为这是可口可乐公司的产品,一定不会差到哪里去。

企业市场定位对于绝大多数的生产型企业,还是一个模糊的概念,企业没有充分将其利用起来。从产品市场定位、品牌市场定位、企业市场定位三者的关系层次上来看,一般企业市场定位要经历的过程是:从产品、品牌、企业定位三者一体化到三者分离,后者相对于前者越来越概括和抽象,越来越多地用以表现企业理念。

### 二、企业市场定位的依据

企业市场定位是指从企业特色入手,建立优良的企业形象和巩固企业的优势地位,为企业在市场竞争中赢得优势。影响企业定位的因素有企业环境、企业领导、企业文化等,企业市场定位必须以这些因素为依据。

#### (一) 企业环境

企业环境分为宏观环境和微观环境。宏观环境包括政治法律、人口结构、经济状况、社会文化、自然条件、科学技术等因素,微观环境包括消费者、竞争者、中间商、供应商等因素。企业与环境是相辅相成、相互制约的,企业的一切营销活动都要受到以上因素的影响。营销环境的变化既能够给企业带来威胁,又能给企业带来机遇。企业定位应该以企业适应外部环境的变化为指导思想,从而促进企业的良性发展。

#### (二) 企业领导

企业领导是一个企业发展的指挥者和操控者。一个企业能否取得成功很大程度上依赖于这个企业的领导者。张瑞敏缔造了海尔,柳传志创造了联想,这些耳熟能详的企业领导者在企业成立之初就会为企业制定一个发展战略,从企业产品到企业文化、从产品定位到品牌定位再到企业定位等。从某种程度上说,企业领导者的经营思路与方法决定着企业的定位。

### (三) 企业文化

企业文化是指在一个企业的发展过程中所形成的独具特色的企业经营思想的总和,它一般包括企业全体员工的精神面貌、企业经营宗旨、企业产品特色等。企业文化是企业实施可持续发展的基础,特别是在文化管理概念兴起的今天更是如此。企业文化是社会文化的组成部分,优秀的企业文化不仅为企业在消费者心目中留下了良好的形象,而且还能够推动社会文化的发展。企业文化能否被社会及公众所接受和认可是企业定位战略是否有效的重要标志。

## 三、企业市场定位的方式

### (一) 创新定位

创新定位是指把企业的经营定位于向市场提供创新的产品或服务,是实力相对较强的企业使用的主动型定位方式。

1. 科技创新

科技创新是指高科技企业向市场提供科技含量高的产品或服务。科技创新必须建立在市场需求的基础上,因为需求是科技发展的生命力和源泉,否则科技创新就成了无本之木,无源之水。

2. 应用创新

应用创新是指把最新的科技成果应用于企业的经营。这种应用既包括企业把技术应用于企业的经营手段,提高企业的经营效益(电子商务即属此类);也包括企业应用技术向市场提供新的产品和服务(电子商务服务则属此类)。

### (二) 机会定位

机会定位是指在市场调研的基础上,发现市场上产品或服务的空白,主动填补市场空白的定位方式。这种定位方式风险较小,回报利润较大,获取信息和把握时机是机会定位成功的关键。

### (三) 接力定位

接力定位是指把企业的发展定位于承接先进企业转移的产品或服务领域。产业的接力传播是科技创新应用普及的自然过程,对于创新定位的企业,他们追求的是不断创新,保持竞争优势地位和获得高额利润,会不断地把相对成熟的产品或服务的技术转让给创新能力较弱的企业。随着一项产品或服务技术的多次转移,利润逐渐下降,所以企业应该尽可能地定位于位置较前的接力,但这受到企业现有实力、对外交往程度和信息获得能力的制约。

### (四) 模仿定位

模仿定位是指仿效其他企业,提供相同或类似的产品或服务。这种定位方式的优点是不用做大量的市场调研,简单易行。但缺点是竞争者众多、利润微薄。而且,如果竞相盲目效仿,一哄而上,可能导致供求关系的逆转失衡,投资者血本无归。

### （五）调整定位

调整定位并不调整企业的产品或服务类型，而是根据不断变化的经营环境和竞争者中力量对比的相对变化，对经营策略做出相应的调整。

## 四、企业市场定位的方法

企业市场定位是在综合企业环境、企业愿景、企业文化等因素的基础上形成的，是企业市场定位战略的最终阶段。企业市场定位要在分析企业环境和消费者需求的基础上，从企业特色入手，为企业树立良好的形象并建立企业优势，从而使得企业获得社会及公众的接受和认可。企业市场定位的方法主要有以下几种。

### （一）根据产品特色定位

产品是企业和消费者联系的纽带，独具特色的产品可以为企业在消费者心目中留下良好的形象。日本丰田公司的汽车经济耐用，德国宝马公司的汽车豪华大气，这些独具特色的汽车产品都在顾客中留下了良好的口碑，为企业赢得了良好形象，同时也为企业竞争赢得了优势。

### （二）根据企业文化定位

优秀的企业文化能够赢得社会及公众的认可，同时也促进了社会文化的发展。企业文化可以使企业深深地融入社会及公众之中，成为企业竞争的优势力量。海尔公司的一句"真诚到永远"，让消费者在享受海尔产品和服务的同时，还能感受到海尔企业和员工的一片热情。

### （三）根据企业杰出人物定位

企业的杰出人物包括企业创始人、重大技术发明人及获得重大荣誉者等，他们都是企业的杰出代表。美国福特汽车公司的创始人福特在企业的发展过程中为企业做出了重要贡献，他的"福特要造老百姓买得起的车"这句名言更是成为福特公司的经营宗旨，而他本人也成为福特公司的象征。

### （四）利用公共关系手段定位

由于受到营销环境的影响，企业在营销活动中通常要使用公共关系手段进行营销。二战时期，由于运输困难，美国可口可乐公司就与军方达成协议，利用军用运输飞机将可口可乐运到前线，让每一个士兵都能够喝到可口可乐。这一做法不仅使得可口可乐销量大增，而且还使得可口可乐这一品牌深入人心。

## 五、企业市场定位的步骤

企业市场定位主要有三个步骤，即识别潜在的竞争优势、选择竞争优势和显示竞争优势。

### （一）识别潜在的竞争优势

企业的竞争优势通常包括两个方面：成本优势和产品差异化优势。成本优势是指企业能够以比竞争者低廉的价格销售相同使用价值的产品的能力。产品差异化优势也称为产品适销性优势，是指企业能够向市场提供的产品在质量、功能、品种规格、外观造型等方面比竞争者更能够满足顾客需要的能力。

## （二）选择竞争优势

通过识别竞争优势这一步骤所发现的各种潜在优势，并非都有开发的价值，必须进行筛选。首先应该剔除那些开发成本太高的潜在优势，或者与企业的宗旨、目标、形象不相符的潜在优势，然后在留下的少数几个有开发潜力的优势中，做出进一步的选择，从中选出最佳的竞争优势，注意在选择时主要考虑重要性、所需投资额、所获效益以及竞争者行为等问题。

## （三）显示竞争优势

选定的竞争优势并不会自动地在市场上显示出来，企业必须采取一系列实际行动和相应的广告宣传显示竞争优势，才能够在顾客心目中维持与企业的市场定位相一致的形象。

# 任务三　产品市场定位策划

## 一、产品市场定位策划的概念

产品市场定位策划是企业为了帮助、引导和推动消费者对产品的认识和购买，从消费者认知的角度对产品的相关特性进行的事前谋划、整理、判断和创新。

## 二、产品市场定位的方法

### （一）质量定位法

在开发和生产一个产品时，将产品的质量控制在一定的档次上，叫作质量定位。一般情况下，产品质量越高，市场反应越好，所以，质量定位宜高不宜低。例如，海尔公司认为其冰箱在质量上没有一等品、二等品之分，通过强调质量的重要意义，使海尔冰箱声誉提高。

### （二）功能定位法

产品市场定位是单一功能还是多种功能，这也是值得企业仔细考虑的问题。定位于单一功能则造价低、成本少，但是只能适应消费者单方面的需要；定位于多种功能，则成本会相应提高，然而能够满足消费者多方面的需要。

**相关链接**

**弹簧秤的定位**

重庆弹簧秤厂在开发新产品之前，仔细研究了当时的市场情况，决定不步别人后尘，开发单一功能的弹簧秤。他们的理由有二：第一，购买弹簧秤的主要原因就是上街买菜时怕吃亏，所以功能太多也不实用；第二，把功能减到最少可以降低产品的成本，从而降低产品的价格。另外，功能少了，体积就小，为了方便携带，他们将弹簧秤体积尽量缩小，小到可以挂在钥匙链上而不觉得累赘，这更进一步投了那些精打细算的妇女们所好。

基于以上分析，他们开发了目前市场上最小的仅有一种功能的弹簧秤，由于目标市场恰到好处，一炮打响。袖珍弹簧秤靠单一功能定位获得了成功。

### (三) 体积定位法

产品体积大小也是产品定位时的热门问题。比如手表,男士表宜大些,女士表宜小些。大有大的好处,小有小的可爱。企业采用大或小的体积定位要视具体情形而定。

### (四) 价格定位法

价格定位是指营销者把产品或服务的价格定在一个什么样的水平上,这个水平是与竞争者相比较而言的。

#### 1. 高价定位

高价定位是指把不低于竞争者产品质量水平的产品的价格定在竞争者产品价格之上。这种定位一般都借助于良好的品牌优势、质量优势和售后服务优势。

#### 2. 低价定位

低价定位是指把产品价格定得远远低于竞争者的价格。这种定位的产品质量和售后服务并非都不如竞争者,有的可能比竞争者更好。之所以要采用低价,是由于该企业要么具有绝对的低成本优势,要么是该企业形象好、产品销量大,要么是出于抵制竞争对手、树立品牌形象等战略性考虑。

#### 3. 市场平均价格定位

市场平均价格定位是指把价格定在市场同类产品的平均水平上。

### (五) 造型定位法

产品采取什么样的造型或款式,是产品定位的关键内容之一。一个恰到好处的造型定位,可以带来营销上的成功,而一个蹩脚的造型定位,则会使营销一败涂地。除了那些不具有造型(如饮料、酒)和形状无实际意义的产品(如大米、钢锭)外,其他的产品都可以进行造型定位。在需要进行造型定位的产品中,有的造型是起到辅销作用的,有的是起到主销作用的。起到辅销作用者造型定位不当,会影响产品形象,但它靠其优良的质量和独特的功能尚能维持;如果起到主销作用的产品造型定位不当就完全销不出去。对于一支圆珠笔,其造型仅仅起到辅销作用,所以,圆珠笔只要能写字,款式稍差,仍有人购买,只是销售比较困难。而对于一件衣服,其款式就起到主销作用,如果款式定位不当,根本就没有人购买。除非是把价格定到"贴地皮"方可有人购买,但是这样,企业就损失严重了。

**相关链接**

#### 怪味方蛋

在日本有一家餐馆,专卖各种品味的蛋类、菜类,生意不错。但是老板并不以此为满足。他突发奇想,将鸡蛋敲在一个方形盒子里,加调料蒸煮,制成了一种风味怪异的方形蛋,并申请了专利。该种蛋品以其奇特的形状定位,引来了八方来客,连外国旅游者都络绎不绝,要一睹这种怪味方蛋的风采。怪味方蛋的营销因此获得巨大成功。

# 任务四　品牌市场定位策划

## 一、品牌市场定位策划的概念

品牌市场定位策划是指针对目标市场建立一个独特的品牌形象并对品牌形象进行设计和传播，从而在目标消费者心目中占据一个独特的有价值的地位的过程或行动。品牌市场定位策划的着眼点是目标消费者的心理感受；其途径是对品牌形象的设计；其实质是依据目标消费者的特征设计产品属性并传播品牌形象，从而在目标消费者心中形成一个企业刻意塑造的独特形象。

## 二、品牌市场定位的方法

### （一）比附定位法

比附定位就是攀附名牌、比拟名牌来给自己的产品定位，以沾名牌之光而使自己的品牌生辉。比附定位又分为三种具体的方法。

1. 甘居"第二"

甘居第二就是明确承认同类品牌中另有最负盛名的品牌，自己只不过是第二而已。这种策略会使人们对公司产生一种谦虚诚恳的印象，相信公司所说的是真实可靠的，这样较容易使客户记住这个通常难以进入人们心智的序位。

2. 攀龙附凤

攀龙附凤的切入点，首先是承认同类中已有卓有成就的品牌，本品牌虽自愧不如，但在某地区或在某一方面还可与这些最受消费者欢迎的品牌并驾齐驱、平分秋色。如内蒙古的宁城老窖，宣称"宁城老窖——塞外茅台"。

3. 奉行"高级俱乐部策略"

公司如果不能攀附第一名或取得第二名，便退而采用此策略。即借用群体的声望、集体概念或模糊数学的手法，打出入会限制严格的俱乐部式的高级团体招牌，强调自己是这一高级群体中的一员，从而提高公司的品牌形象。例如，可宣称自己是某行业的三大公司之一、50 家大公司之一、10 家驰名商标之一等。

### （二）利益定位法

利益定位法是指根据产品能够满足的需求或能够提供的利益、解决问题的程度来定位。进行定位时，向消费者传达单一的利益还是多重的利益并没有绝对的定论。但是由于消费者能够记住的信息是有限的，往往只是对某一强烈诉求容易产生较深的印象，因此，向消费者承诺一个利益点的单一诉求更能够突出品牌的个性，获得成功的定位。例如，洗发水中飘柔的利益承诺是"柔顺"；海飞丝是"去头屑"；潘婷是"健康亮泽"；新奥妮皂角洗发浸膏强调"不燥不腻，爽洁自然"；夏士莲是"中药滋润"。这些定位都能够吸引一大批消费者，并分别满足他们的不同需求。

### （三）消费群体定位法

消费群体定位法是指直接以某类消费群体为诉求对象，突出产品专为该类消费群体服务,来获得目标消费群体的认同。把品牌与消费者结合起来,有利于增进消费者的归属感,使其产生"我自己的品牌"的感觉。例如,广东的客家酿酒,其定位为"女人自己的酒",这对女性消费者来说就很具有吸引力,因为一般名酒度数都较高,女士们多数无口福享受,客家酿酒宣称为"女人自己的酒",就塑造了一个相当于"XO是男士之酒"的强烈形象,能够在女士心目中留下深刻的印象。

### (四)市场空档定位法

市场空档定位法是指企业寻求市场上尚无人重视或未被竞争对手控制的位置,使自己推出的产品能够适应这一潜在目标市场的需要。例如,西安杨森采乐洗发水的"去头屑特效药"的品牌定位,在洗发水领域如入无人之境,获得了极大的成功。

### (五)类别定位法

类别定位法是指与某些知名而又属于司空见惯类型的产品做出明显的区别,把自己的产品定为与之不同的另一类。这种定位也可以称为与竞争者划清界限的定位。例如,美国的七喜汽水之所以能够成为美国第三大软性饮料,就是由于采用了这种策略,宣称自己是"非可乐"型饮料,是代替可口可乐和百事可乐的消凉解渴饮料,突出其与两"乐"的区别,在市场中拥有自己的消费群体。

## 三、品牌市场定位工作流程

品牌市场定位的工作流程一般包括以下九个相互联系的步骤。

(1) 产品市场分析。市场部收集与公司产品相关的市场信息,并对信息及产品市场进行分析。

(2) 竞争品牌研究。市场部分析、研究市场上同类产品的品牌特征、品牌策略,掌握各竞争品牌的情况。

(3) 细分市场。市场部将市场进行细分,经过研究分析后,确定本公司产品的主要竞争对手和竞争目标。

(4) 选择细分市场。市场部预估每一个细分市场的吸引力,寻找本公司的目标客户,经过分析测度,选择适合本公司产品的细分市场。

(5) 确定每一个品牌的市场位置。市场部会同各相关部门,在营销总监的指导下为每一个细分市场确定本公司品牌可能的市场位置。

(6) 拟定品牌形象策略并信号化。市场部拟定本公司品牌的形象策略,并进行品牌识别,将其信号化。

(7) 将品牌策略上报领导审批。相关领导提出审批意见,市场部根据领导的意见和建议,修正和调整公司品牌形象策略。

(8) 品牌定位。市场部为每一种品牌进行明晰的市场定位,并制定宣传推广策略,以塑造公司品牌形象。

(9) 品牌管理。品牌定位后,市场部实施品牌管理工作,包括品牌宣传、维护,并根据公司的发展、消费者的偏好、社会环境改变等因素对品牌定位做出相应的调整,以利于公司发展及产品销售。

# 知 识 巩 固

**一、判断题（正确的打√，错误的打×）**

1. 市场定位系统包含两个内容：一个是市场定位对象系统，另一个是市场定位过程系统。（　）
2. 广告定位是企业定位、产品定位和品牌定位的传播形式。（　）
3. 市场定位的过程分为市场细分、确定目标市场和明确市场定位这样三个连续的步骤。（　）
4. 市场定位就是企业根据目标市场上同类产品竞争状况，针对顾客对该类产品某些特征或属性的重视程度，为本企业产品塑造强有力的与众不同的鲜明个性，并将这种个性形象生动地传递给顾客，促使顾客记住本产品、喜爱本产品的活动。（　）
5. 比附定位就是攀附名牌、比拟名牌来给自己的产品定位，以沾名牌之光而使自己的品牌生辉。（　）

**二、单项选择题**

1. 选择目标市场的条件可以不包括（　）。
   A. 有一定的规模和发展潜力　　　　B. 细分市场具有吸引力
   C. 符合企业目标和能力　　　　　　D. 靠近企业总部
2. 不属于目标市场营销策略有（　）。
   A. 无差别性市场策略　　　　　　　B. 差异性市场策略
   C. 集中性市场策略　　　　　　　　D. 高级俱乐部策略
3. 企业市场定位分为三个步骤，其中第三个步骤是（　）。
   A. 识别潜在的竞争优势　　　　　　B. 选择竞争优势
   C. 显示竞争优势　　　　　　　　　D. 以上都不对
4. 价格定位法不包括（　）。
   A. 高价定位　　　　　　　　　　　B. 低价定位
   C. 市场平均价格定位　　　　　　　D. 攀龙附凤
5. 比附定位法不包括（　）。
   A. 甘居"第二"　　　　　　　　　　B. 攀龙附凤
   C. 奉行"高级俱乐部策略"　　　　　D. 高价定位

**三、多项选择题**

1. 市场定位对象系统包括（　）。
   A. 行业定位　　B. 企业定位　　C. 产品定位　　D. 品牌定位
   E. 广告定位
2. 市场定位的原则包括（　）。
   A. 简明化原则　　　　　　　　　　B. 个性化原则
   C. 动态调整原则　　　　　　　　　D. 目标市场满意原则
3. 市场定位的误区有（　）。
   A. 定位过低　　B. 定位过高　　C. 定位不稳定　　D. 定位怀疑
4. 影响企业市场定位的因素有（　）。

A. 企业环境　　　　B. 企业领导　　　　C. 企业文化　　　　D. 营销组合
5. 企业市场定位的方式有(　　　　)。
   A. 创新定位　　　　B. 机会定位　　　　C. 接力定位　　　　D. 模仿定位
   E. 调整定位
6. 企业市场定位的方法有(　　　　)。
   A. 根据产品特色定位　　　　　　B. 根据企业文化定位
   C. 根据企业杰出人物定位　　　　D. 利用公共关系手段定位
7. 产品市场定位的方法主要有(　　　　)。
   A. 质量定位法　　B. 功能定位法　　C. 体积定位法　　D. 价格定位法
   E. 造型定位法
8. 品牌市场定位的方法主要有(　　　　)。
   A. 比附定位法　　B. 利益定位法　　C. 消费群体定位法　　D. 市场空档定位法
   E. 类别定位法

## 案 例 分 析

### 案例一　缘何大起大落：牛大坊的目标市场定位战略

☆**案例文本展示**

**一、缘起：难忘那碗面**

邓毓博的创业灵感来自2013年的一次北京之行，他以兰州大学计算机系在职博士的身份去参加一个学术会议，会上碰到了中科院同行熊永平博士。两位博士相谈甚欢，话题也不知不觉地从所从事的专业转移到各自的家乡。离开了家乡的兰州人又有多少次因为吃不到一碗正宗地道的家乡面而屡屡乡愁泛滥……这可是妥妥的刚性需求啊！

那么，有没有可能研发一款味道正宗、操作简便的牛肉面，借助"互联网+"这个时代利器，让那些喜爱兰州牛肉面的人随时随地都能吃上一碗正宗的"牛大碗"呢？邓毓博的创业灵感仿佛一下子被点燃了，他兴奋地把这个想法告诉了熊永平和其他几位好友，没想到大家伙儿仿佛心有灵犀，一拍即合，牛大坊的初创团队随即形成。

**二、开局顺利：凭借博士噱头一炮而红的"牛大坊"**

2013年9月，带着满满的创业热情，牛大坊团队开始着手研发并生产兰州牛肉面，期间邓毓博带领团队成员多次上门拜访一位有着30余年行业经验的老面匠。起初，老师傅并不是很能理解这帮年轻人的想法，觉得搞网络版牛肉面简直不靠谱，但是经不住邓毓博他们的再三恳求，老师傅终于答应帮忙试试，因为他觉得"能让全国各地的人们吃到真正的兰州牛肉面，总归是件好事。"在这位老面匠的悉心指导下，经过8个月的反复试验，一款零添加防腐剂、保质期最少长达半年的"网络版原汤兰州牛肉面"问世了：拉面采用了以低温晾干方式处理的皋兰禾尚头手工面，香菜、蒜苗经过真空冻干处理，熬好的牛肉汤经过高温高压杀菌后，真空灌装至易拉罐。为了验证这款牛肉面是否地道，邓毓博邀请了近500名兰州本地人和200余名外地人进行了试吃，试吃的结果是此款网络版兰州牛肉面还原度很高，和实体面馆里的牛肉面口味相差无几。

2014年11月29日，国内首款原汤型兰州牛肉面——牛大坊，在淘宝网以"每份23.5元，两份包邮"的标准正式上线销售了。"兰州大学博士教师辞职卖面"的故事瞬间在全国引起轰动并迅速成为网络热点,新华社、人民日报社、中国青年报社、中央人民广播电台、搜狐、新浪、网易、腾讯、香港文汇报社、今日头条等国内四十余家主流媒体竞相予以报道,而每一次报道都会相应引发牛大坊产品销量的井喷。

"网络版兰州牛肉面"一经推出便点燃了市场热情。上线销售不到两个月,牛大坊就赚了近60万元,仅2015年1月23日一天,因为登上了百度搜索风云榜,牛大坊店铺单日销售额居然达到了20万元。而通过对物流信息的分析,牛大坊网络版兰州牛肉面的购买者来自全国各地,似乎所有人都想对博士做的兰州牛肉面一探究竟。牛大坊这个给传统兰州牛肉面打上"互联网+"时代烙印的小微企业一时间显得风光无限,并很快就拿到了500万元天使投资。一切似乎都进行得太顺利了……

### 三、好景不长:销量一路下滑的牛大坊

让邓毓博团队始料未及的是,仅仅几个月后,随着"博士教师辞职卖面"的话题慢慢淡去,失去新闻红利支撑的牛大坊突然不再保持上扬的态势,产品销量在达到最高点后陡然滑落并渐渐沦落为惨淡。而伴随着产品销量的持续下滑,消费者的各种抱怨却越来越多。物流过慢、产品受损、客服反应慢、对客户抱怨没有令人信服的解释说明等情况导致网上差评如潮。此外,牛大坊官网商品排布杂乱、产品单一、描述不够细致、展示不清楚。其淘宝官方店铺的搜索页面中甚至出现重庆小面的广告,造成顾客感知混乱。其官网上那句"抱歉,我们不卖手机"的标语更是令人疑惑,不知道想要表达什么。此后的整个夏天,邓毓博几乎都是在焦虑中度过的,年轻的团队也随之经历了创业以来最苦闷难熬的日子。而在苦苦支撑四年后,牛大坊终于走到了被人遗忘、面临生死抉择的关口……

牛大坊的经营究竟存在什么问题?独木难撑的自己还能坚持多久呢?邓毓博陷入深深的沉思之中,他想是时候找个专业人士来帮牛大坊把把脉并厘清未来的经营思路了……

### 四、缘何大落:牛大坊营销诊断

专业人士仔细研究牛大坊从团队建立到产品研发、上线销售及后来因为销量下滑而采取的一些营销传播活动,发现牛大坊的经营存在下列主要问题:

(一)重研发,轻市场

在中国,朋友或者同学合伙创业是最常见的形式,因为彼此足够熟悉,相比到处寻找合作伙伴,朋友圈是个捷径。牛大坊的创立也是如此,几个朋友凭着一腔热血走到了一起,初创团队就此成形。"老实说,我们这个团队的构成听上去还是有点儿分量的,核心成员5人,3个博士,2个硕士。如果说我们5人有什么共同点,那就是都是工科研究生,之前的工作也都还算不赖。"创业之初,邓毓博说起自己的团队时话语里总是充满自豪感。然而风险恰恰也隐藏于此,抛开高学历的光环,牛大坊清一色的工科高学历背景恰恰是团队最大的短板,身处科研院所或高校的团队成员从来没真正在市场中历练过,他们固然能够凭借科学严谨的态度研发一款好面,但是要想把这碗面经营好却需要真正懂市场、懂管理的商科专才,尤其是市场营销人才。

(二)营销战略规划缺失,行动散乱缺乏方向

牛大坊开局顺利,让邓毓博觉得一切都很简单。邓毓博在回顾企业发展的时候显得特别懊恼,他认为团队的应变力和执行力都存在问题。"初创团队需要强大的执行力和清晰的目标,如果在执行中发现目标有误,需要迅速调整和快速改错。我们在第一代产品V1.0版推出不到2个月后做了微调,而随后经过8个月的时间,V2.0版才正式上线销售,无法想象这个过程中流失掉了多少对我们失望的用户。"造成邓毓博"痛苦"和"懊恼"的原因就在于牛

大坊没有做好营销战略规划这项基础工作,管理者和员工缺乏共同目标,组织支持和资源分配没有指引,团队成员没有努力方向,导致行动散乱、协同效应差。

(三)无视需求差异性,没有选择目标市场

牛大坊从一开始就忽视了兰州牛肉面的需求差异性,没有在此基础上对消费者进行市场细分并优选出真正热爱兰州牛肉面的消费人群。其目标客户群体过于庞大,很难用一种营销策略组合将其覆盖,导致其使用各种各样的宣传语,试图去取悦每一位消费者。如从一开始的"再远,都有一碗牛肉面""互联网思维牛肉面""博士做的牛肉面,"到后来的"舌尖上的牛肉面""口味还原度99%的牛肉面""贵的有道理的牛肉面""无添加的牛肉面"以至到最近的"博士面,美味大有学问""用健康定义速食"等。

可以看出,牛大坊的市场沟通活动似乎已经忘记了当初点燃邓毓博创业热情的"妥妥的刚性需求",忘记了那份"让在外漂泊的游子们随时随地都能品尝到家乡的味道,也让更多的人能吃上一碗正宗地道的兰州牛肉面"的初心和梦想,而试图通过不断变化的宣传语去取悦市场中具有不同需求的每一个消费者,而取悦所有消费者的现实结果却是难以形成稳定的细分市场。

(四)定位不清,营销传播协同效应差

牛大坊独特的价值主张到底是什么?是一碗具有家乡情节的牛肉面?是博士高科技面?抑或只是一碗健康无添加的美味速食面?众多杂乱不一的卖点反而使消费者感知混乱,这也正是牛大坊会经历由供不应求到销量惨淡的大起大落的一个重要原因——初期人们可能受到媒体宣传的影响,出于好奇想尝一尝博士做的牛肉面而产生购买冲动,但也仅仅是品尝一下满足其好奇心而已,并不会据此而产生再次购买的需求。

可以看出,由于自身定位不清,牛大坊的营销沟通活动基本上是天女散花式的,其宣传推广缺乏核心价值主张,没有针对特定的目标客户,没有主次。宣传中没有突出牛大坊的品牌内涵,没有演绎兰州牛肉面所承载的文化特质。没有持续跟进并扩大"博士教师辞职卖面"产生的影响力。微信、微博和网站宣传没有协同性,微信公众号更像一个商城链接,缺乏连续性和识别度,没引起多少关注和转发。

**五、理解市场和消费者:营销环境分析**

(一)内部环境分析

1. 牛大坊的优势

(1)产品好:牛大坊团队的学习、研发、创新能力强,开发出全网首款原汤型牛肉面,取得两项产品研发专利,精选优质原材料,与其他同类产品相比,核心优势突出,产品还原度高,味道正宗、地道。

(2)互联网思维突出:牛大坊创业之始就提出"互联网+牛肉面",致力于将传统线下兰州牛肉面做成便携式产品,转移到线上来销售。他们做到了,牛大坊牛肉面不仅在其官网销售,同时也在淘宝、光大购精彩商城等线上渠道进行销售,并取得一定成绩。

(3)团队公信力高:牛大坊清一色的高学历背景团队成员,容易获得消费者的信任。如果适当增强企业的营销力,市场沟通方法得当,牛大坊相比较竞争对手更容易和消费者建立持久的关系,提升其对牛大坊品牌的偏好度和忠诚度。

(4)邓毓博个人影响力大:媒体的宣传让邓毓博身上打上了"兰州人"和"高校博士教师"这两个具有较高辨识度的标签。邓毓博本人是土生土长的兰州人,了解兰州牛肉面文化,熟悉本地风土人情,十余年的高校生活及全国学联副主席的经历使他拥有丰富的校友和社会关系网络。这些都是其他竞争对手无法比拟的优势。

2. 牛大坊的劣势

(1) 对于兰州牛肉面行业来说,牛大坊是个不折不扣的后进入者,是新手。相比较东方宫、安泊尔、马子禄这些知名的传统牛肉面企业,牛大坊的市场认知度严重偏低。

(2) 不熟悉市场运作,产品定位不清,缺乏独特的品牌形象。

(3) 品牌建立、沟通及传播技巧差。

(4) 成本居高不下,定价偏高。

(5) 网上销售物流保障体系弱,过程难以控制,客户体验较差。

(二) 外部环境分析

1. 牛大坊的外部机遇

从外部环境看,牛大坊面临下列四大机遇:

(1) 兰州牛肉面的知名度和美誉度很高,但大量身处外地、喜爱兰州牛肉面的人平时却吃不到一碗正宗地道的牛肉面(如前文中熊永平所述、邓毓博所感),这是看得见的"刚性需求"。

(2) "互联网+"的时代机遇:经过多年的高速发展,中国的消费者已经熟悉网络购物环境,更多人愿意通过网上渠道来购买所需要的产品。与此同时,线上兰州牛肉面品牌鱼龙混杂,但尚未出现占据绝对优势的领导者,这对天生就带着网络基因的牛大坊来说,是个不小的机遇。

(3) 政策支持:"大众创业,万众创新"及"一带一路"建设的政策背景下,甘肃省和兰州市政府有着强烈的意愿支持做大做强牛肉面产业,市政府更是将其视为城市的主打名片去推广。牛大坊可以借势使兰州牛肉面插上网络的翅膀,突破地域的界限,走进全国百姓家中,甚至走向全世界。

(4) 兰州城市影响力扩大:省会兰州将"中国西北游,出发在兰州"作为其城市定位,采用政府主导、市场化运作相结合的方式加大推动旅游业发展的力度,强化其在西北文化旅游中的中心地位和连接西北地区文化旅游资源的纽带作用,这些举措无疑会极大推动兰州旅游业发展,为城市带来源源不断的客源。

2. 牛大坊的外部威胁

目前,线上兰州牛肉面产品种类繁多,除了"康美农庄"等有一定知名度的品牌外,还有其他如"尕兰郎""牛班长""笑悦""啦啦啦"等打着"兰州牛肉拉面"的旗号做非油炸方便面的产品,如表7-1所示。这些产品鱼龙混杂,消费者感知混乱,其中相当一部分消费者对"牛大坊"品牌和产品定价存在误解。如果仅从产品规格、包装、保质期、售价以及销售量上来看,牛大坊最大的竞争对手是康美农庄,但牛大坊居于领先地位。

表7-1 牛大坊与竞争对手的比较

| 品　　牌 | 规格/包装 | 保质期(天) | 电商平台售价(元) | 月销售量(笔) |
| --- | --- | --- | --- | --- |
| 牛大坊 | 青春版 230 g | 360 | 11.80 | 5 054 |
| | 原汤微辣 V3 版 615 g | | 23.50 | 2 970 |
| | 肉蛋双飞版 695 g | | 32.00 | 373 |
| | 礼物盒 300 g | | 108.00 | 207 |

续 表

| 品　牌 | 规格/包装 | 保质期(天) | 电商平台售价(元) | 月销售量(笔) |
|---|---|---|---|---|
| 康美农庄 | 盒装 195 g | 270 | 9.08 | 2 535 |
|  | 礼盒六份装 205 g * 6 |  | 78.00 | 146 |
| 向阳 | 盒装 250 g | 180 | 13.50 | 40 |
|  | 碗装 250 g * 3 | 270 | 45.00 | 68 |
| 啦啦啦 | 12 包盒装 1 404 g | 360 | 74.39 | 108 |
| 笑悦 | 工艺盒装 230 g | 270 | 18.50 | 96 |
|  | 工艺碗装 230 g |  | 20.00 | 113 |
| 马子禄 | 碗装 122 g | 270 | 7.90 | 313 |
| 牛班长 | 散装 480 g | 270 | 25.80 | 87 |

（资料来源：依据淘宝网数据统计而成）

通过以上的分析，不难看出牛大坊比较具有优势的地方集中在其产品研发、线上销售模式以及团队的公信力，弱势则在于没有清晰的品牌定位和品牌形象，市场知晓度不高。其主要机遇在于大量来往兰州的游客的牛肉面礼品需求，以及外地的牛肉面爱好者对正宗兰州牛肉面的需求。同时，"牛大坊"也面临着其他兰州牛肉面品牌的线上竞争，虽然这些品牌目前尚未造成真正的威胁。

**六、找准市场，定向发力：牛大坊的目标市场战略**

根据对牛大坊的营销诊断分析，牛大坊的首要任务应该是围绕创业初期发现的"妥妥的刚性需求"进一步细分市场，优选目标客户，围绕目标客户找准市场定位，并在此基础上精准定向营销。市场调查显示，牛大坊的消费群体包括以下四类，如表7-2所示。

表7-2　牛大坊的目标市场战略

| 市场细分(S) | 需求点 | 目标市场(T) | 市场定位(P) |
|---|---|---|---|
| "游子"群体 | 家乡的味道 | 选中 | 牛大坊：原汤味道的牛大碗 |
| 游客及兰州特产礼物需求者 | 兰州印象和记忆 | 选中 | 牛大坊：带得走的兰州名片 |
| 尝鲜者 | 兰州美食 | 不选 |  |
| 速食消费者 | 速食、健康 | 不选 |  |

第一类是热爱却很难吃到原汤原味兰州牛肉面的"游子"群体，具体是指那些在外地学习、工作或者定居生活的兰州人以及曾经在兰州学习、工作、生活过且将兰州视为"第二故乡"的人，其需求点是"家乡的味道"。这个群体人数众多且分布在全国各地，他们对兰州牛肉面有认同感，是兰州牛肉面的"铁杆粉丝"。对于这类消费群体来说，牛大坊应该将自己定位为"原汤原味的牛大碗"，突出展现产品的原汁原味及蕴藏其中的文化要素，比如传统兰州牛肉面里的"一清二白三红四绿""毛细、二细、三细、二柱子、韭叶子、宽、大宽"等体验点，当这些铁杆粉丝看到这些熟悉的字眼时，家乡的味道会一下扑面而来，味蕾和情感体验自然也会变得异常丰富。

第二类是来往的兰州游客及对兰州特产礼物有需求的消费者，对于这一群体而言，他们对兰州这座城市的记忆和印象最能够体现在遍布兰州大街小巷的一碗面上,其需求点在于"兰州印象和记忆"。牛肉面本身就是一张兰州的名片,相应地,牛大坊应该将自己定位成"带得走的兰州名片",通过在这张名片上演绎最能代表兰州这座城市的文化元素,比如"水车园""中山桥""黄河母亲""羊皮筏子"等,对这部分消费群体讲好兰州故事,让牛大坊成为来往兰州游客能够带得走的兰州印象和记忆。以上两类人群是对兰州牛肉面有"刚性需求"的人,属于主要消费群体。

第三类消费群体是偶尔尝鲜者,是兰州牛肉面的次级消费群体,他们对兰州牛肉面有一定耳闻但缺乏了解,人数众多但忠诚度不高。由于这一群体购买随意性较大,很难与其建立客户关系,因此,牛大坊不应选择这个群体作为自己的目标市场。

第四类人群是速食(方便面)消费者,这类人群也是兰州牛肉面的次级消费群体。他们的需求点是"速食、健康",牛大坊在这一市场面临众多竞争对手,比如康师傅、统一、今麦郎等,跟这些已经在传统方便面市场打拼多年且实力雄厚的大公司相比,牛大坊可以说是没有任何竞争优势,应该尽力回避。

除了消费者市场,牛大坊还有一个潜在的企业客户市场,那就是线下知名兰州牛肉面馆,这些面馆历史悠久,口碑甚佳,是游客及当地人宴请外地来往兰州亲朋好友的必选之地。在这里吃饭的游客或被宴请的外地人在吃完饭后会产生购买美味的牛肉面并带给外地亲朋好友的需求,其需求点是"带得走的兰州美食。"这个市场一直未引起牛大坊的重视,实际上其潜力不小,牛大坊可以择机进入。

(资料来源:中国管理案例共享中心)

☆**案例分析与讨论**

结合"案例文本展示"中的内容讨论和回答下列问题:

1. 邓毓博的创业灵感是怎样被点燃的?描述一下他得到的新产品概念。
2. 邓毓博的新产品是怎样问世的?新产品靠什么打开了市场?
3. 牛大坊的产品销量缘何从高点陡然下滑最后沦落为惨淡?专业人士的诊断结果有哪些?
4. 复述牛大坊的 SWOT 分析结果,即牛大坊的优势、劣势各有哪些?牛大坊面临哪些机遇和威胁?
5. 描述专业人士给牛大坊设计的目标市场战略。

☆**案例解读与评析**

7-1 案例解读与评析

## 案例二 竹叶青峨眉高山绿茶的品牌定位与传播方案

☆**案例文本展示**

### 一、引言

2018 年是四川省峨眉山竹叶青茶业有限公司(以下简称竹叶青)的新战略元年,又是企业成立 20 周年的重大节点,为此竹叶青定于 2018 年 12 月—2019 年 4 月期间,以品牌战略发布会形式回顾品牌 20 年历程,邀请吴晓波、蔡澜、中国茶界唯一院士陈宗懋等名人、专家传递品牌最新战略定位,通过他们植入高端认知。此外,竹叶青联结2019年春茶上市节点,联手峨眉山市政府及世界绿茶协会,邀请窦文涛、董克平等启动"峨眉高山春茶节"活动。刘嘉玲、冯绍峰、高晓松三位明星组成"春茶品鉴官天团",亲临成都举行三场明星品鉴会,实名打造热烈气氛,为春茶节加油,同时配合春熙路巨型地铁快闪活动,迅速拉升节庆热度。

虽然六场整合营销活动均以聚焦区域传播为核心,但内容兼顾行业高度及流量话题,所以活动不仅成功地引爆原点市场——四川,还有效地将品牌定位认知延伸至全国。春茶节期间,竹叶青全国销售逆势增长三成,明星单品论道销售同比增长近八成,全方位夯实了竹叶青的"中国高端绿茶领导者"地位。

## 二、项目背景

"有品类无品牌"的尴尬与消费升级对立:中国的茶叶产量占据全球的四成,目前有360亿元人民币的市场规模,但是中国品牌茶企市场份额却不足10%。在国内7万多家茶企中,年销售额超过10亿元的屈指可数。市场缺乏统一的标准,导致消费者更多地依赖关系营销而非品牌信任度。茶企小而散,品牌推广乏力,无法重点出击,也难以做大做强。但伴随近年来消费升级,"品牌"已然成为消费者选购茶叶时的首要关注因素。此外,在人们日益追求美好生活的当下,喜茶等作为美好生活的新物种代表,已然成为消费升级的现象级品牌,引发茶业及整个商业领域的关注。在机遇与挑战并存的行业环境中,竹叶青如何突围成为品牌成立20年这一时刻的一个重要课题。

## 三、品牌现状分析

名声在外但是却有很多"冒认":竹叶青是中国第一个开启品牌化运作的茶企,经过20年的品牌化发展,已成为高端绿茶第一品牌,一句重新诠释茶文化内涵的"平常心、竹叶青"更是深入人心。但就全国范围而言,"竹叶青"作为品类名词,在消费者心中,不仅代表酒、茶,还有蛇。甚至在原点市场四川,大部分消费者对于"竹叶青"的首要印象仍然是绿茶品类之一。在高知名度的背后,竹叶青仍然面临着品类品牌区隔不足的挑战。

## 四、产品实力分析

销量加国礼双背书的硬核品质:竹叶青20年来坚持"高山、明前、茶芽"的三大标准,只选取长在海拔600~1 500米高山的明前鲜嫩茶芽。而竹叶青领先于行业工艺的3%含水量,造就茶芽遇水直立、上下沉浮的美态。500 g成品竹叶青,需历经近5万次的挑选;竹叶青论道,更是需要近500万次的挑选。从茶园到杯中,历经38道严苛工序才成就一杯品质领先的峨眉高山绿茶。竹叶青凭借产地领先、原料领先、工艺领先以及品质领先的优势,不仅两度成为"国礼"馈赠俄罗斯总统,更获得连续十年高端绿茶销量领先的骄人成绩。

## 五、媒介环境分析

相对简单、沉稳的媒介渠道:竹叶青的主要消费群体为35岁以上的高阶层人群,对传统媒体特别是垂直类财经报纸、高端财经、生活、时尚周刊等均有较高渗透率;而在数字媒介的接触上,资讯类客户端的依赖度较高;在社交媒体中,微信平台具有较高参与度。

通过一系列调研,竹叶青在企业成立20周年之际,明确"竹叶青峨眉高山绿茶,中国高端绿茶领导者"的新战略定位,通过建立"峨眉高山绿茶"新品类,区隔品牌认知,提出高端绿茶三大标准"高山、明前、茶芽",夯实品牌的领导地位。战略第一炮重点引爆四川。

为此,竹叶青策划了横跨2018年12月—2019年4月的品牌整合营销项目,旨在通过强效覆盖,以及社交媒体的高度参与、线下品牌活动的高端质感,建立竹叶青与"高端绿茶"的强关联,从而带动销售增长。

## 六、营销目标

重点发力原点市场四川,通过在消费者心中植入品类认知,树立"竹叶青等于高端绿茶领导者"印象,形成品牌与销售的营销闭环,实现品牌美誉度与产品销量的螺旋式上升。

## 七、营销策略

打造一个高阶层人群仰慕的,但不是只有高端人群知晓的高端品牌。

(1) 锚定核心决策人群:用户标签化,高阶层人群;偶像效应,强化情感因素的决策影响力。

(2) 打造核心信息传播网:制造核心新闻事件,带动自传播;小事件,大传播,多点交叉触达。

(3) 场景化沟通:以高阶层人群生活场景为切入口;融合线上线下场景,打通平台入口,即高阶层人群的爱好、社交、生活场景——高尔夫、财经读物、高端商场。

## 八、传播受众

针对竹叶青的主要消费群体——30岁以上的高阶层人群,男女比例6:4。

(1) 基本人群画像:拥有本科及以上良好教育;更偏爱金融投资、TMT(科技/媒体/通信)等热门行业;已晋升为企业管理层或从事专业性自由职业。绝大多数已婚并育有子女。

(2) 生活及消费观念:注重精神生活品质,他们喜欢阅读、健身和旅游;日常消费注重彰显有个人品位的生活方式;相比价格,他们更在意消费品内容所附的内在品质及可以赋予他们的额外价值。

## 九、传播内容

(1) 以产品品质说话:立足茶业品质标准化软肋,通过顶尖行业协会专家、美食文化名人、专业媒体等重点深挖"高山、明前、茶芽"三大标准及过硬的"国礼"品质实力。

(2) 名人背书组合拳:持续与高阶层名人、明星合作,如窦文涛、刘嘉玲、冯绍峰、高晓松。通过深度专场互动,增加高消费能力关注者人数的同时,也进一步加深了品牌的审美属性。

(3) 以内涵形成品牌区隔:以产品为纽带,链接文化名人,如蔡澜、吴晓波、董克平和品牌,从而营造出有底蕴、有内涵的形象。

## 十、媒介策略

采用以区域媒体为原点,全国及行业媒体为基础的组合型媒介策略,实现区域新闻、行业媒体区域定向投放、精准曝光,通过核心KOL、财经类媒体奠定行业领先地位,党政权威媒体引导舆论口碑。

## 十一、项目进度

本次整合营销项目分为三个阶段:

(1) 品类区隔品牌植入期:以行业专家及行业顶尖媒体、文化名人等夯实品类优势,奠定品牌"高端"印象。

(2) 口碑收割期:以明星品鉴团线下活动、专属签名产品为核心,引导销售,并在全国性顶尖媒体中,最大化扩散名人口碑。

(3) 盘点拔高期:通过全国性头部流量自媒体进行多维度的品牌拔高(如GQ实验室、哈佛商业评论、拾遗等)配合4月中旬"Discovery峨眉高山绿茶"首映礼延续升量。

## 十二、实施细节控制与管理

(1) 密集式营销活动有序进行:2019年3月内,竹叶青顺利举办四场千人级大型活动,与品牌方、资源方、政府等多方进行顺利对接,时间紧任务重,通过合理的工作推进,确保传播与活动按节奏如期举行。

(2) 建立名人沟通机制:嘉宾邀请方应安排专人对接沟通权益,以高层关系直接与明星经纪团队进行深度沟通及二次确认,并基于商务谈判要求资源方进行最大化配合。

(3) 挖掘明星特点与竹叶青品牌价值的切合点:从明星已有的综艺、电影、电视剧等素材发散,策划丰富、生动、具象的内容,让传播更具活力,也更容易让人接受,形成深刻印象。

(4) 充分激发名人与明星粉丝粘性:立足名人圈层效应,匹配内容及渠道,使粉丝圈参与分享、裂变传播的明星效应。

### 十三、效果综述

明星品鉴团阶段凭借事件声量及粉丝高参与有效实现传播转化。其中,项目整体 KPI 超额完成,微博双话题最高实现 6 300 多万人阅读量,三个明星打 call 视频播放量达 1 000 多万次,KOL 资源达 5 000 多万人阅读量。春茶节传播引发了茶行业对"春茶""高山茶"传播的跟风现象。两波声势浩大的营销战役,使竹叶青成为行业中"高端茶"品牌传播的重点研究对象。

### 十四、现场效果

通过举办多场在成都开展的事件性活动,如 20 周年"全城请喝茶"、巨型地铁快闪、三场核心商圈明星见面会,累计 20 多万人参与现场互动体验,单日最高新客销量 7.1 万元。

### 十五、受众反应

(1) 新品类初入心智:根据市场调研,超过 55% 的顾客对竹叶青的新品类开始有感知,认为竹叶青是"峨眉山的茶""高山绿茶"等。

(2) 品类品牌区分渐明:随着"峨眉高山绿茶"新品类初入顾客心智,加上传播中对"竹叶青"品牌的强化引导,顾客对"竹叶青"品类品牌的区分逐渐明晰,两者混淆比例在降低,认为竹叶青是品牌的顾客数量,由 2018 年的 28% 上升到 2019 年的 48%。

### 十六、市场反应

1. 2019 年 1—4 月,竹叶青春茶全国销量同比增长 36%;明星单品论道销量同比增长 78%。

2. 春茶销售小程序,交易总金额近 400 万元,累计访问人数近 9 万人,平均客单价约 4 万元,其中,竹叶青新客人数近 4 万人。

### 十七、媒体统计

(1) 百度四川指数同比增长 14.9%,对比日常增长 26%。

(2) 微信指数关键词"竹叶青"最高环比增长 3 514.89%,"竹叶青茶"最高指数为 217 多万人,最高环比增长 9 317.35%。

(资料来源:中国管理案例共享中心)

☆**案例分析与讨论**

结合"案例文本展示"中的内容讨论和回答下列问题:

1. 竹叶青绿茶的品牌定位标语(或口号)是哪句话?
2. 在"品牌现状分析"中阐述了竹叶青面临什么挑战?
3. 在"产品实力分析"中阐述了竹叶青 20 年来坚持的三大标准是什么?
4. 从"媒介环境分析"中你能知道竹叶青绿茶的消费群体是哪类人群?他们接触哪些媒体?

5. 本方案中采用了哪三种营销策略?
6. 本方案中采用了什么样的媒介策略?
7. 本方案给你带来哪些启示和感悟?

☆**案例解读与评析**

7-2 案例解读与评析

# 项目八 营销组合策划

> **学习目标**
>
> 1. 掌握产品策划、价格策划、分销渠道策划和促销策划的理论知识,理解营销组合的因素和特点,掌握营销组合策划的原则,掌握营销组合策划的逻辑思路。
> 2. 从案例中体会营销组合策划应该遵循的原则和逻辑思路,会进行营销组合策划并写出策划文案。
> 3. 清楚营销战略与营销策略的关系,能够依据营销战略制订恰当的营销组合策略,提升营销策划专业素质。

## 任务一 营销战术策划

### 一、产品策划

#### (一)产品策划的含义

产品策划是指企业为了使自己的产品或产品组合适应消费者的需要而进行的谋划与设计。

#### (二)产品策划的内容

产品策划的内容包括新产品开发策划、产品组合策划、产品品牌策划、产品包装策划、产品生命周期管理策划。

#### (三)产品策划的原则

产品策划一般应该遵循的原则包括:① 满足消费者需求;② 适应市场竞争;③ 不断寻求创新;④ 善于抓住时机。

#### (四)新产品开发策划

新产品开发可供选择的策略包括:① 自主研制创新;② 换代新产品;③ 改进新产品;④ 革新新产品;⑤ 仿制新产品。

新产品开发的趋势主要有:① 高性能化;② 多功能化;③ 微型化;④ 简便化;⑤ 节能

化;⑥ 系列化;⑦ 智慧化;⑧ 情感化。

新产品开发策划的过程分为以下六个阶段:① 进行市场调查,构思新产品;② 构思的筛选;③ 进行财务分析;④ 进行市场分析;⑤ 产品实体开发与试销;⑥ 正式上市。

新产品推广策划的要点包括:① 选择上市时机;② 选择上市地点;③ 选择目标顾客;④ 选择营销策略。

### (五) 产品组合策划

产品组合分析的内容主要有:① 产品线销售额和利润分析;② 产品项目地位分析。

产品结构组合决策的思路主要有:① 扩大产品组合;② 缩减产品组合;③ 产品线延伸。

### (六) 品牌策划

品牌策略主要有:① 品牌化策略;② 品牌归属策略;③ 品牌统分策略;④ 品牌扩展策略;⑤ 多品牌策略;⑥ 品牌重新定位策略;⑦ 品牌忠诚策略。

品牌策划的要求主要有:① 易于识别和记忆;② 新颖独特,富有个性;③ 突出功能,寓意深刻;④ 符合法律,遵循风俗。

### (七) 包装策划

包装策略主要有:① 类似包装策略;② 等级包装策略;③ 分类包装策略;④ 配套包装策略;⑤ 再使用包装策略;⑥ 附赠品包装策略;⑦ 绿色包装策略;⑧ 更新包装策略。

包装设计策划的要求主要有:① 满足顾客的基本需求;② 方便顾客购买、携带和使用;③ 充分体现产品的价值;④ 符合各国的法律法规和风俗习惯。

### (八) 产品生命周期策划

(1) 导入期的营销策略主要有:① 快速掠夺策略;② 缓慢掠夺策略;③ 快速渗透策略;④ 缓慢渗透策略。

(2) 成长期的营销策略主要有:① 根据用户需求和其他市场信息,不断提高产品质量,努力发展产品的新款式、新型号,增加产品的新用途;② 加强促销环节,树立强有力的产品形象。促销策略的重心应该从建立产品知名度转移到树立产品形象,主要目标是建立品牌偏好,争取新的顾客;③ 重新评价渠道选择决策,基于原有渠道增加新的销售渠道,开拓新的市场;④ 选择适当的时机调整价格,以争取更多顾客。

(3) 成熟期的营销策略主要有:① 市场改良策略;② 产品改良策略;③ 营销组合改良策略。

(4) 衰退期的营销策略主要有:① 集中策略;② 维持策略;③ 榨取策略。

### 相关链接

#### Canon 公司新产品开发

1975 年,Canon 完成了将电子照相技术应用于激光打印机的开发工作,与此同时,Canon 公司开始了探索替代该技术的新技术。激光打印机虽然具有打印速度快、清晰度高、噪声低等优势,但同时也因其构造复杂,存在着难以小型化、彩色化、低价格化等问题,而能够解决这些问题的则是喷墨式打印技术。此时,Canon 公司发现今后可能成为喷墨打印机技术主流的压电振动子原理的技术专利都已经被人申请了，只能寻找新的技术。经过努力，Canon 于 1977 年发明了以热能为喷射源的喷墨技术。为了完善这一技术，他们开始了长达十多年的技术开发与改良工作，于 1990 年推出了世界上最廉价的小型喷墨打印机 BJ-10V，迈出了该技术走向产业化的关键一步。

## 二、价格策划

### （一）价格策划的含义

价格策划是指企业为了使产品的价格或价格体系能够适应消费者的需要和实现企业战略目标而进行的谋划和设计。

### （二）价格策划的类型

价格策划包括四种类型：① 以维持企业生存为目标的价格策划；② 以实现当期利润最大化为目标的价格策划；③ 以实现市场占有率最大化为目标的价格策划；④ 以保证产品质量最优化为目标的价格策划。

### （三）价格策划的基本原则

价格策划应遵循的原则包括：① 出奇制胜；② 适时变动；③ 区间适应；④ 时间区间。

### （四）价格策划的影响因素

价格策划的影响因素包括：① 产品成本；② 市场需求；③ 市场竞争。

### （五）价格策划的具体流程

价格策划的具体流程包括以下六个环节：① 市场环境分析；② 核算产品成本；③ 明确定价目标；④ 选择定价方法；⑤ 制定具体价格；⑥ 进行价格调整。

### （六）新产品价格策划

新产品价格策划是指企业制定合适的价格使自己的新产品适应市场需要的谋划。新产品价格策略包括：① 撇脂定价策略；② 渗透定价策略；③ 满意定价策略。

### （七）现有产品价格策划

现有产品价格策略包括：① 心理定价策略；② 地区定价策略；③ 产品组合定价策略。

### （八）产品价格调整策划

企业降价的原因主要有：① 生产能力增加或成本有效降低；② 企业现有市场占有率下降；③ 经济不景气，消费者实际收入和预期收入均下降，导致购买意愿下降。

企业提价的主要原因有：① 由于通货膨胀，物价上涨，企业的成本费用提高，迫使企业不得不提价以确保获取目标利润；② 企业产品供不应求，不能满足所有顾客的需要。

企业调整价格策略主要有：

(1) 折扣价格策略(① 现金折扣;② 数量折扣;③ 功能折扣;④ 季节折扣。)

(2) 差别价格策略(① 顾客差价策略;② 产品形式差价策略;③ 产品部位差价策略;④ 销售时间差价策略。)

### (九) 价格策划中的风险防范

价格策划行为的风险主要有：① 市场拒绝;② 价格僵化;③ 影响其他产品;④ 危及产品及企业形象;⑤ 招致报复;⑥ 触犯相关法律;⑦ 实施混乱。

价格策划中的风险防范措施主要有：① 强化分析和预测;② 选择合适的价格规定方式。

---

**相关链接**

**房产需求导向定价法**

(1) 感知价值定价法：经济适用房价位低,商品房价位高。

(2) 需求差别定价法：

① 以顾客为基础的差别定价。商业房产价格高,居民住房价格低。

② 以地点为基础的差别定价。市中心房产价格高,郊区房产价格低。

③ 以时间为基础的差别定价。期房价格低,现房价格高。

④ 以产品为基础的差别定价。好楼层房产价格高,顶层房产价格低。

⑤ 以流转环节为基础的差别定价。中介购买价格低,个人购买价格高。

⑥ 以交易条件为基础的差别定价。团购房产价格低,个体购买房产价格高;现金购买房产价格低,贷款购买房产价格高。

(3) 逆向定价法：根据当地消费者可以接受的价格定价。

---

## 三、分销渠道策划

### (一) 分销渠道策划的影响因素

分销渠道策划的影响因素主要有：① 制造商本身的因素;② 产品特性;③ 市场需求因素;④ 中间商因素;⑤ 竞争特性;⑥ 政策特性;⑦ 环境特性。

### (二) 分销渠道策划的标准

分销渠道策划的标准有：① 能够不间断、顺利、快速地使商品进入消费者领域;② 具有较强的辐射功能;③ 具有商流与物流一致性的特点;④ 能够带来显著的经济效益;⑤ 有利于实现为消费者服务的目标,保护消费者利益。

### (三) 分销渠道策划的程序

分销渠道策划的程序包括四个环节：① 分析顾客对渠道服务提出的要求;② 建立渠道目标;③ 选择渠道方案;④ 评估渠道方案。

### (四) 分销渠道系统的确定策略

分销渠道系统的确定策略分三步走：① 确定渠道模式;② 确定渠道成员的数量;③ 确

定渠道成员的责任与条件。

**（五）分销渠道的基本构架**

（1）传统的分销渠道类型有：① 生产企业直销型（零层次渠道模式）；② 生产企业转经销商直销型（一层次渠道模式）；③ 生产企业经批发商转经销商直销型（二层次渠道模式）；④ 生产企业经总经销商转经销商直销型（二层次渠道模式）；⑤ 生产企业经总经销商与批发商后转经销商直销型（三层次渠道模式）。

（2）垂直渠道系统。垂直渠道系统的类型分为：① 公司型系统；② 管理型系统；③ 契约型系统。

（3）分销渠道的宽度。分销渠道的宽度是指渠道的每一个层次的构成成员的多少，有三种基本形式：① 密集性分销渠道；② 选择性分销渠道；③ 专营性分销渠道。

**（六）分销渠道的选择原则**

分销渠道的选择原则主要有：① 经济性原则；② 目标差异原则；③ 富有弹性、便于及时调整原则。

**（七）分销渠道的管理策划**

（1）选择分销渠道成员。选择分销渠道成员应该考虑的因素包括：① 市场覆盖范围；② 中间商声誉；③ 中间商的历史经验；④ 合作意愿；⑤ 产品组合情况；⑥ 中间商的财务状况；⑦ 中间商的区位优势；⑧ 中间商的促销能力。

（2）明确渠道成员的责任。渠道成员的责任包括以下几个方面：① 了解产品更多的特性；② 明确产品的价格及其折扣幅度；③ 保证产品的正确保存、运输；④ 能够进行产品的系列化售后服务活动，包括安装、修理、提供零配件等。

（3）分销渠道的合作与管理。制造商在促进与分销商的合作关系时，可以采用下列方法：① 使用特派销售人员；② 协助分销商编制分销计划；③ 促销援助；④ 制造商为分销商提供管理顾问和管理咨询；⑤ 财务援助。

（4）分销渠道的冲突与管理。冲突产生的原因主要有：① 角色失职；② 感知偏差；③ 决策主导权分歧；④ 目标不相容；⑤ 沟通不畅；⑥ 资源缺乏。

分销渠道冲突的类型主要有：① 水平渠道冲突；② 垂直渠道冲突；③ 多渠道冲突。

分销渠道冲突的管理方式主要有：① 寻求共同的目标；② 在不同层次上互派人员解决冲突；③ 吸收对方成员担任委员会顾问、董事会董事等职，寻求对方的支持；④ 共同成为贸易协会的成员。

（5）激励渠道成员。直接激励的措施包括：① 返利政策；② 价格折扣；③ 开展促销活动。

间接激励的措施包括：① 帮助中间商建立进销存报表，做安全库存数和先进先出库存管理；② 帮助零售商进行零售终端管理；③ 帮助中间商管理其客户网以加强中间商的销售管理工作；④ 伙伴关系管理。

（6）评估渠道成员。评估渠道成员的指标主要有：① 工作业绩；② 与制造商合作；③ 综合发展能力。

（7）调整渠道结构。调整渠道结构主要从以下三个方面进行：① 增加或淘汰某些中间商；② 增加或淘汰市场渠道；③ 创设全新的渠道方式。

**相关链接**

**空调分销渠道模式**

(1) 美的空调的分销模式是批发商带动零售商。由美的的厂家销售人员分销给批发商，批发商再分销到国美电器专卖店（零售商），专卖店销售人员销售给消费者。

(2) 海尔空调的分销模式是零售为主导。由海尔厂家销售人员分销给国美电器专卖店（零售商），国美电器专卖店中的海尔促销人员销售给消费者。

(3) 格力空调的分销模式是格力厂家与代理商股份制。志高空调的分销模式是区域总代理制。

提问：为什么不同品牌空调厂家选择的分销渠道模式不同呢？如果你是生产空调的厂家，你会选择哪种分销渠道模式呢？为什么？

### 四、促销策划

促销策划是指把人员推销、广告、公共关系和营业推广等促销方式进行有机结合、综合运用，最终形成一种整体促销的活动方案。促销策划一般要经过三个阶段。

#### (一) 制订一个具体明确的促销活动纲要

促销活动纲要主要包括以下几个方面的内容：① 企业促销活动的任务；② 企业促销活动的目标（如增加销售额、发展新顾客、激励顾客反复和连续地购买、培养和增强顾客的忠诚度、塑造公众的品牌意识、寻求中间商的支持等）；③ 企业促销活动要针对的消费群体；④ 问题出现的环节；⑤ 对促销活动影响最大的问题；⑥ 各个环节的协调；⑦ 企业为促销活动投入的费用。

#### (二) 确定促销活动的形式

促销活动形式的主要内容如下：① 选择促销活动的具体形式，如公关促销、人员推销、营业推广、广告；② 选择奖励形式，如奖品、奖金、奖券或旅游活动等；③ 确定促销活动的程序和后援支持。

#### (三) 制订促销活动的具体行动计划

确定有关活动的各项规定，各项设计工作，需要的广告宣传品和奖品，各项管理与辅助支援工作，必要的应急措施，等等。

# 任务二　营销组合策划

## 一、营销组合因素

### (一) 传统营销组合因素

营销组合是一个多层次的复合结构，要注意求得各层次因素的灵活运用和有效组合。

传统的营销组合是一个 4P 的大组合,即产品(product)、价格(price)、渠道(place)、促销(promotion)四个因素,4P 中又各自包含若干小的子因素,形成各个因素的亚组合,在每一个亚组合下又有更小的组合。有的营销学家为了便于分析应用,在每个因素的许多变数中选择了 4 个变数,组成各个因素的亚组合,如表 8-1 所示。在表中,营销组合就有 16 个变数,企业进行整体营销活动,必须针对目标市场的需求,协调内部的人力、财力和物力资源,考虑外部环境因素,用这 16 个变数组成多种营销组合,从中选择最佳的组合。

表 8-1 营销组合因素及其子因素

| 产品组合(product) | 价格组合(price) | 渠道组合(place) | 促销组合(promotion) |
| --- | --- | --- | --- |
| 产品实体、服务、品牌、包装 | 基本价格、折扣价格、付款时间、信贷条件 | 存货控制、运输设施、储运设施、分销渠道 | 广告、人员推销、营业推广、宣传 |

### (二) 从 4P 理论到 4C 理论

从上面对 4P 的说明可以看出,4P 里实际上隐含着 4C,即顾客(customer)、成本(Cost)、便利(convenience)和沟通(communication)。4C 是站在消费者或者用户的角度来看 4P,更能够反映现代市场营销的理念,因此有人倡导用 4C 代替 4P。

用顾客价值来代替产品,即企业为顾客提供的不是产品或服务而是价值或利益。用消费成本来代替价格,即企业不但要关心自己的生产成本和价格,更要关心顾客的购买与使用成本。这些成本既包括顾客购买时的货币成本(产品价格),也包括顾客为获得和使用产品或服务而耗费的时间、体力和精力以及需要承担的购买风险。用便利来代替分销,即企业分销活动不是为了销售产品,而是为顾客的购买和使用提供便利。用沟通来代替促销,即企业的促销活动不是单纯地进行产品的推广和宣传,而是加强与消费者或用户的沟通。在推广和宣传中,信息多是单向流动的;在沟通中,信息是双向流动的。

实际上,4P 与 4C 并不矛盾;相反,倒是一种相辅相成的关系。4C 是从消费者或用户的角度看企业的营销活动,指出消费者或用户所希望的营销活动,而 4P 则是从企业的角度看企业的营销活动,指出一般情况下企业可以利用的营销手段都有哪些。两者的关系如图 8-1 所示。

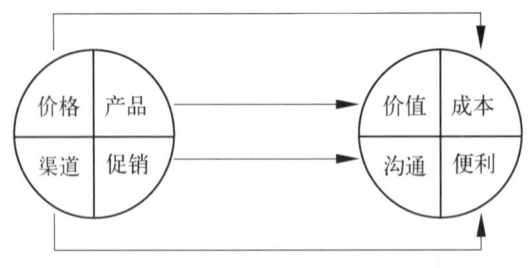

图 8-1 4P 理论与 4C 理论关系图

根据图 8-1,企业可以从目标市场的角度考虑企业的营销组合因素,利用所有可以利用的手段,有针对性地通过产品和服务为顾客提供利益,通过价格为顾客节约消费成本,通过分销为顾客提供便利,通过促销与顾客沟通,满足目标市场各方面的需要。这是营销组合的本质内涵。

## 二、营销组合的特点

营销组合是一个整体,组合因素很多,并且每一个因素都是变量。因此,企业在营销过程中,对于营销组合的选择是多样的。所以在进行营销组合策划之前,对于营销组合的特点要了然于心,另外也要遵循营销组合策划的基本规律。营销组合有很多特点,概括而言,具有可控性、动态性、整体性和艺术性的特点。

### (一) 可控性

企业可以通过市场调查,针对目标市场的特点,决定自己的产品组合,拟订定价目标,选择分销渠道和促销方式。对这些因素,如什么时间、选用什么、如何使用,企业都可以自主决定。有些因素企业虽然不能决定,但却可以采取某种方式,发挥较大的影响作用,使其朝着有利于自己的方向发展。比如,妥善处理企业所面对的这样那样的关系。

### (二) 动态性

营销组合是一种动态组合,要随着市场需求和企业内外部环境的变化而变化。其原因有以下两点。

第一,营销组合要为实现企业的营销目标服务,而企业的营销目标是根据市场需求和企业的内外部环境来确定的。当市场需求和企业的内外部环境发生变化时,企业的营销目标需要随之进行调整。营销目标调整了,营销组合势必要跟着调整。只改变营销目标,而不改变原有的营销组合,目标与手段脱节,营销组合的效果就无法保证。

第二,每一个营销因素各自包含着众多的子因素,如果市场或环境的改变致使某个营销因素中的一个小的子因素发生变化,那么就意味着原有的营销组合发生了变化,企业应该利用新的营销组合方式。

### (三) 整体性

营销组合以目标市场上的消费者或用户需求为中心,采取整合的营销方式,影响消费者或用户,使其采取有利于企业的购买行为。营销组合由各种不同的因素组成,这些因素之间的交互影响是很复杂的。有时,强化一种因素的作用,可能会弱化另一种因素的作用。因此,同时处于各自最佳状态的组合,也许并不是一个最好的组合。另外,企业的营销预算也是有限的,不可能在每个因素上同时投入。营销组合强调企业营销活动的整体性,追求整体优化,而不是单个因素达到最优。

比如,在其他因素不变的情况下,使产品质量达到现有条件下的最高,这样一定能够提高企业的营销效果吗?不一定。因为产品质量最高,如果生产成本也是最高的,那么产品的价格就必然会提高。在这样的前提下,产品质量的提高并不能给消费者或用户带来实际的利益,这时,企业的营销效果不但不会提高,可能还会下降。

### (四) 艺术性

营销组合是企业经营智慧、经营技艺的结晶。不同类型的产品,应该选择不同的营销组合;同类产品,由于人们对问题认识的角度不同,认识的深度不同,也要选用不同的营销组合。但应该注意的是,成功的营销组合一定是科学性和艺术性的统一。科学性表现在,它要依靠市场调研提供准确和客观的数据资料,是企业决策的依据;艺术性表现在,它的答案不是唯一的——在同一场合下,人们可以采用的营销组合方式很多,而且并无好坏之分。营销组合的好与不好,完全取决于它是否符合企业的总体战略,是否与企业的外部环境和内部条件相匹配,是否在现实条件下较好地满足了目标市场的需求,发挥了企业的优势。因此,在进行企业营销策划时,策划人员一定要记住:企业的市场营销活动是科学与艺术的结合。

营销活动的艺术特性,决定了其创新才最为重要。一般而言,越是创新的营销,其效果就会越显著;而单纯地模仿则使人生厌。第一个使用"送礼只送脑白金"的,是天才;随后那些再把保健药品当礼品塑造的,就有些"东施效颦"的味道了。

### 三、营销组合策划的原则

营销组合策划是实现企业营销目标和营销战略的基本手段。根据营销组合的特点,企业在进行营销组合策划时,要遵循以下基本原则。

#### (一) 战略优先原则

营销组合策划是企业在决定了目标市场、市场定位和营销目标之后,对企业可以控制的营销手段所进行的组合策划。它是在做什么已经确定的情况下,思考企业如何做的问题。因此,在企业进行营销组合策划之前,一定要先弄清楚企业的营销战略是什么。否则,策划就失去了方向。

#### (二) 最大效用原则

营销因素组合的效用不是各因素效用的简单相加,不是 $1+1=2$,而是 $1+1>2$。因此,要运用系统论的方法,对营销因素进行组合,综合发挥各个因素的效用,并注意它们之间的交叉影响,以使整个企业的营销组合效果最佳。

#### (三) 协调配合原则

企业进行市场营销因素组合时,要注意三个方面的协调:首先是营销因素组合与市场环境的协调,即营销组合方式要适应目标市场的需要和企业外部环境特点;其次是营销因素组合与企业内部条件的协调,即营销组合方式要体现企业内部的资源特性,协调企业内部的人力、物力和财力,考虑企业各部门的利益,得到各部门的支持;最后是营销因素组合内各因素之间的协调,即使各组合因素有机地结合起来,发挥组合因素间的协同作用,实现企业营销资源配置的整体优化。

#### (四) 突出重点原则

企业在运用营销组合时不应该对所有组合因素平均使用力量,要注意抓住主要矛盾。在不同时期、不同场地,应该根据目标市场的特点,重点运用其中一个或两个因素,并重视其他因素的配合作用,做到有主有辅、整体运用。

#### (五) 及时调整原则

营销因素组合具有动态性特点,它随着市场环境的变化而变化。因此,营销组合方式不是一成不变的。营销组合方式确定以后,也可以根据市场变化随时进行调整。这就要求企业必须重视市场信息的反馈,以便及时发现问题,及时做出必要的调整。

### 四、营销组合策划的逻辑思路

企业的营销组合策划始于对需求现状的分析。假设需求已经存在,并且消费者或用户已经使用某种产品或服务在满足他们的需求。但是在产品或服务的使用中,存在着一些消费者或用户意识到或者没有意识到的问题,这些问题是消费者或用户通过使用产品或服务所得到的利益与他们应该或期望得到的利益之差,即需求缺口。

找到了问题之后,企业要考虑哪些问题能够解决,并且与竞争对手相比较,哪些问题能够比竞争对手解决得更好。这就找到了企业的市场机会。

找到了市场机会之后,企业一方面要进一步确定通过解决问题,是否真的为消费者或用户带来了他们想要的、希望得到的利益;另一方面要考虑企业为消费者或用户解决问题的限制性条件,以及企业解决消费者或用户问题的成本和企业通过解决消费者或用户的问题所可能得到的利润。

如果上面的分析都对企业有利,那么,企业开始考虑具体怎样做的问题,即为企业某一个产品或服务设计一套营销组合方案。

**相关链接**

**WX公寓的营销组合策略**

WX公寓创建于2008年初,位于××大学后身居民小区,拥有五套楼房,每套楼房间隔成为8个房间,共有40个房间,目标顾客是附近几所高校的大学生。开业初期,公寓制订与实施的营销组合策略如下。

(1) 产品策略:房间分为大中小三种类型,房间内设有双人床一张、写字台一张、有线电视一台、衣服挂一个。公共设施有厨房、卫生间和晾衣间、有线网络。

(2) 租金策略:按照大中小三种房间制定从每月每间390元到210元的基本价格,在此基础上实施两种价格策略,一是房间差价策略,即大房间价格高、小房间价格低;二是时间差价策略,即长期住价格低、短期住价格高的策略。

(3) 广告策略:一是张贴揭示板广告,打印出A4纸制广告张贴于各个小区的揭示板上;二是打印出名片大小的订房卡在高校大门口分发。

(4) 服务策略:服务主旨是热情周到。接听订房电话时耐心回答潜在顾客的咨询;接待顾客看房时耐心帮助顾客选择房间;顾客居住期间尽力解决顾客遇到的困难;顾客退房时提供便利条件。

从2008年初到2020年末这13年间,WX公寓经历了高校封校、寒暑假延长、延期开学等突发状况,致使顾客数量锐减;公寓经过十多年的使用,房间陈旧、设施损坏,加之顾客需求的变化,原有的房间和设施已经不复原来的光彩,不再受到顾客的欢迎。因此,公寓房东于2020年的一年间对公寓进行了整体改造和维修,合并20个房间成为10个特大房间,公寓现有房间总数变为30个,撤除了大部分房间的有线电视,改有线网络为无线网络,增设了全自动洗衣机,在每个房间增加了晾衣绳。特大房间定价为每间每月490元,价格策略增加一项弹性价格策略,即顾客在入住时明确议定长期住享受优惠价,短期住则不享受优惠价。广告策略增加一项网络广告推介,即在58同城上刊登广告。目标市场由原来的只招收大学生扩充为除在校大学生外还招收刚刚就业人员和单身人士。市场定位清晰地确定为"干净整洁"。WX公寓改进后的营销组合策略更加适应当前目标顾客的需求,WX公寓的经营状况一天天好转起来。

## 知 识 巩 固

一、判断题(正确的打√,错误的打×)

1. 产品策划是指企业为了使自己的产品或产品组合适应消费者的需要而进行的谋划与设计。( )
2. 价格策划是指企业为了使产品的价格或价格体系能够适应消费者的需要和实现企业战略目标而进行的谋划和设计。( )
3. 促销策划是指把人员推销、广告促销、公共关系和营业推广等促销方式进行有机结合、综合运用,最终形成一种整体促销的活动方案。( )
4. 价格策划的影响因素包括以下三个：① 产品成本;② 市场需求;③ 市场竞争。( )
5. 价格策划应遵循的原则包括以下四个：① 出奇制胜;② 适时变动;③ 区间适应;④ 时间区间。( )
6. 分销渠道策划的程序包括四个环节：① 分析顾客对渠道服务提出的要求。② 建立渠道目标。③ 选择渠道方案。④ 评估渠道方案。( )
7. 分销渠道系统的确定策略分三步走：① 确定渠道模式;② 确定渠道成员的数量;③ 确定渠道成员的责任与条件。( )
8. 分销渠道的选择原则主要有以下三个：① 经济性原则;② 目标差异原则;③ 富有弹性、便于及时调整原则。( )

二、单项选择题

1. 营销组合有( )个变量。
   A. 4　　　　　　　B. 8　　　　　　　C. 10　　　　　　　D. 16
2. 新产品开发策划过程的第一阶段是( )。
   A. 进行市场调查,构思新产品　　　B. 构思的筛选
   C. 进行财务分析　　　　　　　　　D. 进行市场分析
   E. 产品实体开发与试销　　　　　　F. 正式上市
3. 产品组合决策的思路有三种,不包括( )。
   A. 扩大产品组合　　B. 缩减产品组合　　C. 产品线延伸　　D. 选择目标市场
4. 产品生命周期导入期的营销策略不包括( )。
   A. 快速掠夺策略　　B. 缓慢掠夺策略　　C. 快速渗透策略　　D. 市场改良策略
5. 产品生命周期成熟期的营销策略不包括( )。
   A. 市场改良策略　　　　　　　　　B. 产品改良策略
   C. 营销组合改良策略　　　　　　　D. 榨取策略
6. 产品生命周期衰退期的营销策略不包括( )。

A. 集中策略　　　　B. 维持策略　　　　C. 榨取策略　　　　D. 快速掠夺策略
7. 新产品价格策略不包括(　　)。
   A. 撇脂定价策略　　　　　　　　B. 渗透定价策略
   C. 满意定价策略　　　　　　　　D. 产品组合定价策略
8. 现有产品价格策略不包括(　　)。
   A. 心理定价策略　　　　　　　　B. 地区定价策略
   C. 产品组合定价策略　　　　　　D. 撇脂定价策略

### 三、多项选择题

1. 营销组合的特点有(　　)。
   A. 可控性　　　B. 动态性　　　C. 整体性　　　D. 艺术性
2. 营销组合策划的原则有(　　)。
   A. 战略优先原则　B. 最大效用原则　C. 协调配合原则　D. 突出重点原则
   E. 及时调整原则
3. 产品策划的原则有(　　)。
   A. 满足消费者需求　B. 适应市场竞争　C. 不断寻求创新　D. 善于抓住时机
4. 新产品开发可供选择的策略有(　　)。
   A. 自主研制创新　B. 换代新产品　C. 改进新产品　D. 革新新产品
   E. 仿制新产品
5. 新产品开发的趋势有(　　)。
   A. 高性能化　B. 多功能化　C. 微型化　D. 简便化
   E. 节能化　　F. 系列化　　G. 智慧化　H. 情感化
6. 新产品推广策划的要点有(　　)。
   A. 选择上市时机　B. 选择上市地点　C. 选择目标顾客　D. 选择营销策略
7. 品牌策划的要求有(　　)。
   A. 易于识别和记忆　　　　　　　B. 新颖独特,富有个性
   C. 突出功能,寓意深刻　　　　　 D. 符合法律,遵循风俗
8. 包装设计策划的要求有(　　)。
   A. 满足顾客的基本需求　　　　　B. 方便顾客的购买、携带和使用
   C. 充分体现产品的价值　　　　　D. 符合各国的法律法规和风俗习惯

## 案 例 分 析

### 案例一　"德州"牌扒鸡:如何振翅高飞?

☆案例文本展示

2010年9月9日,山东德州扒鸡股份有限公司成立大会召开。在成立大会上,集团董事长兼总经理崔贵海回顾了集团的发展历程,提出了集团未来发展的三大目标。但是,要实现企业的战略目标并非一帆风顺,近年来不少中华老字号经营陷入困境甚至走向消亡的严峻现实让德州扒鸡集团管理层不敢有丝毫懈怠。其关键的问题在于几方面:第一是传承的东西能否发扬光大;第二是能否在产品研发和营销上有所创新;第三是能否进一步挖掘民族品牌的核心价值。"如果在300多年的历史中我们都没有创新,那么这个企业也不可能得到快

速的发展。"崔经理说,"如何克服种种艰难险阻,把品牌价值发挥到最大,保持企业稳健、快速发展的大好局面,让'德州'牌扒鸡这个中华老字号能够振翅高飞,是摆在德州扒鸡集团全体员工面前的重大难题。"

面对严峻的现实,崔经理深深地认识到,老字号既是一笔巨大的财富,也是一种沉重的负担。集团必须有所改变,才能适应激烈的市场竞争环境。在高管例会上,崔经理要求大家在前几次例会讨论的基础上必须拿出切实可行的方案。于是大家按照崔经理的要求展开了广泛的讨论,会后,张秘书整理了大家的意见,大体包括以下内容。

## 一、调整产品生产策略

第一是产品的制作。在产品的制作上,集团要延续三百多年的传统工艺,同时也要融入现代、健康、绿色的理念。改进后的"德州"牌扒鸡制作工序是宰杀—整型—烹炸—配料焖煮。宰杀工序:将750克以上的活鸡割断气管,放净血,用65℃左右的热水烫,褪掉鸡毛,剥净腿、嘴、爪的老皮,然后从臀部剖开,摘去内脏,沥净血水。整形工序:将鸡双腿盘起,双爪插入腹部,两翅从嘴中交叉而出,形似"鸭浮水面"。烹炸工序:将鸡全身涂匀糖色,然后入沸油锅中炸制,至鸡身呈金黄色时捞出。配料焖煮工序:煮前先在锅底放一铁箅,以防糊锅,再将处理好的炸鸡按照老嫩排入锅内,配以料汤,防止鸡浮,煮时用旺火煮,微火焖,浮油压气,雏鸡焖6至8小时,老鸡焖8至10小时,扒鸡焖煮以原锅老汤为主,并按照比例配制新汤,配料有花椒、大料、桂皮、丁香、白芷、草果、陈皮、三萘、砂仁、生姜、小茴香、酱油、白糖、食盐等十六种,这样制出的扒鸡,外形完整美观,色泽金黄透红,肉质松软适口,并具有开胃、补肾、助消化的作用。

第二是强化产品质量的控制。集团诉求"安全"德州扒鸡,比如引进世界先进的禽流感防控系统,保证产品的良好品质。为什么大家经常光顾肯德基、麦当劳?是因为这些品牌可以保证其过夜的炸鸡会被扔掉,售出的炸鸡是新鲜的,这就是最基本的产品质量宣传。随着人们生活质量的不断提高,食品安全越来越受到人们的重视,所以对于集团而言,一定要狠抓产品质量,落实全面质量管理(TQM),以产品质量为中心、全面管理、全过程管理、全员参与、持续改进。

第三是加大产品研发,保持产品持久生命力。开发新产品不能只是改变其包装的形式、尺寸等,而应该体现在产品的制作工艺,诸如产品的口味、产品外观等产品的特性上。没有生命力的产品是不能持续发展的,老字号有百年文化积淀,也经历了百年沧桑,面临新时代的潮流,品种及口味的改良成为必然。洋老字号能够基业长青也经历了无数次技术的革新。欧洲、美洲、亚洲等不同区域市场的可口可乐口味是不相同的,实际上中国很多菜系进入不同区域也不可避免地进行了改良,当然并不是说德州扒鸡非要改良成百种风味。但研究选用什么样的肉鸡品种,什么样的饲料,多大的肉鸡,加工后的口味是完全有必要的。扒鸡专卖店经营的不仅仅是扒鸡,而应该是相关多元化的产品。

第四是扩大产品系列,开发新的产品类型。如"德州"牌扒鸡-精品1956、"德州"牌扒鸡-御品1692、"德州"牌扒鸡-五香板鸡、"德州"牌扒鸡-五香扒鸡、"德州"牌扒鸡-清真扒鸡、"德州"牌扒鸡-清王府等。同时在包装上也需要做系列调整,如气调包装、礼盒包装等。

## 二、拓展市场营销渠道

集团首先需决定建立稳固的科学化生产基地。集团采用"公司+基地+农户"的订单生产模式,在周边县市建立扒鸡专用鸡养殖基地,基地推行"五统一"管理和"小区化"养殖,既要保证企业所需原料的数量和质量,又要使农户获得稳定的收入。

其次是树立"大市场,大营销"的思想观念,集团建立内销、外销两条线,全力开拓市场,扩大销售,同时采用加盟店的形式,积极推进连锁经营体系的构建,逐步形成覆盖全国的扒鸡营销网络。近年来,集团已经在全国几十个省市区县建立起了扒鸡连锁经营体系。同时企业对于连锁店的加盟也制定了相关的流程规定,这样既可以保证连锁店有很好的经营业绩,又可以保证集团顺利构建全国营销体系。但是在连锁店正式开业后的信息反馈、后续培训、品牌维护等方面仍然存在一定的缺陷,事实证明这些也正是影响目前品牌建设的原因之一。渠道是销售中的关键环节,网络的密集、优良程度在一定程度上决定销售业绩,同时反映在终端,就是在城市的什么位置、怎样的环境中能够买到产品。所以集团对于特许加盟店的选址、店面的设计、装修等方面都会提供指导,保证加盟店能够选择正确的位置与设计来维护店面形象,从而吸引顾客。2011年5月1日,集团在淘宝网上建立了自己的网店,开始了集团的网络直销之路。集团的网络直销不仅扩大了网络营销的覆盖范围,增加了企业的销量,同时,也在很大程度上增加了企业的知名度。

### 三、调整定价策略

集团确定了定价的目标,即稳定价格,维护企业形象。在召开的集团会议上,各部门经理对于产品的定价考虑因素都做了自己的分析。分管营销的王副总经理提出了自己的见解:"首先,我们的定价要先考虑到产品的需求,在国家鼓励出口、拉动内需的情况下,需求越来越多,我们的价格也势必要做出合理区间内的上涨;其次,我们要考虑到我们产品的总体定位,我们的产品属于优质品牌,要制定中等的价格;再次,在进入壁垒较小的情况下,我们的潜在竞争对手势必也会随之增加,所以我们在保证我们的价格具有良好竞争优势的同时,需要在一定程度上加大行业内的进入壁垒,因此我们必须坚持扒鸡产品作为我们集团的核心产品,加大研发力度;最后,当然也是最重要的一条,我们必须考虑到我们的成本费用,保证我们的利润在合理的区间内。"

### 四、加大宣传和促销力度

实际广告促销。集团决定主要采取户外擎天柱广告、候车亭广告、终端户外广告、杂志报纸广告、电视媒体广告的形式进行宣传与促销。不同广告形式的目标为:通过户外擎天柱广告提升"德州"牌的品牌高度、展示企业形象;通过候车亭广告促进当地消费者的品牌渗透,同时拉动当地的节日礼品市场;通过终端户外广告提升"德州"牌的品牌高度、展示企业形象,拉动最前沿销售;通过杂志和报纸广告提升品牌形象,为下一步外埠市场和全国市场的拓展打好品牌基础;通过电视媒体广告提升品牌形象,促进企业在全国范围内的销售。广告的信息内容包括品牌、传播语、节日促销信息、节日礼品介绍等。

实际公关促销。集团决定将企业品牌整合营销的重点放在关系营销、内部营销和社会责任营销上,只有建立在这个基础上,企业的品牌资产、品牌附加值才会在无形的市场教育中得到显著的提高。例如集团在2006年顺利成为第一批"中华老字号"企业。"德州"牌扒鸡,作为德州的地方特产,不仅仅是三百多年传承的中华老字号,更是作为中国驰名商标,其地道正宗的工艺,三百年秘制的口感,五香郁浓,柔嫩脱骨,是德州市政府官方认证的德州礼物和山东省政府宴会专供产品。同时借助2010年世界太阳城大会在德州举办的契机,"德州牌"扒鸡荣获"2010年世界太阳城大会官方唯一指定礼品"称号。

将网络促销活动和特许经销商促销活动相结合。集团定期在互联网上开展产品促销活动,让利给顾客,顾客足不出户就可以品尝到正宗美味的"德州"牌扒鸡;同时,集团的特许经销商也会在店内发放活动的宣传材料,通过试尝、现场制作、参观店面、发放小礼品等形式促进销售。

(资料来源:中国管理案例共享中心)

### ☆案例分析与讨论

结合"案例文本展示"中的内容讨论和回答下列问题:
1. 通过浏览德州扒鸡官网信息,描述德州扒鸡的目标市场和市场定位。
2. 通过阅读案例文本,简述德州扒鸡的营销组合策略,即 4P 策略。
3. 逐一分析案例中阐述的德州扒鸡 4P 策略的适用性。
4. 浏览德州扒鸡淘宝网店和德州扒鸡官网信息后,修改、补充、完善和优化本案例中的 4P 策略。
5. 德州扒鸡线上销售应该注意哪些问题?

### ☆案例解读与评析

8-1 案例解读与评析

## 案例二  桃李春风一杯酒,道尽花冠十年斟
### ——花冠酒业的营销组合战略

### ☆案例文本展示

#### 一、引言

"储酒节"这个名称,真正在全行业叫响,是从"花冠集团"开始的,其一开始在鲁酒阵营中有名,后来波及整个白酒行业,这就是当前风靡全行业的"封藏大典"的前身和雏形,"花冠集团"因此被业界誉为"中华储酒文化的创领者"。

山东花冠酒业集团酿酒有限公司位于山东巨野,花冠酒产于山东省菏泽市东南,麒麟之乡巨野县(古属曹州),因与国色天香,蜚声中外的牡丹之乡菏泽毗邻,酒香花艳相媲美而得名。巨野酿酒业历史久远,无论是在商周秦汉隋唐宋,还是元明清、近现代,皆兴隆昌盛,延续至今。可以说巨野的历史,也包含着酒文化的历史。花冠酒业以其独有的酿造工艺打造了丰富的产品线,又以其具有战略眼光的营销手段,在白酒行业呈现"新常态"的今天,一举成为山东省大型优质白酒企业。我们试图走进花冠酒业,看一看这酒香四溢的背后,蕴藏着的经营思维。

#### 二、行业背景

鲁酒自古在中国的酿酒行业中的地位举足轻重,雄踞前列。因为山东不仅是孔孟之乡,更是酒的故乡。李白曾称赞鲁酒"玉碗盛来琥珀光",武松景阳冈醉打猛虎的故事更是妇孺皆知。所以鲁酒在那时已负盛名。回望中华人民共和国成立以来的发展历史,白酒行业也随着时代的发展一路高歌猛进,无论是整体品质还是酒品品质,都在数十年间得到了快速的发展。

20 世纪 90 年代,山东白酒群雄并起,既有 80 万元拍一支广告片的豪气,又有 3.2 亿元夺"标王"的壮举,"低而不淡"的勾兑技艺至今走在川酒、贵州酒的前面……然而,在 20 世纪 90 年代末白酒行业出现了几件大事:1997 年秦池以 3.2 亿元夺获"央视标王",惊诧国人,

引发媒体暗访;1998年山西"毒酒事件"引发命案,惊动中央;1999年"新型白酒事件"引发行业风波。三大事件尽管性质和影响不同,但都与品质有关,无不震动全国,影响产业。整个中国白酒产业就在这样的大背景下,承载着巨大的舆论压力,跟跟跄跄步入了世纪元年。整个行业都知道,实际上在三件大事中,鲁酒受到的冲击最大。

尽管鲁酒经历着一时衰落,但从宏观上看,自2002到2012,白酒行业发展迅猛,被称为"黄金十年"。从2012年开始,酒类行业进入结构调整时期。我国出台的一系列相关政策,使白酒行业由"黄金十年"转折进入了"寒冬期",行业的市场环境发生剧烈变化。

一系列政策出台后,整个酒品行业无一幸免,大大小小的酒类企业都在调整着发展的思路。在寒冬的笼罩之下,白酒行业显得颓靡不振。然而,严峻的行业环境似乎并没有阻挡花冠酒业的崛起之路。

### 三、花冠酒业发展史

花冠酒业的发展史主要经历了四个阶段,每个阶段的跨越都是市场和企业共同选择的结果。

**（一）资产重组阶段（1998—1999）**

原山东省花冠酒厂改制为花冠酒业有限公司,国企转成民企,完成了决策权的转移。花冠酒业积极响应国有企业改制的号召,成为菏泽第一家改制的企业,改制后的花冠酒业借着东风顺利地走上了发展快车道。

**（二）资本积累阶段（1999—2003）**

花冠酒业改制后便面临着资本积累的问题,这一时期,花冠酒业举步维艰,最初的资本甚至通过自家粮食入股来变现,而花冠酒业始终积极地探索着适合自己的发展方式。花冠酒业凭借当时的技术,自主研发了三款产品,而正是这三款产品,成功解决了企业的生存问题。进入21世纪后,川酒逐渐在白酒市场中脱颖而出,通过对川酒品牌的观察,花冠意识到,川酒雄起背后是名酒大企业的"科技支撑"和"品牌效应",而很多衰落的小品牌,病症在于一个品牌只有一种主打产品,消费者很容易随着新的风潮而转移。花冠酒业不希望自己复制这种局面,于是决心开始规模的扩张。

**（三）规模扩张阶段（2003—2010）**

随着资本的积累和良好的市场反馈,花冠酒业逐渐有实力去与进入市场较早的品牌竞争。为此,花冠酒业在资本运作上迈出的第一步是收购菏泽国花酒业、定陶御思香以及水浒酒。通过收购,花冠酒业解决了原酒的产能问题,以适应自己逐渐扩大的市场需求,同时改变了外界持有的"山东不产原酒"的负面印象。

**（四）做大做强阶段（2010至今）**

在市场逐步扩大的过程中,花冠酒业意识到,要牢牢把握住现有的消费者,并通过消费者的口碑来传播花冠酒业的产品,最重要的是要建立强大而清晰的品牌形象。花冠酒业一以贯之地重视人才引进和科技创新,企业投入大量资金更新设备,聘请专家。在强化产品品质的基础上,花冠酒业开始投入更多的精力打造品牌。为此,花冠酒业实施了一系列营销活动,例如举办储酒节、建立酒类社群、数据库营销等,以此维持客户关系的稳定,并不断积累新用户。

花冠酒业非常善于学习和总结,长期以来,通过不断的自省和学习,花冠酒业领导层认为,一个企业、一个行业出现大的危机,通常无外乎是由"三个不匹配"造成的：第一个不匹配,是生产和销售的不匹配,即企业保证产品产量持续提升的能力跟市场销售产品数量增长速度不匹配;第二个不匹配,是人力资源成长速度和企业成长速度的不匹配;第三个不匹配,是市场营销能力和销售管理能力的不匹配。而为了解决"三个不匹配"问题,花冠酒业提出了"四个结构调整"策略,分别是人才结构调整、原酒储存量与储存结构调整、产品结构调整以及市场结构调整。

### 四、市场开发——边布局、边突破、边发展

花冠酒业有一套独有的市场开发理论,即董事长刘念波提出的三边理论:边布局、边突破、边发展。在企业的实践中,这个理论对整个市场的开发具有重要的战略指导作用。三边理论的目标是解决"哪些市场值得进行开发,如何把握不同市场发展程度"等战略性问题。根据这个理论,花冠酒业将意图涉入的市场分为三类,分别为"布局型市场""突破型市场"以及"发展型市场"。对于每一种市场,公司会分配不同的资源进行开发。

所谓"布局型市场",就是开发的重点聚焦于"关注"和"调研"的市场,这些市场对于花冠酒业来说往往是比较新的尝试,在这个市场上花冠酒业希望暂时开发少量的客户以作为试点,派出少量的市场调研人员,不断试探、研究、摸索这块市场的消费规律。在这块市场为了实现"调研"的目的,相应地,花冠酒业付出的资源也较少,从而可以为其他市场分配更加充足的资源。

而在"突破型市场",花冠酒业需要集中80%的资源对这个市场进行重点突破和强势占领。一般来说,突破型市场大多都已经进行了两到三年以上的营销活动,已经历过了"布局摸索"和"拓展营销"阶段,集团对这个市场的熟悉程度非常高,把握也比较大。可以这样说,"突破型市场"是一个需要发起"攻坚战"一举拿下的阵地,对整个"战局"的掌控具有重要价值。

所谓"发展型市场",就是每年从"突破性市场"里选出一部分"优秀选手",以稳健而长远的发展眼光,进行战略规划,巩固培养,并不断发展壮大,打造成为强大的"根据地市场"和"核心市场"。

花冠酒业的市场开发,正是对三边理论的充分实践。花冠酒业真正走出菏泽是从2008年开始的,走出菏泽的第一步便是进入济宁市场,花冠酒业将梁山作为突破型市场,同时将金乡市场和嘉祥市场作为布局型市场。在制定具体开发战略后,花冠酒业就把资源几乎全部投入到梁山市场上,并且在投入的过程中进行有急有缓的节奏把握。假设在梁山市场预计要卖2万箱产品,集团就会在前5000箱的销售中投入最多的力度与精力,总体看来,集团对这四个5000箱的销售投入力度并不一样。

花冠酒业把经营战略的重点放在一个特定的目标市场,企业集中使用资源,致力于达到较高的销售额以及市场份额,甚至成为该市场的领军者,这种聚焦战略经营目标集中,管理方便,但也会带来一些问题,诸如适应能力较差,风险较大等。为了防止专业化带来的困境,花冠酒业又将市场分为布局型市场、成长型市场以及发展型市场,从而进行结构化的市场开发,拿下部分市场后,亦可以将经验和模式复制到其他目标市场,稳步推进来规避风险,一块块形成自己在不同市场的阵营。

花冠酒业的边布局、边突破、边发展模式渗透在管理实践之中。近期,企业开始进入济南市场,在战略布局上,企业选择先做济南周边的市场,对周边逐渐进行解冻,先实现某些地区的第一或第二地位,再深入渗透一步步化冻,最终占领济南市场,他们把自己这种占领市场的模式称为"冻肉理论"。

**五、渠道管理——与代理商一起成长**

酒类产品的销售，靠的不仅仅是宣传推广，对实现购买来说最为重要的是终端铺货。花冠酒业在渠道建设上就下了一番苦功。一般来说，企业对其代理商都会有一些基本的要求，诸如有一定的资金实力和销售推广能力、有一定的销售渠道和分销渠道以及有一定的商业信用和较好的公司形象等，而花冠酒业不管是在代理商的选择还是在对其的管理上都有着自己的特色。

（一）选择代理商

首先，在代理商的选择上，花冠酒业就有一套与众不同的方法，那就是它倾向于选择没有经销经验的"小白"。之所以选择没有经验的代理商，一方面是因为经验丰厚的代理商有自己的文化惯性，对于花冠酒业的忠诚度不会很高，如此便会导致产品比较分散，销售精力不集中；另一方面，在谈判上，如果选择议价能力强的代理商，对企业来说也就意味着更高的代理成本。花冠酒业所追求实现的是代理商能和公司一起成长，因而在代理商的选择上，花冠酒业重点强调的是认同企业做市场的方式和理念，目的在于寻求一种共识。拿花冠酒业现在比较大的代理商李某来说，他在加入花冠酒业之前是个三轮车夫，在进入公司后，便开始受到一步步的培养，从基层慢慢地做到了如今的地位。

（二）管理代理商

在与代理商的关系管理中，花冠酒业更多的是充当了一种合伙人的角色，致力于帮助代理商解决问题。一般在一个县级市场，代理商会遭遇两个瓶颈：其一是在其销售额达到1 000多万时往往会出现问题，这个时候公司会向代理商输入诸如股权结构、组织结构、薪酬系统、业务管控流程等八个方面的系统知识。另外，公司会派出一个工作组，为代理商提供支持和帮助。这些实质上是对代理商进行公司化改制，将代理商由普通民众变为专业商人。其二是代理商传承上的问题，伴随着代理商年龄的增加，分家问题难免会出现，按照传统，代理商会将自己的事业分给自己的后代，但花冠酒业并不希望这样，于是公司会和老代理商沟通，进行股权的划分、进入、交易以及退出等。花冠酒业对于自己培养出的优秀代理商有很深厚的感情，也对他们为花冠酒业所带来的利益给予充分的肯定和奖励。

公司对代理商的培育期一般为十年，代理人需要的初始成本很少，公司可以帮忙垫付资金，所以只需要一个办公室和一个仓库就能开始工作了。针对大代理商，花冠酒业采取了合伙人计划，花冠酒业成立了合伙人基金，即根据代理人的销售额比例与公司的合作程度进行合作，一般为6~7个点，产品周期是6年，可以再续，用以满足代理商的一些理财需求。类似于"金手铐"作用的合伙人计划将代理商和公司的利益绑定起来，无疑是花冠酒业在代理商关系维护上的一大亮点。

**六、销售策略——零售终端的制胜法则**

（一）脚踏实地做销售

花冠酒业很少做广告，在进行市场推广时主要靠"推"和"拉"两种方式，特别是在开发新市场时，在渠道终端，业务员主要是在酒店进行推销，为了实现销售，业务员甚至需要帮助酒店老板免费干活，一方面是为了维护好与酒店的关系，增加销售机会，另一方面还可以监控市场情况，比如每天卖了什么种类的酒、多少数量，或者是消费者自带什么酒等，以此来了解消费者偏好等情况。因此在花冠酒业，业务员白天在办事处工作，晚上去酒店蹲点是一种很正常的现象。这种精神正是体现了花冠企业"认认真真酿酒，实实在在做人"的经营理念。

花冠酒业在薪酬体系引入了几个维度：第一个是结果维度，任何一个市场既有分工也有合作,其中结构性产品的考核占效益结果考核的70%;第二个是客户维度,在客户方面主要采取三角形模式,即每位销售人员有一个核心客户加两个培养客户;第三个是人员维度,多数员工不仅有自己具体负责的事务,同时还兼管另一职务,比如大区经理兼任分公司经理;最后,在员工发展上,花冠酒业采取双向发展——岗位晋升和级别晋升,对于一些业务员来说,他可能并不擅长管理的岗位,因此可以走技术路线,由一级升为十级,这种做法无疑既保障了人员的稳定,又解决了成长问题。较为完善的考核体系使员工能够在一个公平的环境中专注自己的业务,实现个人和企业价值。

(二)抓大放小,四核联动

我们知道,当一家公司发现自己80%的利润来自20%的顾客时,就该让那20%的顾客对企业形成强烈的忠诚度。这样做,与把注意力平均分散给所有的顾客相比显得更值得。花冠酒业围绕这种理念,不仅仅把这种思想运用在顾客关系维护上,还涉及终端、产品以及合伙人等方面,具体开展了"四核营销",包括以下四点:

(1)核心消费者:核心消费者是根据企业产品的市场定位,能够为产品及品牌最终买单,并能够成为固定的产品消费者的顾客群体。花冠酒业为了把这种思想落实到实践中,开展了"社群盘中盘"营销活动,寻找人群中能够引领消费潮流的"领袖"来带动口碑的传播和销售的增长。其主要的社群包括三类:其一是以单位/企业为盘;其二是以兴趣为盘,诸如地方性协会等;最后是以喜宴为盘,这不仅仅是因为参加喜宴的人是更亲近的人,因此推荐起来更加容易,也是因为在喜悦的环境下人们对产品的接受程度更高。

(2)核心终端:主要以"酒店"为核心,让顾客从认知层面上升到场景消费层面。

(3)核心大单品:核心大单品就是整个品牌的主打产品,推广这款产品的目标在于在自己进入的市场上获得统治性的话语权,用一款产品打开市场,打响花冠酒业的品牌知名度。

(4)核心合伙人:当客户大到一定程度时,可以享受更多的服务,诸如优先获得产品、政策支持等。花冠酒业以这样的方式,将那些对销售贡献最大的用户与花冠牢牢地绑定在一起。

(三)数据库营销

为了更高效地管理客户,合理分配资源,花冠酒业引入了数据库系统。营销数据库可以收集和管理大量的信息以便给公司呈现出顾客的"基本状态",从而帮助公司进行消费者分析、确定目标市场、跟踪市场领导者以及进行销售管理等,是协助规划整体营销计划和计划控制及衡量传播活动的有力工具。花冠酒业利用这种营销手段,通过用户资源管理中心,对所有的酒店流通终端进行管理,统计市场消费者状况,做存在资源的统计。原来的营销理念是根据经销商来确定产品数量,不一定相互匹配,现在由存在资源营销代替经销商的账目营销。第一步是进行市场情况统计,第二步是进行分类,比如对哪里适合卖哪种酒等进行重新定位,第三步就是进行管理。花冠酒业的这种数据库营销的主要思想就是在精准定位的基础上,依托现代信息技术手段建立个性化的顾客沟通服务体系,即根据需求,对酒店、流通等进行分类分析,然后实现匹配,进行精准营销。

**七、品牌策略——让花冠成为一种文化**

(一)储酒节

从2002年开始,时任花冠集团董事长刘法来代表决策层作出了一项大胆的举动,倾全厂之力举行了一场大型文化活动——"九九储酒文化节",大张旗鼓邀请专家、名人、政要等莅临酒厂参观,品鉴酒品,把脉风格,并举行隆重的储酒仪式,现场进行签名封藏。然后,择吉日取酒,精心调制,推向市场。

谈起举办储酒节的初衷,花冠集团领导层的一致看法是:就是想证明花冠集团不但有自己酿造的原酒,而且有好酒。花冠集团董事长刘念波在接受采访时说:"如果非要追究搞储酒节的深层原因,还是与当年鲁酒的'遭遇'对我们的刺激有关。其实,这个念头是我们2002年到浙江一家酒厂参观时产生的,这家酒厂尽管没举办储酒节活动,但是,我看到了工人们是实实在在、认认真真用胶泥封印酒坛后,把酒储藏起来的。"

俗话说,耳听为虚,眼见为实,如果花冠集团能让消费者亲自看到酿酒、封酒、储酒的全过程,如果能在公开场合搞一场活动,邀请社会上有影响力的人以及大众消费者到酒厂参观,这样一定会很好地证明花冠酒厂是亲自酿酒、真正储酒的。在这种想法的驱使下,身为总经理的刘念波回到酒厂和董事长刘法来商量,刘法来董事长全力支持,当即决定:按照古代储酒传统,在重阳节举办储酒活动。于是花冠酒厂连续作战,克服困难,首次举办储酒节就大获成功。截至2020年,花冠集团已成功举办了十九届储酒节,每一届都盛情邀请社会各界名流、白酒界专家精英、同行业朋友、全国媒体朋友及消费者代表共同参与见证储酒过程,每年都有3 000多人参与,现场储存美酒2 000吨以上。目前活动参与总人数近4万人,也成为历史上举办时间最早、持续时间最久、内容最丰富、规模最大的储酒盛典,花冠"九九"储酒节被誉为"中华储酒文化节",创领了中华储酒文化之先河。

(二)黄淮名酒联盟

2015年8月8日,花冠集团突然发力,做出了一个出人意料的大胆举动,即隆重召开"黄淮名酒发展联盟成立大会",大会选举花冠集团为首轮盟主,在"黄淮名酒发展联盟大会"成立仪式上,中国酒业协会秘书长宋书玉,中国酒业泰斗、著名酿酒专家沈怡方,北京大学历史文化研究所教授雷原,江南大学副校长徐岩,苏鲁豫皖四省酒业协会领导,黄淮地区名酒企业——山东花冠、扳倒井,江苏洋河、今世缘,安徽古井贡、口子窖,河南杜康、宋河、仰韶"九朵金花"领导,以及来自全国的新闻媒体等悉数到场。

黄淮名酒发展联盟成立的宗旨,是结盟做强"黄淮名酒带"的产区品牌,打造独特产区风格,提升产区影响力。通过这个联盟,可以明确"黄淮名酒带"生态酿造的优势。比如黄淮名酒带的生态条件,更适合酿造什么样的白酒,又该怎样加以保护和建设,以及如何从中提炼出优美的文化意象。通过研究解决这些问题,黄淮名酒的生态价值才会充分释放和进一步提升,才能让消费者更加信服。

众所周知,在中国地理版图上有两大"名酒带",一个是西部的"长江名酒带"(川黔接壤地带),一个是东部的"黄淮名酒带"(苏鲁豫皖接壤地带),两大名酒带中的"名企阵营"拥有重要的行业地位、影响力和话语权,不仅创领中国白酒的风格趋势,还引领中国白酒的发展方向。尤其值得一提的是,近年来,东部的"黄淮名酒带"由于科技创新领先,紧紧把握了消费趋势,崛起之相,势不可挡。因此"黄淮名酒发展联盟成立大会"的举办,表面上看这是一场联盟活动,背后却是一家企业以"名酒产区思维",蓄谋已久发起的"创格行动"和"品牌占位",在全行业首次圈定了新时期的"黄淮九大名酒"(花冠、扳倒井、洋河、今世缘、古井贡、口子窖、宋河、杜康、仰韶)。花冠集团与这些中国老名酒(或历史文化名酒)共同结成"名酒圈",具有"开创新格局""制定新标准""引领行业新风"的胆识谋略和特殊意义。

(三)一站一院

2015年4月18日上午,花冠集团隆重举办"2015花冠集团首届'赏花·品酒'嘉年华暨中国白酒大师工作站揭牌仪式"。

对于花冠集团建立"中国白酒大师工作站"的重要意义,董事长刘念波说:"中国食品工业协会白酒专业委员会在花冠集团设立中国白酒大师工作站,可以集合白酒专家的优势资源,在酿酒微生物的研究应用领域、白酒质量安全的分析检测领域以及白酒感官质量的研究控制领域开展深入研究,这对花冠技术人才的培养、产品质量的提升具有重大的现实意义。"

就在首个"中国白酒大师工作站"挂牌后,2015年10月21日,花冠集团在"中华首届储酒文化节暨第十四届花冠集团九九储酒节"上隆重举行了"中国白酒(齐鲁)研究院"的揭牌仪式。这个研究院的挂牌,再次证明了花冠集团非凡的资源整合能力、雄厚的白酒产业科研实力和鲁酒第一阵营的卓越地位。更重要的是,这也说明了鲁酒板块的市场分量、行业地位和科技人才实力在全国得到了高度认可,占有了一席之地,是鲁酒为全行业做出的又一大贡献。同时,将为鲁酒未来整体品质的大幅提升和科研队伍的壮大提供平台、资源和机遇。

目前,在科研技术队伍的培养和组建上,花冠已经拥有百余名专业技术人才,多位中国白酒专家组成员、中国白酒大师以及省级、国家级白酒评委。作为一家后来居上的县级白酒企业,如此重视科研队伍培养和科研机构的建设,说明其对"品质工程"的重视提到了前所未有的高度,甚至当成了一项"企业战略"。

(四)盛道酒庄

管理大师德鲁克曾提出:企业认为自己的产品是什么并不重要,对于企业的前途和成功尤其不那么重要。而顾客认为他购买的是什么,他心中的"价值"何在,却具有决定性影响。认识到这一点的花冠集团正建造占地160亩的盛道酒庄,规划设计了中国白酒酒庄、原酒博物馆、中国黄淮名酒联盟博物馆、中国白酒大师作品馆、中国白酒大师科研中心、红酒屋及嘉宾定制体验储酒馆七大功能区。

酒庄概念是对中国白酒的品质进行的系统性回归,整个过程包括从粮食到产品的全部呈现,能让参观的消费者看出每一滴酒是怎么生产出来的。这是对白酒的重新界定,使其可追溯、有标准、有大师。这种立体性的用户体验,向消费者全方位地证明花冠酒对消费者的承诺绝不含糊,努力做到让每一个到酒庄体验的顾客主动购买,甚至不买不舒服。自然,花冠集团也会对来参观的人进行甄别和选择,社群领导、意见领袖都是花冠集团会大力邀请的,这样能够充分发挥自媒体的力量,将活动效果和企业品牌在一次次传播中不断放大,即便巷子再深,花冠酒香依然能飘到用户心中。

**八、未来蓝图**

白酒产业是花冠集团的根本和基础,但"产业为本"并不代表花冠集团只做白酒产业。"花冠集团的白酒事业"和"花冠集团"是两个不同的概念、维度和模式。"花冠集团"未来的战略方向和发展模式是"集团化"。用专业化的思维,构建多元化的集团战略,让"集团多元化"下的花冠酒更专、更精、更好。

(资料来源:中国管理案例共享中心)

☆**案例分析与讨论**

结合"案例文本展示"中的内容讨论和回答下列问题:

1. 花冠酒业的发展史主要经历了哪四个阶段?
2. 花冠领导层认为,一个企业、一个行业出现大的危机,通常无外乎是由"三个不匹配"造成的,是哪三个不匹配?
3. 花冠的市场开发理论——三边理论,是哪三边?三边的具体含义各是什么?

4. 在选择代理商方面,花冠与众不同的方法是什么?

5. 花冠是怎样管理代理商的?用什么办法把代理商的利益与本公司的利益绑定起来?

6. 花冠采用了哪些销售策略?

7. 花冠采用了哪些品牌策略?

8. 本案例在营销战略策划方面给你带来哪些启示?

## ☆案例解读与评析

8-2 案例解读与评析

# 项目九 撰写执行目标市场战略策划方案

**学习目标**

1. 掌握目标市场战略策划方案的结构及撰写方法,了解目标市场战略策划方案的执行步骤、方法和技巧。

2. 能够从案例中体会目标市场战略策划方案的撰写方法和撰写技巧,能够按照要求撰写出合格的目标市场战略策划方案。

3. 进一步感悟营销策划人员应该具备的专业素质和职业道德素质,加倍努力,不断提升自己的专业素质和职业道德素质。

## 任务一 撰写目标市场战略策划方案

一份完整的目标市场战略策划方案包括封面、前言、目录、概要、正文、结束语和附录七大部分。其中正文部分又包括界定问题、环境分析、SWOT 分析、营销目标、市场细分、目标市场、市场定位、营销组合策略、行动方案、费用预算与效益分析、控制方案十一项具体的内容。下面依次介绍各个部分的撰写方法。

### 一、封面

策划方案的封面如同策划方案的名片,是营销策划方案的脸面,它能够通过视觉效果提高吸引力,给人留下深刻的印象。封面设计的原则是醒目、整洁,切忌花哨。至于字体、字号、颜色则应该根据视觉效果具体考虑。封面上的文字不能出现错误,否则会给人留下不良的印象。封面构成的要素主要有以下几个。

#### (一)策划方案名称

策划方案名称即策划方案的标题。标题的写法一般有两种:单标题和双标题。单标题一般就是把策划主题明确具体、直接简明地表示出来,例如《××新产品上市活动策划方案》。双标题就是采用正副标题的形式,一般正标题概括表达策划主题,副标题具体表达或补充说明策划主题的内容,例如《寻找心灵深处的依恋——广东方圆"东山水恋"系列广告创作纪实》。

### (二) 委托方名称

如果是接受委托的营销策划项目,那么要在策划方案封面上把委托方的名称列示出来,例如"××公司××策划方案",或者是在策划方案名称下边另起一行书写:"委托方:××公司"。

### (三) 提案日期

提案日期一般是指策划方案完成的日期或正式提交的日期,而且应该按照完整规范的格式标注,例如"2021年4月16日"。

### (四) 策划适用时间段

主要标注方案计划执行的起始和结束的时间段,例如"2021年6月28日—2021年7月5日"。

### (五) 策划人名称

一般在封面下面大约1/3处标出策划人名称。如果策划人属于组织机构,一般要用全称,有时要把策划小组成员姓名标注出来,有时甚至还要把主要分工标注清楚。

### (六) 策划方案的密级和编号

策划公司承接的策划项目类型较多、数量较多时,一般还要按照一定的编号规则进行编号管理。商场如战场,特别是在方案实施完毕之前,一般都需要防止信息外泄,有的方案执行完毕都不允许公开有关信息,这就需要根据情况标明需要保密的级别程度,以便引起有关人员的重视,如秘密、机密及绝密等。

## 二、前言

策划方案的前言相当于一般书籍的序言或前言,主要对策划项目的意义、目的、紧迫性、缘由、起因、方法、过程、内容等背景性资料进行介绍。其作用在于:一方面使读者了解策划项目的背景情况,另一方面引起和激发读者的注意和兴趣,特别是应该使读者看过前言后,对营销策划方案产生一种急于了解的强烈欲望和初步的价值判断。前言的文字一般不应太多,其内容集中在以下几个方面:

(1) 简单叙述接受任务的情况。例如,××营销策划公司受××公司委托,承担××营销策划任务。

(2) 简单叙述进行策划的原因。主要阐述策划人对客户企业策划该项目的重要性、紧迫性和必要性等的看法与态度,以进一步加强客户企业决策人采纳本策划方案的信心。

(3) 简单叙述策划过程。主要阐述策划过程、策划方法、策划人员、策划结果以及策划实施后的预期效果。其目的在于进一步增强客户企业决策人对该策划方案的信任。

## 三、目录

目录是营销策划方案大部分标题的清单,在营销策划方案内容较多时,可以加上目录。目录的作用是使营销策划方案的结构一目了然,同时也使阅读者能够方便地查找营销策划方案的相关内容。一般人的阅读习惯是先看策划方案的目录,再看策划方案的正文。如果目录不能吸引阅读者,那么人们可能不再往下阅读策划方案的正文,因此,目录的编制也是非常关键的。

编制目录时需要重点注意的是,目录中所标示的页码不能与正文的实际页码有出入,否则会增加阅读者的麻烦,同时也会有损营销策划方案的形象,让阅读者对整个营销方案持否定态度。尽管目录位于营销策划方案的前面,但是在实际操作中却是在策划方案全部完成之后,再根据营销策划方案的内容与页码来编写策划方案的目录。如今,编写目录变得简单了,在用word文档编写完成全部策划方案后,使用自动插入目录功能经过简单的设计即可生成精美的目录。

### 四、概要

概要相当于一般书籍的内容简介,或者相当于普通文章的内容摘要。它是对营销策划方案主要内容的概括性陈述,其目的是使阅读者对营销策划方案内容有一个非常清晰的概念,便于阅读者理解策划人的意图和观点。概要写作的原则是:用最简短的文字把策划方案的内容概括地反映出来,即使阅读者没有太多的时间通读全文,也能够通过概要对策划方案有个比较准确和全面的了解。

概要的撰写方法有两种:① 先写概要,后写正文。这种方法的好处是可以使正文撰写有条不紊,有效防止正文撰写离题或没有中心;② 先写正文,后写概要。这种方法使用较为普遍,简便易行,只要把策划方案内容归纳提炼出来就行了。为了适应当前文件档案的信息化管理的需要,有的策划方案还要添加若干个关键词,以方便今后电子文档的管理与查询。

### 五、界定问题

#### (一)企业营销活动中存在的问题

任何策划方案都是为了解决客户企业某一营销问题而撰写的,策划的过程就是为企业寻求解决这个营销问题的措施的过程。所以正文的第一部分应该对企业当前需要解决的营销问题有个初步的界定。界定问题的过程就是分析客户企业战略目标与营销现状之间的差距,这个差距就是企业营销活动中存在的问题,这个问题就是营销策划所要解决的问题。企业营销活动中存在的问题纷繁复杂,主要表现在以下六个方面:

(1)企业成立之初,还没有一套完整的营销方案,因而需要根据市场特点策划一套系统的营销方案。

(2)企业发展壮大,沿用原有的营销方案已经不再合适,为了适应新的形势和变化,需要重新设计营销方案。

(3)对企业经营方向做出调整和变革时,营销策略也要作出相应的调整和改变。

(4)企业原来营销方案严重失误,已经不能再作为企业的营销计划时,需要设计新的营销方案来予以代替。

(5)市场行情发生变化,企业原来的营销方案已经不再适应变化后的市场状况。

(6)企业在总的营销方案下,需要在不同的时段,根据市场的特征和行情变化,设计新的阶段性营销方案。

这六个方面是大多数企业进行营销策划的目的所在,在界定问题时,可以从这六个方面进行思考和分析。

### (二) 界定问题的方法

界定问题的要求是简单化、明确化和重要化。界定问题的方法主要有以下五种。

1. 专注于重要问题

专注于重要问题即在诸多问题中,选择重要者进行解决。专注于重要问题,才有利于解决问题和实现目标。

2. 细分问题

细分问题能够找到问题的症结所在,将问题化难为易。例如,军队要想打胜仗,就要把敌方军队进行细分,找到力量薄弱的部分,集中优势兵力,先吃掉它,各个击破。编辑图书,首先要细分章节,才好入手。产品可以按照整体产品概念细分为产品的核心层、实体层和附加层。如果某一种产品不受消费者欢迎,我们可以从这三个层面上分别寻找问题。

3. 转换问题

通过转换问题,可以找到解决问题的最佳途径。例如,某甲问某乙:"如何才能赚到更多的钱?"某乙反问:"为什么?"甲答:"有了积蓄,提早退休。"某乙又问:"为什么提早退休?"某甲答:"实现环游世界的愿望。"某乙通过一步步的追问,把某甲原来的问题——赚钱,转换成了真正的问题——环游世界。界定了真正的问题,也就很容易找到解决问题的途径了。某乙给某甲提出的建议是:从事外交工作或转入旅游业,即可很容易实现其愿望。

4. 掌握委托策划者的本意

现代策划很多情况下是委托策划,例如某个组织把某个策划委托给某个专业策划公司,或者是本组织领导委托下级做某个策划,等等。在这类策划中界定问题时,还要注意重要的一点,就是"掌握委托策划者的本意"。所谓"委托策划者的本意"是指委托策划者所期待得到的以及所想得到的真实效果。掌握委托策划者本意的方法是策划人与委托策划者进行深度的沟通,然后写出书面议案让委托策划者确认。

5. 深究问题,使问题清晰化

一般情况下,委托策划者提出的问题往往比较模糊,策划者须刨根问底,才能够使问题清晰化。例如:① 提高销售额的策划;② 提高销售额的促销策划;③ 为提高A产品销售额的促销策划;④ 为提高A产品销售额50%的促销策划;⑤ 为提高本年度A产品销售额50%的促销策划;⑥ 以提高B地区A产品销售额50%为目标,加强批发商行销渠道的促销策划。上例中,①的问题最为模糊,⑥的问题最为清晰。

使用以上方法把企业营销问题界定清楚之后,在策划方案的正文中要用简明的文字表述出来,并说明理由。

## 六、环境分析

环境分析包括外部环境与内部条件两个方面。两个方面的众多因素中,不一定每项都要分析,策划专题不同,考虑的影响因素也不同,应该抓住那些影响作用最大的因素进行分析。一般来说,对于大多数营销策划方案而言,往往从以下几个方面入手分析。

### (一) 宏观环境

宏观环境包括政治环境、经济环境、科技环境和社会环境等。就不同企业而言,宏观环境中对其直接发生重要影响的因素是不同的,应该着重对与本次策划相关的环境因素进行分析,而不需面面俱到。

### (二) 竞争对手

主要分析本企业现有主要竞争对手的有关情况,包括竞争者数量、区域分布、规模、市场份额、技术力量、竞争手段、营销方式等基本情况,以及竞争产品的优势、劣势与产品的发展动向。另外,还需要分析潜在竞争对手、替代品生产企业可能对本企业市场地位带来的威胁。

### (三) 消费者

消费者包括产品的最终消费者和中间经销商。根据策划的项目特征,着重分析市场容量、现实需求、潜在需求、用户类型、需求结构、地区分布以及消费者价格谈判能力等若干因素对营销策划的影响。

### (四) 企业产品

主要分析本企业产品的优势、劣势、竞争力与市场拓展空间、市场销售状况及在消费者心目中的地位等。

### (五) 企业内部条件

主要包括企业资源状况分析、企业能力分析和竞争优势分析。

环境分析资料的整理要突出明了性和准确性。明了性是指所有资料要有条理,能够抓住重点。在具体进行环境分析时往往要收集大量的资料,而不同的营销策划方案所需的资料又不完全相同,策划者应该有重点地选用资料,以免过于庞大繁杂的资料减弱阅读者的阅读兴趣。若方案确需列入大量资料,可用"参考资料"的方式列在最后的附录里。准确性是指环境分析要符合客观事实,不能有太多的主观臆断。任何带结论性的说明或观点都必须建立在客观事实的基础上。

## 七、SWOT 分析

解决某项营销问题是建立在内部条件分析和外部环境分析基础之上的,因此,分析问题、发挥优势(S)、克服劣势(W)、寻找机会(O)、避免威胁(T),实现企业内部条件、外部环境与营销目标之间的平衡就成了营销策划成功的关键。

SWOT 分析是对前面的环境分析的归纳和总结。大型的营销策划方案把环境分析和 SWOT 分析分开来写,小型的营销策划方案则把二者合并,只是进行 SWOT 分析。

## 八、营销目标

营销目标是指在一定条件下企业在预期内所要达到的成果或指标,或是在一定时间阶段内所要达到的预期目的和成果。营销目标过高或过低都会影响策划效果,只有科学合理且切实可行的目标才能够使策划成功。要正确确立营销目标必须遵循六项原则:方向性原则、客观性原则、科学性原则、系统性原则、明晰性原则和弹性原则。确立目标的步骤一般包括:目标调查、目标拟定、目标评估、目标论证和目标深化。确立营销目标要注意以下三点:

第一，不可贪心。例如，一种食品，希望适应人群包括大人和孩子，其功能兼做主、副食，渠道兼顾超市和高级餐厅，这就是贪心的目标。

第二，目标之间不能矛盾。例如，一种产品既要降价以提高销售量，又要增加毛利率，这就是矛盾目标。

第三，明确目标之间的优先顺序。例如，一种产品的市场目标有确保 A 区市场占有率达到 5% 和确保 500 家零售店铺货为新产品推出奠定基础条件。这里有两个确保是不合适的，必须确定哪一个优先。

## 九、市场细分

此部分需要列出细分市场的标准和方法，并说明选择这些标准和方法的理由，描述清楚所有细分市场的特征。

## 十、目标市场

此部分需要评估每一个细分市场，选择最适合企业的细分市场作为目标市场，论证这个目标市场的可行性，并指出采用哪种目标市场营销战略，是采用无差异营销战略，采用差异化营销战略，还是采用集中性营销战略。

## 十一、市场定位

此部分需要表述清楚每一个市场定位对象（包括企业定位、产品定位、品牌定位、广告定位等）的定位说辞以及市场定位的发展方向说辞，并说明理由和依据。

## 十二、营销组合策略

此部分需要针对所选择的目标市场和所确定的市场定位制定相应的营销组合策略，即 4P 组合策略的各方面内容。有时不需要动用 4P 策略的所有方面，有时还需要在 4P 策略之外补充一些其他的策略，这要根据策划项目的实际需要来选择。

### （一）产品策略

制定产品策略，首先要全面了解和掌握产品策略的种类和内容，这是制定产品策略的基础。产品策略的种类和内容包括：

（1）单一产品策略：产品质量策略（产品使用质量、产品外观质量、产品服务质量）；产品包装策略（类似包装策略、等级包装策略、配套包装策略、再使用包装策略、附赠品包装策略）。

（2）产品线管理策略：延长产品线策略（产品线的延伸、产品线的扩充）；削减产品线策略；产品项目推陈出新策略（逐步更新、全面更新）；产品线销售驱动策略（低档产品销售驱动、高档产品销售驱动）。

（3）产品组合策略：产品组合的长度、产品组合的宽度或广度、产品组合的深度、产品组合的黏度。

（4）产品生命周期管理策略：引入期策略（快速撤取策略、缓慢撤取策略、快速渗透策略、缓慢渗透策略）；成长期策略（改进产品质量、赋予产品新特色、改变产品款式；改变促销重点、开辟新的细分市场、增设销售机构和网点；调整价格策略、吸引对价格敏感的消费者）；

成熟期策略(改进市场策略、改进产品策略);衰退期策略(维持策略、集中策略、收缩策略、果断放弃策略、转移策略)。

(5) 新产品开发策略:新产品的类型、新产品的开发过程、新产品的工业设计。

(6) 品牌策略:品牌化决策;品牌归属决策(制造商品牌、中间商品牌、综合品牌);品牌质量决策(品牌初始质量水平、品牌质量动态管理);品牌数量决策(统一品牌策略、个别品牌策略、企业名称加个别品牌策略、分类品牌策略);品牌延伸策略(不同产品类别的品牌延伸、新品味新配方新容量、搭配使用相关产品、相同顾客群的品牌延伸、专业技术);品牌设计(品牌命名的原则、品牌命名的思路、品牌命名的防御原则、品牌设计的要求)。

以上产品策略的种类和内容,为营销策划方案这部分内容的撰写提供了一个参考的框架,策划人应该根据前面的分析结果围绕着确定的营销目标从上述内容框架中选择合适的内容进行详尽的阐述。

## (二) 价格策略

价格策略的种类如下。

(1) 地理价格策略:产地价格、目的地交货价格、统一交货价格、分区交货价格、补贴运费价格。

(2) 价格折扣与让价策略:现金折扣;数量折扣(累计数量折扣、非累计数量折扣);职能折扣;季节折扣;折让(推广折让、运费让价)。

(3) 心理定价策略:尾数定价策略、整数定价策略、声望定价策略、招徕定价策略、习惯定价策略。

(4) 差价策略:地理差价策略、时间差价策略、用途差价策略、质量差价策略。

(5) 新产品定价策略:撇脂定价策略、渗透定价策略、满意定价策略。

(6) 产品组合定价策略:替代产品定价(降低一种产品的价格、提高一种产品的价格、降低一种产品的价格提高另一种替代产品的价格);互补产品定价;副产品定价;产品大类定价(分级定价策略、配套定价策略);任选商品定价。

(7) 价格变动策略:企业主动调整价格(削价、提价);企业被动调整价格(同质产品价格调整、异质产品价格调整)。

上述价格策略的种类为营销策划方案这部分内容的撰写提供了一个参考的框架,策划人应该结合前面的产品策略选择合适的价格策略进行详细阐述。

## (三) 分销策略

对于企业的分销渠道主要应当分析以下几个方面的内容,然后详细阐述具体的策略和改进措施。

(1) 目前产品销售渠道如何,对分销渠道的拓展有何计划。

(2) 怎样对分销渠道进行管理以使其更加合理化。

(3) 是否还应该制定一些优惠措施鼓励中间商、代理商以提高其销售积极性,是否应该制定适当的奖励措施来提高他们的销售热情。

## (四) 促销策略

根据前面的分析配合产品策略、价格策略和分销策略阐述具体的广告策略、公关策略、人员推销策略和营业推广策略。

## 十三、行动方案

要将营销战略和策略付诸实施,还要将这些战略与策略具体落实为各项具体的工作、各个时段具体的任务,也就是说要制订周密细致的行动方案。具体包括:做什么、何时做、何地做、何人做、怎么做、对谁做、为什么做、需要多长时间、需要多少物资、人员及费用、达到什么程度等。按照这些问题为每项活动编制详细的程序,以便于执行和检查。行动方案一般用表格方式表述,如表9-1所示。

表9-1 行动方案安排表

| 活动名称 | 负责人 | 活动地点 | 开始时间 | | 结束时间 | | 费用 | | 人员 | 物资 | 备注 |
| --- | --- | --- | --- | --- | --- | --- | --- | --- | --- | --- | --- |
| | | | 计划 | 实际 | 计划 | 实际 | 预算 | 实际 | | | |
| 项目1 | | | | | | | | | | | |
| 项目2 | | | | | | | | | | | |
| …… | | | | | | | | | | | |

## 十四、费用预算与效益分析

费用预算包括营销过程中的总体费用、阶段费用、项目费用等,其原则是以较少的投入获得较多的产出。预算应该尽可能详尽周密,各项费用也应该尽可能细化,并且尽可能控制费用开支,努力以尽量小的投入实现预期的效果。效益分析包括经济效益分析、品牌效益分析、环境效益分析和社会效益分析。

## 十五、控制方案

作为策划方案的补充部分,应该明确对方案实施过程的管理与控制,制订好以下四个具体的控制方案。

### (一) 动员准备工作方案

新营销方案的实施往往涉及客户企业内部许多部门和许多人员,还要涉及企业外部中间商、合作者等诸多方面,所以,策划方案中最好安排有实施方案之前的动员准备工作方案。

### (二) 实施时机工作方案

选择合适的时机实施方案十分重要,实施太早,时机不成熟,难见效果;实施太晚,又错过机会,贻误战机。除了一些不可选择的方案实施时机(节假日、社会重大活动日、新法规颁布日、新标准出台日等)外,企业实施某项营销策划方案之前,应该有专人或专门的机构负责观测研究方案实施时机何时成熟、何时最好,以适时实施方案。

### (三) 实施过程监控方案

策划方案中还要明确具体制订各种实施监控方案。如实施效果评估方案、实施业绩奖惩制度、实施效果监控机制、实施效果监控组织建设、实施状况信息反馈制度等。

### (四) 实施过程应急方案

营销策划方案实施过程中,会受到许多不确定因素的影响,可能会产生许多突变因素,也可能会产生一些突发事件,也可能难以预料地产生这样或那样的营销危机,这就需要制订几套应急预案,其中要列出各种可能发生的突发情况,一旦出现这些情况,应该如何应对等。

## 十六、结束语

结束语主要起到与前言呼应的作用,使策划方案有一个圆满的结束,而不致使人感到太突然,结束语中应该再重复主要观点并突出重点。在结束语当中还可以结合本次策划的情况提出进一步开展策划的方向,向委托方提出参考性的建议。

## 十七、附录

附录是策划方案的附件部分,主要包括策划方案中提到的一些数据资料的原始依据,一些理论观点的原始结论,或者由于篇幅太大不适于放在正文中的分析过程等。可以说,凡是有助于阅读者理解策划方案有关问题来龙去脉的内容,凡是有助于深化阅读者对营销策划方案认识的比较重要的内容都可以列入附件,以增强策划方案的可信度和可行性。

有的策划方案还在附件中提供若干套备选方案,一方面供决策人选择,另一方面也暗示了策划人考虑问题的周密性与严谨性。

营销策划的初学者应该在掌握上述撰写目标市场战略策划方案理论的基础上,多研读一些目标市场战略策划方案的案例文本,并且亲自动手实践——认认真真地撰写一份策划方案,只有这样才能够形成撰写策划方案的能力。

### 相关链接

**策划人的"军规"**

1. 销量是检验策划效果的唯一标准。
2. 策划团队合作至关重要。
3. 策划职业辛苦而不高贵。
4. 策划人的角色是专家和顾问,任务是帮助企业解决问题。
5. 策划没有捷径,任何人面对新项目都是从头开始。
6. 策划人只做创造资源的事,不做消耗资源的事。
7. 先做人,后做事;做实在人,干专业事。
8. 每天都是新的开始,策划人以超越自我、超越企业及客户的期望为荣。
9. 点子时代已经过去,单独一个点子不能实现整体突破。
10. 策划之后需要落实,执行力大于策划力,三分策划,七分执行。
11. 低调做人,高调做事。
12. 标新立异,原创第一。
13. 别把自己当回事,要把事当回事! 团队属于客户,尊重自己从尊重工作开始。

14. 没有状态就不要工作,有所为,有所不为,能力决定空间!策划人的一个标准是做自己比别人做得更好的事。
15. 实际操作最重要,专业只是解决问题的工具,事实的一半是真相。
16. 一分钱的项目与一百万的项目一样做。
17. 做足一百分是本分。
18. 关注策划的每一个细节,好的结果来自过程的完美。
19. "投机取巧"(投机:抓住事物发展的运行规律;取巧:找到最有效的捷径),简单、简单、再简单。
20. 策划就是算账的过程,省钱、省钱、再省钱。
21. 喜新厌旧、与时俱进,要么上去,要么就出去(离开策划业)。

资料来源:舒国华,营销策划理论与技艺

# 任务二 执行目标市场战略策划方案

策划方案获得通过之后,策划人员可以暂时松口气了,但是切不可以完全放松。因为后面还有策划工作的最后一个环节——具体执行。这就像长跑的最后冲刺,是策划取得最后成功的重要环节。对执行工作掉以轻心而产生的工作失误,常常使策划功亏一篑。要有效地执行营销策划方案必须做好以下几个方面的工作。

## 一、执行之前需要首先进行沟通

如果策划人本身就是执行的负责人和执行者,或者策划的规模不大,不易产生误解的话,策划的执行应该不会发生什么大问题,只需要按照书面计划执行即可。但是,现代策划不但规模越来越大,而且,由于策划工作专业性与复杂性的不断提高,策划工作显示出越来越强的独立趋势。这使得策划的制作与执行部门日趋成为两个"独立的部门"。在一些专题策划中,这种分离的趋势表现得更加明显,例如,广告策划常常由专业的广告公司制作,而具体执行则需要由企业进行。因此,在策划执行之前,应该确保执行者已经真正理解了策划的内容,特别是对策划意图、策划重点有了深刻的认识。这就需要在执行之前进行充分的沟通。如果沟通不到位的话,那么费尽心力撰写的策划方案,很有可能在执行之中变质。在实际工作中,因为缺乏沟通而使策划的执行偏离预定方向,并带来许多副作用的事情是常常有的。

## 二、执行之中要进行现场指导

除非是非常简单的策划,否则单依靠策划方案是不能保证策划执行人完全理解策划内容的。由于策划本身的复杂性以及策划方案文字意思表达不够详尽等原因,执行人在现场执行过程中发生误解、囫囵吞枣、主观解释、忽略细节而妄自推论等情形很有可能发生。这时如果策划人的现场指导工作做得不够,就会使策划发生出人意料的变形和变质。那么,能不能使用详尽的策划方案来代替现场指导呢?不能!策划方案很详细固然有利于加深执行人员的理解,但是,无论多么详尽的文字表达都不能代替语言表达的效果。策划人除非有万不得已的理由,不应该只是送完书面的策划方案就算完事,而必须亲自拜访客户,尽可能地多花些时间,将自己的意图以及策划方案的内容、方法一一说明清楚,并要求对方了解和执行,切不可粗枝大叶。

策划人在现场指导中有必要向执行人员说明下列要点:第一,策划意图;第二,策划重点;第三,策划目标;第四,执行中应该注意的问题。特别是策划意图,更要确保执行人员能够真正地领会。

### 三、加强对执行过程的控制

执行策划方案是一个一步一步推进的过程,因此,必须加强对执行过程的控制。进行过程控制的有效办法之一是实行中间考核,定期对执行工作进行考核、评价,并据此做出必要的调整,这样才能够一步一步地沿着既定轨道使策划目标得以实现。中间考核与评价的方法,因策划内容的不同而各不相同。

### 四、运用组织力量达到目标

现代策划很少是以个人之力来完成的,大多数情况下是依靠一定的组织成员之间的协作来完成。组织成员之间的协作从策划的确立、实行到结束的全过程都是必不可少的。寻找策划主题、共同研究策划构想、整理策划创意、将策划细化为执行计划到实际付诸执行的全过程,如果能够得到组织的强有力的支持与协助,那么成功的机会就会大得多。

不同专题的策划涉及的组织也有所不同,企业策划主要涉及企业组织,政府策划对应于各级政府部门等。不论是何种组织都具有一种保守和排外的特性,这种特性使得组织只要在日常的例行公事之外再有任何新的尝试和计划,都被认为是"多余的""麻烦的"。例如,策划方案由营业经理层交到下级营业部的时候,常常会听到"这些策划真烦人""也不为第一线的人员想想""我们还有别的预定的事情要做,实在无法帮忙"这类批评和推托的意见。

因此,执行过程中的组织化问题变得更为突出。这一阶段既是最需要组织协助的时候,而又恰恰是组织最易产生排斥反应的时期。如何解决这一矛盾呢?有效的解决办法之一就是将策划的意图渗透到组织的末端,尤其必要的是要尽力获得执行部门负责人的支持、协助与共鸣。以促销策划来说,作为总指挥官的营业部经理、作为地区指挥官的营业部主任,是否非常热心地了解策划、支持策划,并热心地去执行这一策划,几乎决定了整个策划方案的成败。某一企业新产品开发部门和销售部门的经理,由于感情失和而变得非常不合作。开发部门设计出了优秀的新产品上市策划方案,当新产品上市方案送到销售部门时,促销人员便认为是给他们添了麻烦,不配合促销,致使没有达成营销目标,导致策划失败。因此,策划人员在策划执行过程中的一个重大责任就是考虑如何对执行策划的负责人阶层推销自己的策划方案,获得他们强有力的支持,使策划取得成功。

### 五、分析策划结果

在策划方案付诸实施并得到结果之后,策划人员的工作就算告一段落了。然而这还不是策划的终结。在结果出来之后,还必须对此结果和过程做充分的分析、思考、玩味,总结经验、找出问题、吸取教训,以反映在下一次的策划之中。在实际执行过程中,很少是与策划方案完全一致的,不仅是数字的结果,还包括种种无法以数字形式表现的经过和结果,也和预测有所差距,特别是预算,实际花费可能与预算费用有较大的偏差。这种预测与实际的偏差,可能是因为执行人员没有按照策划所拟定的计划进行,也可能是因为预测的方法有所偏差而导致。对策划执行后的结果要分析以下重点问题:第一,掌握预测值与结果值的差异;第二,分析出现差异的原因;第三,找出执行过程的问题点以及需要改善的地方;第四,找出对下次策划立案及执行有益的教训、启示和创意。策划者将这些结果的研究、分析,作成策划终了报告书作为个人资料存档或向上司提交,其中最重要的是预测与结果差异分析。

预测与结果之间产生差异的原因有三类:第一,可以确定是差异发生的原因;第二,虽然不能确定但是可以推定可能是差异发生的原因;第三,可能是也可能不是差异发生的不确定原因。

对于可以确定的原因,如果能够除去则可以防止差异再次发生,因此下次策划时,就可以将这些确定原因的差异发生因素纳入策划当中,从而防止同类问题再次出现。有关推定原因,即不能确定但可以推测的原因,如果认为是重复出现可能性比较大的,那么就有必要在下一次策划中尽可能除去或修正。关于不确定的原因,那么只能希望在下一次策划时,注意分析确定这些因素是否存在或尽可能想办法避免。如果能够对每次策划的结果坚持进行这样的分析,那么策划水平必然会不断提高。

## 六、将经验和教训反馈至下一次策划

一项策划全部过程的经验和教训,对策划人来说,是进一步学习和提高的宝贵财富。策划过程中有用的经验和教训随处可见,就问题而言,策划者与执行者之间因沟通不足造成对策划意图的了解不够、产生曲解,乃至执行时技术上所遇到的种种问题,还有当初没有列入预测范围的各种条件等,都可以作为分析材料。这种经验教训的总结不仅策划人员应该做,也应该尽可能包括执行者在内。召开会议、广泛交流、共同提高。虽然当前的各种会议已经泛滥,但这种会议是绝对必要而且是有益的。在分析总结时注意不要抱有成见。如果一开始就下结论"可能是因为……",那么抱着这样的假设去分析结果,大多数情况下只能是证明假设而已,而真正的原因可能并不在此。因此策划人应该避免一开始就形成某种思维定式,要以清醒的头脑和眼光去客观地分析研究策划的全过程。

有些策划人员倾向于在执行结束之后以分发调查表的方式来调查,这种方式虽然不能说是完全没有效果的,但是它仅仅是形式上的调查,往往很难完全找出真正的症结所在,也不容易彻底掌握事情的真正状况。

对结果和经过进行研究、分析,由此总结经验教训并应用于下一次策划中,这是一个很有意义的反馈过程。一个优秀的策划人,总是能够从这种反馈过程中有所收获,不断提高自身素质和策划能力,从而使他的下一次策划更加趋于完美。

### 相关链接

#### 无条件执行

东北一家企业破产,被某集团收购。厂里的人们都翘首企盼新的管理方能够带来让人耳目一新的管理方法,出人意料的是:新的管理方来了,调研后却什么都没有改变,制度没变,人员没变,机器设备也没有变。新的管理方就一个要求:把先前制定的制度坚定不移地执行下去。效果怎么样呢?不到一年,企业扭亏为盈。新的管理方的绝招是什么?执行,无条件地执行。"把事情做正确(执行)"与"做正确的事情(计划)"一样重要,前者甚至比后者更加重要。

## 知 识 巩 固

**一、判断题(正确的打√,错误的打×)**

1. 目标市场战略策划方案的结构包括封面、前言、目录、概要、正文、结束语和附录七大部分。( )
2. 策划方案的封面如同策划方案的名片,也是营销策划方案的脸面,它通过视觉效果增强吸引力,给人留下深刻的印象。( )
3. 策划方案的前言相当于一般书籍的序言或前言,主要是对策划该项目的意义、目的、紧迫性、缘由、起因、方法、过程、内容等背景性资料进行介绍。( )
4. 营销策划方案中概要的撰写方法有两种:① 先写概要,后写正文;② 先写正文,后写概要。( )
5. 界定问题的过程就是分析客户企业战略目标与营销现状之间的差距,这个差距就是企业营销活动中存在的问题,这个问题就是营销策划所要解决的问题。( )

**二、单项选择题**

1. 营销策划方案中的 SWOT 分析不包括( )。
   A. 优势　　　　B. 劣势　　　　C. 机会　　　　D. 市场定位
2. 界定问题的方法不包括( )。
   A. 专注于重要问题　　　　　　B. 细分问题
   C. 转换问题　　　　　　　　　D. 掌握委托策划者的本意
   E. 深究问题,使问题清晰化　　F. 头脑风暴法
3. 营销策划方案中的营销组合策略不包括( )。
   A. 产品策略　　B. 价格策略　　C. 分销策略　　D. 目标市场
4. 营销策划方案中的行动方案不包括( )。
   A. 人员安排　　B. 道具设备　　C. 时间计划　　D. 市场细分
5. 营销策划方案中的控制方案不包括( )。
   A. 执行控制　　B. 风险预测　　C. 应急方案　　D. 促销策略

**三、多项选择题**

1. 市场营销策划方案封面构成的要素包括( )。
   A. 策划方案名称　B. 委托方名称　C. 提案日期　　D. 策划适用时间段
   E. 策划人名称　　F. 策划方案的密级和编号
2. 营销策划方案中的环境分析一般包括( )。
   A. 宏观环境　　B. 竞争对手　　C. 消费者　　　D. 企业产品
   E. 企业内部条件
3. 界定问题的要求有( )。
   A. 简单化　　　B. 明确化　　　C. 重要化　　　D. 趣味化
4. 界定问题的方法主要有( )。
   A. 专注于重要问题　　　　　　B. 细分问题
   C. 转换问题　　　　　　　　　D. 掌握委托策划者的本意
   E. 深究问题,使问题清晰化。

5. 正确确立营销目标必须遵循(　　　　)。
   A. 方向性原则　　B. 客观性原则　　C. 科学性原则　　D. 系统性原则
   E. 明晰性原则　　F. 弹性原则
6. 确立营销目标的步骤一般包括(　　　　)。
   A. 目标调查　　B. 目标拟定　　C. 目标评估　　D. 目标论证
   E. 目标深化
7. 确立营销目标要注意(　　　　)。
   A. 不可贪心　　　　　　　　　　　B. 目标之间不能矛盾
   C. 明确目标之间的优先顺序　　　　D. 以上三项都对
8. 产品策略的类型有(　　　　)。
   A. 单一产品策略　　　　　　　　　B. 产品线管理策略
   C. 产品组合策略　　　　　　　　　D. 产品生命周期管理策略
   E. 新产品开发策略　　　　　　　　F. 品牌策略
9. 价格策略的类型主要有(　　　　)。
   A. 地理价格策略　　　　　　　　　B. 价格折扣与让价策略
   C. 心理定价策略　　　　　　　　　D. 差价策略
   E. 新产品定价策略　　　　　　　　F. 产品组合定价策略
   G. 价格变动策略
10. 营销策划方案中的控制方案由(　　　　)组成。
    A. 动员准备工作方案　　　　　　　B. 实施时机工作方案
    C. 实施过程监控方案　　　　　　　D. 实施过程应急方案
11. 营销策划方案中的效益分析包括(　　　　)。
    A. 经济效益分析　　B. 品牌效益分析　　C. 环境效益分析　　D. 社会效益分析
12. 要有效地执行营销策划方案必须做好(　　　　)。
    A. 执行之前需要首先进行沟通　　　B. 执行之中要进行现场指导
    C. 加强对执行过程的控制　　　　　D. 运用组织力量达到目标
    E. 分析策划结果　　　　　　　　　F. 将经验和教训反馈至下一次策划
13. 策划人在现场指导中有必要向执行人员说明(　　　　)。
    A. 策划意图　　　　　　　　　　　B. 策划重点
    C. 策划目标　　　　　　　　　　　D. 执行中应该注意的问题
14. 对策划执行后的结果要分析(　　　　)。
    A. 掌握预测值与结果值的差异
    B. 分析出现差异的原因
    C. 找出实施过程的问题点以及需要改善的地方
    D. 找出对下次策划立案及执行有益的教训、启示和创意。
15. 预测与结果之间产生差异的原因有(　　　　)。
    A. 可以确定是差异发生的原因
    B. 虽然不能确定但是可以推定可能是差异发生的原因
    C. 可能是也可能不是差异发生的不确定原因

# 案 例 分 析

## 案例一　××牌刺五加口服液营销策划方案

☆案例文本展示

### 一、经营环境分析

（一）行业分析

随着居民消费观念升级，国民对健康的诉求不断提高，对保健品的需求增加，在医疗保健上的支出快速提升，这为保健品行业带来长期利好。2013—2020年中国保健品市场规模持续增长，其中自2017年起，中国保健品市场规模增速加快，预计到2023年中国保健品市场规模增至3 000亿元。

保健品市场空间巨大，这就吸引了不少企业跨界入局，如医药企业、奶粉企业等，从而推动整个保健品市场的发展。企业跨界入局的同时，也加剧了保健品行业竞争。在这样的背景下，探索保健品新消费场景、新需求成为行业企业进行差异化发展需要思考的重要方向。

（二）企业分析

1. 品牌优势

"××"品牌在全国市场有较高的知名度，在奶品行业的美誉度排在行业领先位置。这一巨大的无形资产是刺五加口服液顺利进入市场的最大可借之势。

2. 产品优势

（1）以中草药为基本成分，容易使人们从保健和治本的角度对产品产生认同。

（2）功能具有明显的针对性，单一功能的产品易于被消费者识别，并获取目标消费者的高度认同。

（3）产品功能针对的市场群体庞大，一旦开发成功，会产生可观的回报。

（4）产品服用效果比较显著，对于在消费者中建立良好的口碑及延长产品的市场生命周期具有重要的积极作用。

3. 资金优势

××保健食品有限公司隶属于××乳业，具有雄厚的资金后盾，前期市场运作有强大的资金支持，为市场迅速做大提供了良好的前提。

4. 经验限制

保健品与乳品是市场上两个不同的行业，在市场运作手段、方法、思路、策略等方面都存在着很大的差别。在经验不足的情况下，进入市场前期，对市场进行确认和分析研究，坚持科学决策就显得尤为重要了。

5. 人才限制

人才是市场开发工作限制力最强的一环。要想同时在国内几个重要城市点位上将产品切入，必须有一支既懂行业市场运作规律又有相当经验的人才队伍。事实上在短时间内建立起这样一支队伍是有一定难度的。

### 二、营销战略规划

（一）目标市场

从产品功能和潜在需求分析，××牌刺五加口服液的基本目标市场是年龄在35岁以上的人群，但是这并不是说35岁以上的人都需要服用本产品。因此，简单地把"35岁以上"作为目标市场定位是不准确的。具体分析可知，××牌刺五加口服液的目标市场主要是35岁以上人群中的三类消费者：

1. 高收入的白领阶层。这类消费者因为工作繁忙、压力大、应酬多，容易形成高粘血脂，对保健品自然形成需求。这类消费者对于保健品的效果和档次最为注重，对价格考虑得比较少。

2. 高血脂病人。这类消费者由于患有高粘血脂病或由高血脂引起的其他疾病，对于高血脂对身体的危害感触深刻，对于具有降脂功能的保健品关注程度也最大、最直接，他们主要利用此类保健品进行辅助治疗，或者在治愈后稳定病情。

3. 离退休老年人。主要是指有一定收入或积蓄，对身体健康要求比较高的老年人。他们由于肌体的老化，对于血脂和衰老等症状比较敏感，积极地寻求维持健康的办法，对于保健品的需求比较旺盛。

在基本确定了目标市场之后，应该对整个市场的消费者进行进一步细分，找出不同细分市场的特点，指导整个营销工作的开展。

（二）市场定位

定位说辞：维护健康从降血脂抓起。

定位说明：血脂高则百病生、易衰老，甚至会危及生命，这是中老年人普遍认知的常识。因此，从降血脂的角度号召需求、引导需求，易于使目标人群产生心理上的共鸣。一旦此概念植入目标人群的头脑中，自然会拉动消费、促进购买。当先期使用者从本产品中确实受益后，又会形成较强势的积极性口碑效应，反过来会进一步强化此定位的号召力和引导力。

另外，本定位是从功能认知着眼的，这是新产品进入市场必须经过的阶段。本定位与本企业特有的强势品牌结合，就会形成更为强势的市场引导，有利于突破市场进入障碍，为后期市场形成后品牌定位概念的提炼创造有利的条件。

（三）经营目标

2022年，确保销售量为2 000万支，销售额达到1亿元人民币。

2023年，确保销售量为4 000万支，销售额达到2亿元人民币。

2024年，确保销售量为8 000万支，销售额达到4亿元人民币。

（四）基本战略

在产品功能确实有效的基础上，立足打大市场、创大效益，稳中求快，阶段性推进，由点及面地进行市场开发，力争半年内建好市场根据地，一年内形成基本的市场规模，两年内使产品在市场上达到成长期的水平，三年内在全国各主要城市全面铺开市场，实现规模效益。

为确保战略思路的有效贯彻，须明确以下三项战略原则：

（1）以整合营销传播为战略平台。充分发掘、调动、整合企业自有营销资源，使这些营销资源得到最为合理的配置。

（2）以渠道建设、管理和服务为战略重点。市场规模化的前提是实现密集分销，而密集分销的实现则必须借助各种渠道成员的通力配合。从一定意义上讲，有了健全的渠道，就有了规模化的市场，尤其是在市场竞争日益激烈的今天。

（3）以建立一支业务精、能力强、肯吃苦，具有较强敬业精神的结构合理的营销队伍为战略核心。没有人，没有能人，没有素质优异且足够数量的人，其他的营销资源就失去了创造性的生命活力。

### 三、营销组合策略

**（一）揽势用势的品牌延伸策略**

××的品牌效应是使本产品能够在市场上迅速站立起来并且较快形成市场规模的重要的"势"。用好这个"势"，关键在于实现品牌延伸，即将人们在乳品市场上熟知并且高度认同的××品牌，在保健品市场上也同样牢固地树立起来，使之成为号召人们消费的一面极具诱惑力的品牌旗帜。

进行品牌延伸，将××品牌在乳品市场上的影响力延伸到保健品市场上来，要从强调××关注国人健康的理念入手，同时照应本产品强有力的功能宣传，用产品托品牌，用品牌带产品；产品讲功能，品牌讲信誉。如此，既丰富了××品牌的内涵，实现了品牌的顺利延伸，同时也将本产品推上了一个畅销品牌的市场平台上，大大消减了消费者对本产品认知上的障碍，使得本产品一进入市场，就能够跻身于畅销品牌之列。

**（二）强调功效及差别化包装的产品策略**

1. 功能效果

本产品虽然属于保健食品，但是人们使用它的目的在于其所具有的降血脂疗效。因此，本产品必须具有在一定时间内抑制血脂升高及降低血脂黏度的可见功效。建议做一下临床试验，从而取得准确的临床数据，确保其功能的有效性及显著性。一个产品的市场生命力强弱，从根本上取决于其使用效果。如果临床效果不明显，建议对此产品进行深度研发，直至其疗效明显时为止，再考虑上市问题。

另外，在做临床试验时，可以多试验几个指标，如促进睡眠、改善皮肤等，将调节血脂、延缓衰老这两项功能诉求建立在科学实验数据的基础上，也为产品宣传推广提供依据。

2. 产品包装

市场调查显示，消费者购买目的不同及其由支付能力不同导致的对价格认知的不同，这些都与包装有关，因此，包装可以分为简装、精装和礼品装三种，以迎合不同的购买目的和价值认同。同时，也可以考虑增加一些其他的包装，如类似脑白金那种散用大包装，从而降低成本，增大利润空间，提高价格竞争的能力。

在产品包装内，可以附赠一本健康手册，一则对消费者进行健康教育，主要包括与产品功能相关的健康知识；另则说服消费者长期服用本产品。在针对不同目标消费者的包装中，健康手册的内容也应该有所侧重，针对多为白领阶层购买的精装产品及以送礼为目购买的礼品装产品，健康手册应该侧重于个人保健方面，内容主要是高血脂形成机理、预防和有关这方面的保健知识；主要针对高血脂患者及求实型购买动机消费者的简装中，健康手册的内容应该侧重于对病理的阐述和防治知识。

**（三）以维持长期消费为目标的价格策略**

从市场调查的结果来看，当前我国消费者对保健品价格的承受力主要集中在月消费200元左右，虽然不同收入水平的消费者、不同城市的消费者对价格的接受程度不尽相同，但是以200元为参照系，正负差额也只在50元左右，总体上正负差额不会超过100元。就目前的情况来看，产品没有差别，形成价格差别的依据主要就是包装。根据简装、精装、礼品装三种包装的不同，依次建议零售价格如下：

简　　装：50～60元/盒
精　　装：70～80元/盒
礼品装：90～100元/盒

如果以上零售价格成立,就要以此为标准,倒推出批发价、出厂价、成本等,并以此为标准,控制销售费用及生产成本。

(四)以密集分销为特点的渠道策略

此策略的基本思想是:借助经销商的力量及网络,实施密集分销。

首先在各主要城市建立销售部,由销售部营销人员寻找、选择、确定当地的主要经销商,由经销商负责当地零售网络的构建,营销人员则辅助经销商开展工作。

经销商及零售渠道的开发遵循以下步骤:首先从药店入手,通过大的药品经销商建立药店渠道网络;然后向大型超市、商场扩张;最后通过在大型商场、超市形成的影响力,逐步涵盖中小型的零售机构。

本策略在实施前,还要详细制定渠道选择标准、渠道评估办法、渠道激励政策、渠道服务细则等。

(五)以理性诉求为重点的宣传策略

由于保健品消费的理性化程度越来越高,加之本产品的名称不能直接显示其功效,因此,产品在市场进入期宜以功效为核心诉求开展市场宣传。另外,从目前国内保健品市场的现状来看,大投入量的广告仍然是做成大市场的主要手段之一,因此,在市场宣传上,除了要有好的创意之外,大投放量也是必不可少的。

1. 宣传主体

消费者在对保健品进行选择的过程中,品牌和功能是两个主要的考虑因素。

本产品在宣传过程中,产品名称缺乏优势,但是××品牌却是一个有力的宣传点,同时,对于目标市场的消费者来说,能够满足他们需求的保健功能是他们最为关注的因素。对于名称上缺乏有力卖点的刺五加口服液来说,只能将品牌和功能作为宣传的主体。

在宣传品牌和功能的同时,必须根据市场反馈的信息,通过不断研究市场和产品,挖掘本产品的有力卖点,在品牌和功能的基础上,找到一个能够说服消费者的卖点将是宣传工作中的重点。

2. 宣传方式

基于优势组合的媒体广告;大量有利于本产品销售的观念引导类科普文章;聘请医疗及保健专家,在目标人群较为集中的地方和场所,举办咨询和讲座活动;利用广播进行坐台式产品推广宣传和咨询;设立专家咨询热线;利用POP宣传品,营造售点气氛,提高产品曝光度,直接引导购买。以附赠《健康手册》的方式,对购买者进行消费指导,培养其再次购买及长期消费意愿。

3. 媒体策略

在进入市场初期,以各城市地方媒体为主、以中央媒体为辅,保证对重点城市的高渗透率。各类媒体中,以电视广告为主体,报纸、广播、户外广告等媒体为辅助,强调广告的到达率。除了常规媒体之外,在包装盒中夹放的"健康手册"也将是宣传媒体的一部分,而且是宣传深度最好的一种媒体,能够向消费者详细地介绍病理、症状、产品等各种要素。

(六)以保健服务为特征的营业推广策略

在市场营销实践中,众多的企业热衷于价格促销,但是这种促销方式只会造成利润的流失和品牌形象的下降。

保健品市场具有自己的特殊性,许多流行的、传统的促销方式都不适合进行保健品的促销。因为,保健品直接关系到健康问题,消费者在购买过程中越来越理性化了,效用、功能、品牌及品质的保证是消费者最为关注的问题,也是消费者购买的直接诱因。这一点与药品有异曲同工之处。

考虑到以上因素,本产品在上市初期的促销可以采用以下几种方式进行:

(1) 免费试用。主要针对高血脂患者,加强患者对产品的认知,培养这类人群对本产品的消费习惯。具体实施方法可以由患者持病历等相关证明,到指定售点免费领取一盒刺五加口服液,在其领取赠品时,由我公司营销人员进行本产品的知识讲解,并赠送健康手册。

(2) 免费服务。在销售过程中,可以进行免费的血脂、血压检测,并且提供全国免费咨询服务热线,为消费者排忧解难,加深企业与消费者之间的情感联系。

(3) 售后跟踪服务。对于提供基本资料的消费者,建立消费者数据库,解决消费者在服用口服液过程中出现的综合性问题及解答病情方面的综合性问题。

(4) 建立健康网站。一则宣传企业及产品,另则解答消费者的疑难问题,并且告知各地的销售网点,为消费者的购买提供便利。

以上各种方式都是从提升品牌及产品价值方面开展,既有利于短期销售,又有利于企业的长期发展。

(七) 服务核心化的人员推销策略

销售队伍由两部分人组成,一部分为区域销售经理,一部分为巡回营销人员。

1. 区域销售经理的任务

(1) 根据企业有关规定和政策,寻找及确定当地的经销商。
(2) 与经销商签订经销合同及协商供货和退换货事宜。
(3) 办理回款事宜。
(4) 制订和督促执行供货计划。
(5) 市场调查及反馈市场信息。
(6) 配合营销巡回小组制订经销商培训和联谊活动计划。
(7) 建立当地用户档案。

2. 巡回营销小组的任务

(1) 协助经销商设立和管理分销渠道。
(2) 巡回走访分销商,并且帮助理货、换贴POP宣传品,指导销售。
(3) 培训分销商的营业人员,讲解产品功能及购买使用的注意事项。
(4) 开展当地的咨询活动、媒体宣传计划,执行监督和促销活动。
(5) 了解市场情况,反馈市场信息,提出市场问题解决办法,供公司决策者参考。

## 四、策略调控体系

为了保证对整个市场营销工作进行及时有效的调控,必须建立一套具有快速反应机制的市场调控体系。这个体系主要解决全国市场的策略指导、策略调整等整体市场问题,主要包括以下几个组成部分:

(1) 市场经营部(企划部)。负责辅助总经理进行全国市场策略的制定与调整,即总经理的市场参谋部。

(2) 定期市场信息反馈制度。要求各个市场的营销人员定期反馈当地市场数据,包括销售量、销售额、竞争对手信息、需求信息及其他市场基本情况及市场变化情况。同时,包含紧急情况的特殊反馈渠道。

（3）完善的市场信息数据库。对各市场反馈的信息、数据进行存档、汇总，并且进行分析，提交供领导层进行决策的数据。

以上为三项基本要素，在进行调控系统建设时，还需要其他各种要素的配合。

## ☆案例分析与讨论

结合"案例文本展示"中的内容讨论和回答下列问题：

1. 本策划方案中的"经营环境分析"中的数据资料是如何获取的？
2. 本策划方案中的"营销战略规划"的依据是什么？
3. 本策划方案中的"营销组合策略"是根据什么制定的？它有什么作用？
4. 本策划方案中的"策略调控体系"是否应该细化？怎样细化？

## ☆案例解读与评析

9-1 案例解读与评析

## 案例二　餐饮老字号柳泉居：新冠疫情下砥砺前行

### ☆案例文本展示

2020年的春节较早，一过元旦，人们就开始置办年货、订年夜饭了。平日里按部就班还能维持经营的餐饮老字号们，盼来了业绩冲刺的机会。不少饭店的订餐从除夕排到了元宵。就在老字号们摩拳擦掌，准备大干一场的时候，疫情出现了……几乎一夜时间，餐饮业进入历史上最黑暗的时期。此次疫情，对主要依赖线下堂食开展运营的餐饮行业冲击最大。人们对"聚餐"产生恐慌心理，春节的年夜饭和婚宴订餐几乎全部取消，大量果蔬的囤积、房租的照付、人员工资等压力，让餐饮企业几乎喘不过气来……

非常时期，北京老字号柳泉居的正餐堂食基本停业。就是在这个特殊时刻，孙先生接手了柳泉居总经理一职。还有一个临危受命的人，那就是聚德华天控股有限公司的J先生，他此时接到一个特殊任务，就是协助旗下老字号柳泉居打开经营局面。

柳泉居早年以经营自酿黄酒起家，主营北京风味菜肴，代表菜品有豆沙包、拔丝莲子、爆三样、葱烧海参、糟溜鱼片、干烧有机大黄鱼、蛋黄炒雪蟹、炸烹虾段等。2007年和2009年，柳泉居京菜制作技艺先后入选西城区和北京市非物质文化遗产保护名录。2015年，因北京城市改造工程，柳泉居暂停营业。在此期间，柳泉居积极寻找新的地点。2016年，柳泉居饭庄重张开业，选址于原址对面的新街口南大街172号和178号。在数百年的经营和不断完善自我中，柳泉居制作精美、口感佳、营养价值高的菜品得到就餐顾客的高度评价，在京菜中占据了一席之地。

### 一、改造外卖窗口

2020年2月21日，这一天是农历腊月二十八，往年正是大办年货的日子。J先生来到了柳泉居，眼前没有出现往年热闹非凡办年货的场面，只有一个安静冷寂的摊子等着他去唤醒。

"堂食一个人也没有，外卖窗口黑乎乎的，感觉跟关门歇业似的。"J先生回忆道，"当时，这个店前20天每天的平均销售额是17 000元。"在疫情和掌门人交替的双重作用下，员工对自己的前途和收入很迷茫，存在"等、靠、要"的消极依赖思想，销售增长缺乏后劲。

2月24日,商务部印发了《关于在做好防疫工作的前提下推动商务领域企业有序复工复产的通知》,此时,企业可以在做好疫情防控的前提下,有序复工复产。在这种情形下,柳泉居怎么渡过难关呢?孙经理和J先生一起商量对策。

J先生说:"线下堂食虽然可以做了,但是现在大家都不太愿意来外面吃饭了。顾客不进来咱们就走出去!先把外卖窗口当作主阵地!俗话说:'早卖幌子晚卖灯',人有三宝'精'、'气'、'神',但现在外卖窗口黑漆漆的,一点都不吸引人!""增加窗口的灯管数量和亮度马上就能让窗口'亮'起来!""还可以把菜品像小山一样堆起来,货卖齐全,货卖堆山嘛。人叫人千声不语,货叫人点首自来!""外卖品种也该调整一下了。"

"之前的品种多而散,特色品种不突出,没有真正吸引顾客眼球的食品。餐饮经营中也有'二八定律',就是说20%的菜品,能产生80%的效益。"

疫情期间,人们的消费基本"宅家"进行,一日三餐下厨做饭难免单调,想换个口味,也有喜欢学习新厨艺,在家人面前"显摆"的心理。可以推出半成品菜品,顾客稍稍加工就可以上桌。

餐饮老字号虽然很经典,但是由于价格偏高,消费者只有在特殊宴请或者旅游时作为特色餐饮品尝光顾。增加消费频次和购买量是拓展消费市场的常用方法。柳泉居的管理者们探讨在不降低菜品品质和品牌形象的前提下,通过特殊定价方式降低其门槛,让柳泉居成为消费者的"家庭厨房"。

"按斤卖怎么样?有时候顾客买几份菜吃不完,又想多吃几种口味,这样的话顾客想要多少就来多少!可以再调低一些菜品的价格,争取给顾客最大的实惠!"柳泉居还与食材供应商反复沟通协商,尽可能降低上游原材料的价格,并自身承担食材的价格波动,让利给消费者。

在你一言我一语的讨论中,应对策略逐渐明朗起来。"小喇叭"这种街头叫卖的"摆摊神器"虽然算是传统的媒介,但只要有用就不算过时。柳泉居走下"神坛",安装了一个"小喇叭",循环播放菜品和促销信息,并在外卖窗口的显眼处张贴了新增菜品的宣传海报,吸引来往的顾客。

在堂食上,柳泉居突出老北京爆三样等十大镇店必吃名菜。而外卖窗口以豆沙包为主线,还推出多款馅料的包子,重点推广酱牛肉、酱猪蹄、酱肘子、红烧带鱼这四样便于顾客携带的速食,并增加炸藕盒、牙签肉等顾客喜欢但制作过程烦琐的新菜肴,把广大顾客从烟熏火燎的厨房中解放了出来。柳泉居在宣传中一是突出其用花雕酒烹制的独有技艺;二是强调"每天都是新鲜的"这一健康营养理念。

顾客们纷至沓来,被柳泉居物美价廉的菜品所吸引,"大家都爱吃这家的豆沙包,自己家留几袋,剩下的给同事带过去。他家的包子也不错,种类又多又好吃,而且包子皮暄,个头大。"周女士表示。

随着三八妇女节的到来,柳泉居结合节日热点,应时推出促销活动。行政总厨D先生亲自设计了"相约春天女神节"外卖,他说:"为了让女顾客在家里也能享用到最美、最爱的外卖,我们以红米、小米、大米、猕猴桃、草莓、西兰花等食材作为原料,并搭配了女士们最喜欢的甜辣宫保鸡丁,兼具美感和健康。"北京素有头伏吃饺子的习俗,柳泉居在头伏当天添上水饺;七夕节,研发推出新菜"蜜汁百合";重阳节将至,为就餐老人免费送上重阳糕和羊汤;立冬,柳泉居推出温中暖肾、益气补虚的秘制羊排……

柳泉居的上述举措引发了多家新闻媒体的关注和报道,很多顾客慕名而来。

## 二、恢复早餐

复工复产初期,好多上班族反映单位附近吃早点不太方便,孙经理和J先生商量:"咱们卖早餐怎么样?""好!顾客需要,何乐而不为?"两人一拍即合。

增加早餐业务看似简单,实际上并不是一件容易的事。为满足附近居民的早点需求,柳泉居自我加压,恢复了中断15年的早餐经营,主要品种有馄饨、豆腐脑、猪肉大葱包子、老北京炒肝、烧饼夹肉等。很多早点比如粥、包子、炒肝,做起来既费时又耗力,一般需要近两个小时才能做好。

"为了让顾客按时吃上热腾腾的营养早餐,第一个班次的师傅们凌晨4点就要到岗。"J先生说。J先生还发挥书法特长,撰写早点供应的宣传海报,吸引周边顾客到店消费。海报背景印有"聚德华天控股有限公司"及其品牌广告语"食以洁为先,放心就餐到华天"。

消费者购买早餐也像正餐一样有专门的安全员疏导,排队要保持1米距离,进店要测量、登记体温,并进行双手消毒。

"我们的定位就是方便、实惠,让复工人员享受到贴心、味美的老字号美食。"孙经理说,"我们这家店紧挨着地铁口,不少上班族专门在这站下车来买,早餐收入已经成为增收新亮点!"

## 三、线上线下协同发展

### 1. 线下防疫保安全

为确保顺利复工复产,柳泉居在疫情期间,严格执行聚德华天公司制定的61条疫情防控措施,包括进店、排队、体温测量、店内消毒、员工宿舍管理等各个环节。集团还成立了疫情防控领导小组,有领导带队检查、企业相互检查和企业自查三种模式,全方位保障顾客、员工和门店的安全。

4月15日,北京市西城区饮食行业协会发布《落实餐饮企业"分餐制"、统一"公勺、公筷"颜色倡议书》。其实早在2月初,聚德华天旗下的餐厅就已经开始实施了。顾客进店后,柳泉居会为消费者提供公筷公勺,并在顾客就餐前,再次用热水对餐具做一次烫涮消毒。在全体员工上班前,检查每位员工的"北京健康宝",测温并了解其出行情况,保证线下堂食的安全。柳泉居还加大店内座椅之间的距离,保证营业场所的每日消杀,营造出安全的公共环境。

2020年的五一假期变成了五天,聚德华天旗下包括柳泉居在内的鸿宾楼、大地西餐厅、砂锅居等老字号名店,均鼓励顾客提前预约,并赠送预约的顾客一份营养菜品,以便于提前规划顾客的落座位置并备好就餐菜品。

"现在到店里吃饭比之前确实麻烦了不少。"柳泉居餐厅的老顾客吕女士说,购买食品需要通过层层"关卡"。通常她会提前点餐进行预约,经过一系列防控流程才能就座。"不过要是随随便便就可以进来,倒真不敢来了。店里负责任,我们吃饭才放心。"

此外,柳泉居为提高员工士气,采取了早餐提成、效益提成等激励政策,把员工的收入和绩效相挂钩,激发大家共同战"疫"的一腔热血。建设柳泉居、发展柳泉居、壮大柳泉居成为每一个员工的共同心声。

### 2. 外卖业务促销量

柳泉居在窗口外卖基础上,入驻"饿了么"平台,拓展营销渠道。网上外卖上线后,销售收入递增。柳泉居还为点外卖的消费者提供安心就餐卡,上面记着烹制人员、打包人员、配送人员的姓名和体温等信息。随着光盘行动的开展,柳泉居推行小份菜,将节约用餐延伸至外卖菜单,以实际行动拒绝浪费。

自疫情发生以来,柳泉居还通过搭设便民菜摊、开通远程预点餐等方式实现创新经营,保供应稳市场。为减少居民排队时间和人员聚集,柳泉居的员工们又想出了"云销售"的模式,把外卖摊位"搬"到线上。

"每天供应什么吃食,都有人拍了照片发在群里通知,我们想买什么直接在群里说一声,他们就给留出来,提前包好等我们来拿。"附近的居民赞不绝口。

聚德华天旗下的玉华台饭庄也试水微商城、闪送外卖等业务,四五百平方米的小店每天光外卖就能达到五六万的收入水平⋯⋯

3. 迈出"全员直播"第一步

4月份,北京市商务局发布通知,要求各经营单位在疫情期间,不得在线下举办店庆等促销活动,鼓励餐饮企业利用线上电商、直播平台进行促销。于是,网络直播不断升温,老字号纷纷搭上直播这趟"快车"。

员工也踊跃加入了主播队伍,柳泉居还邀请了一位专讲老北京文化的网红协助直播,就这样,柳泉居迈出了"全员直播"的第一步。

5月22日,柳泉居和腾讯合作开展以"企鹅线上购物节,我为祖国吃喝玩乐"为主题,以"去去且寻谋一醉,称西道有柳泉居"为宣传口号的"吃播"大赏活动。直播中不仅有吃播秀和菜品讲解,还有大厨展示手艺。消费者还可以参与福利活动,如免费品尝、霸王餐券、满100减50的优惠券等促销活动。这次直播没有投入任何宣传费用,仅仅靠刷脸、刷菜就吸引了2 000余人进入直播间。

毕竟柳泉居的大多数菜品更适合去店内品尝,此次直播的主要目的是将一批线上观众吸引到店里就餐,去品尝"梨子的味道"。在直播中,柳泉居向观众展示葱烧海参、爆三样等镇店名菜的烹饪技艺和独到之处,向外界传达了"您吃对了吗?"的理念。直播还把线下的消费场景搬到线上,将菜品呈现到消费者面前,激发观众到线下就餐的欲望。

4. 跨界合作联手商超

如今,餐饮老字号都在积极探索新的营销模式,餐饮老字号与商超的跨界合作已逐渐成为趋势。

柳泉居考虑下一步入驻超市开设新设档口现做现售,或实施"餐饮+食品"策略,将真空包装后的成品、半成品置于商超和零售店铺中⋯⋯

这样,柳泉居构建了正餐堂食、窗口外卖、网上外卖和商超合作四位一体的营销模式,初步实现了线上线下的协同。

**四、消费券:说你优惠不容易**

柳泉居配合线上直播,也成为线下消费券指定商户中的一员。早在2003年非典和2008年金融危机期间,政府也推出过消费券。而此次跟以往的区别为:之前是纸质消费券,这次是和电子商务、数字支付等平台企业合作的电子消费券。

使用消费券后确实要比平时便宜不少。以京东消费券为例,消费者在使用消费券付款时可享受多重优惠,不仅有政府补贴的满减券,还有商家在政府补贴金额上叠加的0.5倍优惠,有时使用白条、指定银行卡还会减免一定金额。使用消费券付款的完整流程包括:提前在APP内领取,扫商家出示的收款二维码,跳转至付款界面付款。

**五、后续进展**

2020年6月9日,北京市委和人民政府发布了红头文件《关于加快培育壮大新业态新模式促进北京经济高质量发展的若干意见》。在消费升级背景下,政策也在鼓励北京老字号把握数字化、智能化、绿色化和融合化的趋势转型升级。餐饮老字号如何把握机会,搭上新政策和信息科技的顺风车?集团怎样发挥规模经济优势助推老字号发展?

临近2021年春节,疫情出现反弹。面临新一轮的挑战,柳泉居这次有了准备,推出电话订餐服务,主要有酱货礼盒(酱牛肉、酱猪蹄、酱肘子等)、半成品礼盒(柳泉居扒鸡、豆包、四喜丸子等)和年夜饭半成品礼盒(红烧丸子、清炒虾仁、白灼芥蓝等)。

聚德华天还创办了"聚德华天美食汇",在微信公众号中开设微商城,为旗下品牌开展线上业务,包括外卖、自提和在线商城服务,柳泉居也参与其中。外卖包括鱿鱼烧海参、炸小河虾和老汤秘制扒鸡等菜品,由美团专送配送;顾客还可以提前在公众号下单并设定好取餐时间,避免线下堂食聚集;商城中,柳泉居上线了豆包,有20元简装和178元多味精装礼盒两种规格。

在后疫情时代,生存是硬道理。柳泉居在2021年春节前后不仅拓展线上业务,还在社区开展社群营销,更有意思的是组建了自己的派送队伍,扩大了配送范围,派出专车穿梭于京城各地派送年货,收益可观。

(资料来源:中国管理案例共享中心)

☆ **案例分析与讨论**

结合"案例文本展示"中的内容讨论和回答下列问题:

1. 柳泉居饭庄是怎样的一家饭店?以故事的形式给友人讲一讲。
2. 面对疫情,柳泉居调整后的营销策略有哪些?
3. 柳泉居的营销策略是怎样诞生的?制定这些营销策略的依据是什么?
4. 柳泉居的成功说明了什么问题?给你带来哪些启示和感悟?

☆ **案例解读与评析**

9-2 案例解读与评析

# 附录一　营业推广策划实训

## 一、营业推广策划任务书

1. 项目名称：××理疗养生馆营业推广策划。
2. 委托单位：××理疗养生馆。
3. 受托单位：××学院营销××班。
4. 任务下达人：×××老师。
5. 任务接受人：各策划小组组长。
6. 任务描述：××学院营销××班接受××理疗养生馆的委托，为其进行历时一个月的营业推广策划，策划时间为5周(自×年×月×日起至×月×日止)，首先由各策划小组独立进行策划，策划方案出台后进行评比，选出优秀者提交给委托单位。
7. 策划成果(最终学习产品)：××理疗养生馆营业推广策划方案。
8. 策划目标：提升××理疗养生馆的知名度，在一个月内该店顾客人数增加到原来的3倍，实施方案后的月销售额翻两番。
9. 策划步骤：

| 序号 | 步骤名称 | 具体任务 | 策划成果 | 完成时间 |
| --- | --- | --- | --- | --- |
| 1 | 收集营销环境信息 | 收集××理疗养生馆及竞争者信息 | 信息文案 | 第5周 |
| 2 | 分析营销环境 | 利用SWOT工具进行分析 | SWOT表 | 第6周 |
| 3 | 进行营销策划创意 | 选择和设计营业推广工具 | 创意文案 | 第7周 |
| 4 | 撰写营销策划方案 | 撰写××理疗养生馆营业推广策划方案 | word文档 | 第8周 |
| 5 | 展示营销策划方案 | 展示××理疗养生馆营业推广策划方案 | PPT文档 | 第9周 |

10. 策划要求：
(1) 以策划小组为单位独立开展策划活动，每周提交一次策划成果(学习产品)。
(2) 各策划小组的所有文案材料必须转化为电子文档，由专人长期保存以备使用。
(3) 所有文案参照老师提供的文案模板和考核标准进行撰写。
(4) 展示策划方案时，必须由专人参照PPT演示文稿进行讲解。
(5) 每次上课前，把文案材料事先发到老师的个人微信上，以备老师检查指导。
11. 支撑理论：营业推广策划。
12. 信息来源：××理疗养生馆和其他养生馆。
13. 参考资料：项目四中的案例分析。
14. 提示与指导：吃透理论、深入调研、借鉴案例、开拓创新、积极思考、集思广益、反复推敲、精益求精。

××年××月××日

## 二、营业推广策划背景资料

××理疗养生馆是中国养生机构十大品牌之一，拥有800家连锁店。××理疗养生馆牡丹江店位于牡丹江市××路××号，馆舍面积为400平方米，分楼下和楼上两层，楼下设有服务吧台、办公室、理疗大厅（包括四张床位），用于接待男性顾客和散客；楼上设有休息大厅和三个理疗单间（每个单间拥有两张床位），用于接待女性顾客或夫妻顾客。老板本人亲自管理店面，雇佣女性店长1名、理疗师3名。店内按照连锁加盟机构的统一模式进行装修，理疗设施与设备一应俱全。采用咨询加松筋手法加中药药包温敷加磁场仪器理疗的方法，打开筋结、疏通经络、中药外敷、不开刀、不打针、不吃药，具有安全、自然、生态、绿色的理疗特色。服务项目包括肩颈调理、背部疏通、背部擀筋、全身排毒、肾部保养、电针灸等，对应的服务价格已经制成表格张贴在墙上，该店于2020年11月16日正式开业。开业后，该店印制了一批优惠卡在公共汽车站以及周边街道口散发，优惠卡内容包括免费测血压测血糖、9.9元体验6项理疗服务、498元中医调理养生项目。截至2020年12月末，已经接待顾客180人次，发展会员20人，营业收入12 000元，开业以来势头不错，但是与经营目标差距较大。

请策划小组根据以上背景资料，展开调研，进一步了解和掌握××理疗养生馆及其竞争者的情况，在此基础上激发创意、周密策划，为××理疗养生馆撰写一份实施周期为一个月的营业推广策划方案，借以促使该馆业务兴旺，走向繁荣。

## 三、营业推广策划考核标准

| 考核项目 | 考核标准 | 分值 | 实际得分 |
| --- | --- | --- | --- |
| 收集营销环境信息（10%） | 信息资料全面、内容丰富，有电子文档 | 5 | |
| | 信息资料相关性强，有一定的深度 | 5 | |
| 分析营销环境信息（10%） | 填写SWOT表格，形成电子文案 | 3 | |
| | 优势和劣势、机会与威胁分析透彻 | 3 | |
| | 结论准确，建议可行 | 4 | |
| 进行营销策划创意（10%） | 创意成果丰富多样 | 3 | |
| | 创意成果新颖独特 | 3 | |
| | 创意成果可行好做 | 4 | |
| 撰写营销策划方案（40%） | 活动主题明确，创意新颖、有吸引力 | 5 | |
| | 活动目的明确具体、切实可行 | 5 | |
| | 活动对象、场所、时间明确，合适恰当 | 5 | |
| | 活动内容具有创新性和可行性 | 5 | |
| | 人员分工合理可行，日程安排合理得当 | 5 | |
| | 活动控制措施可行易做 | 5 | |

续　表

| 考核项目 | 考核标准 | 分值 | 实际得分 |
|---|---|---|---|
| 撰写营销策划方案(40%) | 费用预算具体合理 | 5 | |
| | 效果评估科学合理 | 5 | |
| 展示营销策划方案(30%) | 策划方案：篇幅得当、结构完整、内容充实、逻辑严密、层次清晰、排版精美 | 10 | |
| | 演示文稿：结构完整、层次分明、表现恰当、重点突出、图文并茂、生动活泼 | 5 | |
| | 演讲文稿：言简意赅，与演示文稿一一对应、相辅相成 | 5 | |
| | 展示讲解：仪表大方、思路清晰、表达流畅、重点突出 | 5 | |
| | 回答问题：沉着冷静、富有耐心、应答自如、答案准确 | 5 | |
| 合计分数 | | 100 | |

# 附录二 目标市场战略策划实训

## 一、目标市场战略策划任务书

1. 项目名称：××宾馆目标市场战略策划。
2. 委托单位：××宾馆。
3. 受托单位：××学院市场营销××班。
4. 任务下达人：×××老师。
5. 任务接受人：策划小组组长。
6. 任务描述：××学院市场营销××班接受××宾馆的委托，为其执行期限为两年的目标市场战略策划。策划时间为9周（自×年×月×日起至×月×日止），首先由各策划小组独立进行策划，策划方案出台后进行评选择优，提交给××宾馆使用。
7. 策划成果（最终学习产品）：××宾馆目标市场战略策划方案。
8. 策划目标：提高××宾馆的知名度与美誉度，入住率达90%以上，宾馆收入翻两番。
9. 策划步骤：

| 序号 | 步骤名称 | 具体任务 | 策划成果 | 完成时间 |
|---|---|---|---|---|
| 1 | 收集营销环境信息 | 收集委托单位及竞争者的信息 | 信息文案 | 第10—11周 |
| 2 | 分析营销环境信息 | 利用SWOT工具进行分析 | SWOT表 | 第12—13周 |
| 3 | 进行营销策划创意 | 进行市场细分、选择目标市场、设计市场定位 | 创意文案 | 第14—15周 |
| 4 | 撰写营销策划方案 | 撰写××宾馆目标市场战略策划方案 | word文档 | 第16—17周 |
| 5 | 展示营销策划方案 | 展示××宾馆目标市场战略策划方案 | PPT文档 | 实习周 |

10. 策划要求：
（1）以策划小组为单位独立开展策划活动，每周提交一次策划成果（学习产品）。
（2）各策划小组的所有文案材料必须转化为电子文档，由专人长期保存以备使用。
（3）所有文案参照老师提供的文案模板和考核标准进行撰写。
（4）展示策划方案时，必须由专人参照PPT演示文稿进行讲解。
（5）每次上课前，把文案材料事先发送到老师的个人微信中，以备老师检查指导。
11. 支撑理论：市场定位策划、营销组合策划、撰写执行目标市场战略策划方案。
12. 信息来源：××宾馆及周边旅馆。
13. 参考资料：项目七、项目八、项目九中的案例分析。

14. 提示与指导：吃透理论、深入调研、积极思考、集思广益、借鉴案例、开拓创新、反复推敲、精益求精。

××年××月××日

## 二、目标市场战略策划背景资料

××宾馆坐落于××市××区××路与××街交叉口处，西邻××职业技术学院、北邻××大学，紧邻××公路路口。营业面积360平方米，分三个楼层，客房总计18间，房间类型包括：特惠大床房、普通大床房、标准大床房、舒适大床房、经济大床房、普通双床房、舒适双床房、普通家庭房、舒适家庭房，房间价格从每天54元到99元不等。进入店面一楼有前厅服务吧台、洗衣间，客房内拥有卫生间、写字台、有线电视、电脑、空调、无线网络等设施。管理和服务人员2名，房间干净整洁，服务热情周到。目标顾客有邻近高校的大学生、来往××市的旅客等。每逢双休日和新生入学期间客房满员，平时入住率不高。吸引顾客手段主要有店面招徕、高德地图广告、美团广告、携程广告等。

××宾馆所在街道有同类宾馆7家、饭店20余家、网吧3家、理发店2家、药店1家、超市5家，小区内还有长期出租的公寓20余家。

## 三、目标市场战略策划考核标准

| 考核项目 | 考核标准 | 分值 | 得分 |
| --- | --- | --- | --- |
| 收集营销环境信息(10%) | 信息资料全面丰富，有电子文档 | 5 | |
| | 信息资料相关性强、价值性高 | 5 | |
| 分析营销环境信息(10%) | 填写SWOT表格，形成电子文档 | 3 | |
| | 优势与劣势、机会与威胁分析透彻 | 3 | |
| | 结论准确，建议可行 | 4 | |
| 进行营销策划创意(10%) | 创意成果丰富多样 | 3 | |
| | 创意成果新颖独特 | 3 | |
| | 创意成果可行好做 | 4 | |
| 撰写营销策划方案(45%) | 封面　内容全面、措辞得当、排版精美 | 1 | |
| | 前言　内容全面、表述清晰、吸引力强 | 1 | |
| | 目录　内容全面、层次得当、排版精美 | 1 | |
| | 概要　简明扼要、表述清晰、吸引力强 | 2 | |
| | 界定问题　问题正确恰当、问题表述清晰 | 2 | |
| | 营销环境分析　内容全面、分析透彻、行文规范 | 2 | |
| | SWOT分析　表述清晰、全面透彻、行文规范 | 2 | |
| | 营销目标　表述清晰、具体可行 | 2 | |
| | 市场细分　细分变量恰当、细分市场清晰 | 2 | |
| | 目标市场　目标市场选择得当、表述清晰 | 2 | |

续 表

| 考核项目 | | 考 核 标 准 | 分值 | 得分 |
|---|---|---|---|---|
| 撰写营销策划方案（45%） | 市场定位 | 定位说辞表述清晰、创意新颖、吸引力强；定位说明充分，论据有力；定位实施方法明确可行 | 6 | |
| | 营销组合策略 | 内容全面、表述清晰、策略得当、富有创意 | 10 | |
| | 行动方案 | 内容全面、措施合理、可行易做 | 5 | |
| | 财务分析 | 费用预算合理，效益分析得当 | 2 | |
| | 控制方案 | 内容全面、措施得当 | 2 | |
| | 结束语 | 总结全篇，突出和强化策划人意见 | 1 | |
| | 附 录 | 资料全面、层次清晰、排版精美 | 2 | |
| 展示营销策划方案（25%） | 策划方案 | 篇幅得当、结构完整、内容充实、逻辑严密、层次清晰、排版精美 | 5 | |
| | 演示文稿 | 结构完整、层次分明、表现恰当、重点突出、图文并茂、生动活泼 | 5 | |
| | 演讲文稿 | 言简意赅，与演示文稿一一对应、相辅相成 | 5 | |
| | 展示讲解 | 仪表大方、思路清晰、表达流畅、重点突出 | 5 | |
| | 回答问题 | 沉着冷静、富有耐心、应答自如、答案准确 | 5 | |
| 合计分数 | | | 100 | |

# 主要参考文献

[1] 许彩国.市场营销策划[M].长沙：湖南大学出版社,2002.
[2] 徐育斐,孙玮琳.市场营销策划[M].大连：东北财经大学出版社,2002.
[3] 董丛文,马春和,金焕.营销策划原理与实务[M].北京：科学出版社,2004.
[4] 杨岳全.市场营销策划[M].北京：中国人民大学出版社,2006.
[5] 岑咏霆,汤寿椿.市场营销策划[M].北京：高等教育出版社,2006.
[6] 张苗荧,潘凤钗,包发根.市场营销策划[M].北京：北京师范大学出版社,2007.
[7] 霍亚楼,王志伟.市场营销策划[M].北京：对外经济贸易大学出版社,2008.
[8] 董丛文,易加斌.营销策划原理与实务[M].北京：科学出版社,2008.
[9] 刘厚钧.营销策划实务[M].北京：电子工业出版社,2009.
[10] 高南林.营销策划实务[M].北京：北京交通大学出版社,2009.
[11] 周玫.营销策划[M].武汉：华中科技大学出版社,2009.
[12] 孟韬.市场营销策划[M].大连：东北财经大学出版社,2009.
[13] 车慈慧,彭庆环.市场营销策划实务[M].大连：大连理工大学出版社,2009.
[14] 张卫东.营销策划：理论与技艺[M].2版.北京：电子工业出版社,2010.
[15] 徐汉文,袁玉玲.市场营销策划[M].北京：清华大学出版社,2011.
[16] 程淑珊.市场营销管理制度设计范本大全[M].北京：人民邮电出版社,2014.
[17] 程淑珊.市场营销精细化管理全案[M].北京：人民邮电出版社,2015.
[18] 金虹,王长青,王艳丽.市场营销策划[M].沈阳：辽宁大学出版社,2018.
[19] 郭献山,包冬梅,于长胜.市场营销策划[M].长沙：湖南师范大学出版社,2019.

## 郑重声明

高等教育出版社依法对本书享有专有出版权。任何未经许可的复制、销售行为均违反《中华人民共和国著作权法》，其行为人将承担相应的民事责任和行政责任；构成犯罪的，将被依法追究刑事责任。为了维护市场秩序，保护读者的合法权益，避免读者误用盗版书造成不良后果，我社将配合行政执法部门和司法机关对违法犯罪的单位和个人进行严厉打击。社会各界人士如发现上述侵权行为，希望及时举报，我社将奖励举报有功人员。

反盗版举报电话　（010）58581999　58582371
反盗版举报邮箱　dd@hep.com.cn
通信地址　北京市西城区德外大街4号　高等教育出版社知识产权与法律事务部
邮政编码　100120

**高等教育出版社**

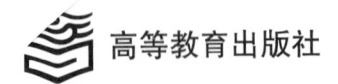

**仅限教师索取**

# 教学资源索取单

尊敬的老师：

您好！感谢您使用马春和等编写的《**市场营销策划**》(第三版)。

为便于教学，我社教材多配有课程相关教学资源，如贵校已选用了本书，您只要加入以下教师论坛 QQ 群，或者关注微信公众号"高职财经教学研究"，或者把下表中的相关信息以电子邮件方式发至我社即可免费获得。

**我们的联系方式：**
市场营销 QQ 群：177267889
**微信公众号：高职财经教学研究**
联系电话：(021)56961310/56718921　电子邮箱：800078148@b.qq.com
服务 QQ：800078148(教学资源)

| 姓　　名 | | 性别 | | 出生年月 | | 专　　业 | |
|---|---|---|---|---|---|---|---|
| 学　　校 | | | | 学院、系 | | 教 研 室 | |
| 学校地址 | | | | | | 邮　　编 | |
| 职　　务 | | | | 职　　称 | | 办公电话 | |
| E-mail | | | | | | 手　　机 | |
| 通信地址 | | | | | | 邮　　编 | |
| 本书使用情况 | 用于＿＿＿＿学时教学，每学年使用＿＿＿＿册。 |||||||

**您还希望从我社获得哪些服务？**
☐ 教师培训　　　　☐ 教学研讨活动
☐ 寄送样书　　　　☐ 相关图书出版信息
☐ 其他＿＿＿＿＿＿＿＿＿＿＿＿＿＿＿＿＿＿＿＿＿